荻生徂徠「政談」

現代語訳

尾藤正英　抄訳

講談社学術文庫

目次

巻一 ……………… 13

＊『政談』の内容は、巻一で社会に対する全般的な統制の方法を、巻二では主として経済政策を、巻三では幕府の職制や人事をめぐる問題について、それぞれ体系的に論じており、巻四ではその他の諸問題が個別的に論じられている。したがって本書では巻一、巻二、巻三については、ほぼ全文を現代語訳することを原則としたが、ただその中でも幕府の役職制度などについての煩瑣な議論は、その一部を適宜省略した。なお巻四については、重要と思われる項目を選択して収録した。

（訳者）

荻生徂徠「政談」

本書には、現代では差別・偏見とされる表現があります。これは現代語訳にあたって、原著の歴史的資料性に鑑み、原文で使用された表現を可能なかぎりそのまま生かして訳出していることによります。本書出版の目的は原テキストを時代背景とともに再現しながら現代語にて提供することにあり、差別を助長するところにはございません。

巻　一

国を治める方法の根本

すべて国を治めるというのは、たとえば碁盤の面の寸法を測って、縦横の筋をつけるように、全体を見渡した計画にもとづいてものごとを進めてゆくことである。筋のついていない碁盤では、いかに上手な人でも碁を打つことができないのと同じように、無計画ではよい政治はできない。また河川の洪水を防ぐためには、地形を考慮して水が流れやすいように川筋を作らなくてはならない。川筋を作らず、ただ洪水を押えようとするばかりでは、かりに禹《う》王のような治水の名人がふたたび現われたとしても、治水に成功することはない。最近の実例として江戸の火災のことがある。お上《かみ》（幕府）が町家の建築(1)について、屋根に土を塗り、土蔵造りにするよう指導をなさったので、それ以前に比べて火災が自然に少なくなった。これは計画性が必要であることの明瞭な証拠である。しかし火災予防以外の幕府の政務に関しては、このような意見を申し立てる人がないからであろうか、なお見落とされている点が多いようである。このため日本や中国の古い時代の政治の方法にもとづき、私の考えたところを詳細に記述して、左のとおり差し上げる次第である。

江戸の町中ならびに武家屋敷の取締りのこと

このごろ盗賊が方々へ押し入って、人を殺したり物を盗んだりし、あるいは放火し、あるいは夜間に人通りの少ない場所で待伏せして追剝ぎをし、また年の若い浮浪者で、ただ刀を抜いて人を脅し、逃げ走らせて面白がっているような者や、捨子をしたり、死体を捨(2)てたりするような者があって、これらの行為を制止するのはむずかしい。「死体を捨てる者がある」という声がすれば、あたりの家々は騒ぎ立てて、それぞれ自分の家の前に捨てさせまいとするが、それだけのことで、捨てる行為を制止する人はいない。自分たちそれぞれの家の塀の外は、人々の往来する道路であるから、ここを責任をもって管理する者はいない。道奉行という役人はあるが、江戸市中の広範な地域にわたる道路をわずか一人や二人の道奉行の支配で行きとどくはずはない。盗賊奉行すなわち火付《ひつけ》盗賊改《あらため》という役人もおかれてはいるけれども、江戸市中のおびただしい数の町々をわずか一組や二組の役人では、これまた行きとどくはずがないのである。往年の盗賊奉行であった中山勘解由《かげゆ》(3)などは、厳格な男で、逮捕するとすぐに殺してしまったので、盗賊も恐れて影をひそめたという話であるが、これは関東御入国当初の支配の方法、すなわち武威を示すことにより悪人が恐れて静まるように、と考えられた処置であって、もともとこの方法で盗賊を捕え尽くすことができるわけではない。そのころの余風が残っていて、現在でも右のとおりの制度になっているのである。しかしその時代に比べると、幕府の政務の方針も移り変わって、奉行にも勘解由のような人物は少なくなり、また何事につけても詳細に念を入れるという風習になってきているので、右のような小人数では江戸中には手がまわらないのである。そのうえ、日本や中国の古代の法制を考えてみると、盗賊や悪人を逮捕するのは、衛士《えじ》の役目であった。これは現在の与力《よりき》や同心に相当する。しかしながら衛士のところで刑罰を執行するということは、日本でも中国でも先例のないことである。なぜかといえば、役人が刑罰を執行する権限をにぎっているとみれば、賄賂《わいろ》を出して罪を免れようとするのは、庶民の人情として当り前であるから、衛士は逮捕することだけを役目にして、その逮捕した者を他の刑罰を司《つかさど》る役人に渡し、その役人の方で罪状を調べて、生かすとも殺すとも処置するのである。ところが現在は盗賊奉行のところで刑罰を執行しているため、与力や同心が罪人から賄賂を取って、思うままに勝手な処置をとることができるようになっているが、これはそもそも原則が古い法制と違っているためである。そのうえ、広い江戸の中の、武家屋敷や町方《まちかた》（町人の居住区域）に隠れている悪人を探知する方法がないものだから、目明《めあか》しとかいうような者を養っておき、それに悪人を摘発させて、お奉行としての職責を果たしてゆくよりほかに仕方がないという有様である。

その摘発する目明しは、もともとが悪人であるから、さまざまの悪事をはたらくのは、これまた始めからわかりきったことではあるけれども、もともとの制度が不完全なままで、奉行の役職に任命されるのであるから、任命された者は仕方なくこのようにするのである。また、べつの方面からみると、与力・同心の給料というものは、少額である。昔はこれでも楽に生活することができたけれども、近年は世の中の物価がすべて高くなったため、誰しも生活が困難であって、とくに同心のような身分の者は給料で妻子を養うこともできず、みな副業としてさまざまの細工物を作って売り、その収入と給料とを合わせて、妻子を養い家を持って、ようやく当番の勤務を果たしている。当番の勤務というのは、一ヵ月に三日ぐらいのものであるが、その軽い勤務を果たすのでさえ右のような有様である。ところが一般の与力・同心と異なり、盗賊奉行に所属する者であれば、わずか一組か二組で盗賊を捕えるのであるから、毎日昼も夜も与力や同心が方々を巡回して歩かなくてはならない。外出すれば衣服も家にいるときとは違ったものを着るし、草履や草鞋《わらじ》・弁当などの経費も必ずかかる。そういうふうに毎日出歩いていれば、内職をする暇もないということになる。給料は足りないし、何によって父母妻子を養うことができようか。そのような身分の者に刑罰の権限を預けてあるのだから、どれほど正直な人が盗賊奉行になったとしても、その輩下の組の者にいつまでも私曲を営ませないようにしておくことは困難である。このような事態になったのは、幕府の重い役職についている人々が、みな大名の身分で、生まれながら富貴であるため、いかに才能や知恵があったとしても、下情に通達せず、下々《しもじも》の者の生活状態をご存じなく、また学問がないために日本や中国の古い時代の法制と比較考察することもできず、ただ旧来の仕来《しきた》りの形だけを守って政務をとり行なっているからであって、結局のところ道理をおしつめてみれば無理なやり方になっているのに、そのことに気がついていないのである。

そこで碁盤に整然と筋をつけるように、江戸の全体を掌握しようというのが、私の意見であるが、そのための具体的な方法としては、武家屋敷のある地域にも、町方のように、一つの町ごとに木戸を設置して、木戸番を置き、また町ごとに世話役を任命して、諸事につき町々で相談させるようにし、盗賊や死体遺棄者があれば、木戸を閉めさせ、それが夜間であれば拍子木を打ち、または竹筒を吹いて、隣接した町々に告げ知らせるようにすべきである。現在も辻番という番人はいるが、何の役にもたたず、しかもその辻番を雇う費用として屋敷の主人がそれぞれ分担しているのは、かなりの額である。その費用を転用すれば、木戸を設けて木戸番を置くぐらいなことは、およそできるはずである。町方でもお堀端《ほりばた》には木戸がないから、ここにも木戸を設置したいものである。また江戸の町はずれで田舎（農村部）に接続する境界にも、木戸がなくてはならない。日本や中国の古い法制によれば、右のとおりで、すべて夜間の通行を禁止するのが古法である。都市のはずれで田舎に接続するところには、もともと外郭といって、堀をめぐらし堤を築くのが、軍事上の防備の一端であるが、それほどにまではしなくても木戸を設けて境界とすることは必要である。そもそもこの境界ができていないため、どこまでが江戸の内で、ここからは田舎という限度がなく、勝手に家を建てならべていった結果、江戸の範囲は年々に拡がってゆき、誰が許可を与えたというわけでもなく、奉行や役人の中にも誰ひとり気がつく人もいない間に、いつの間にか北は千住、南は品川まで家つづきになってしまったのである。これもまた古い法制を知らないための失敗である。都市と田舎との境界がなければ、農民はしだいに商人に変わってゆき、生産者が減少して国は貧しくなるものである。農民が商人に変わることは、国の政治にとって、古くから大いに嫌うことであって、これは重要な点である。

さて、武家屋敷の一町ごとに木戸を設けて夜間の通行を禁じ、大名、もしくは家来に槍でも持たせるほどの身分の人以外は、厳重に通さないようにすべきである。町方もこのとおりにすべきである。公用で通行する者や、私用であっても急病人や産婦のところへ行く医者や取揚婆《とりあげばば》（助産婦）などを送り迎えするたぐいは、次の町へ順送りにして通してやればよい。このようにすれば右に挙げたさまざまの悪事は自然にやむであろう。

さて、盗賊を逮捕することは、すべて先手《さきて》組や持筒《もちづつ》組に所属する役人全員の役目として、交代で江戸市中を巡回させるべきである。そのほかの武家でも、盗賊や悪人を逮捕したときには、刑罰を司る役人へ渡すべきである。かりそめにも自分の手で刑罰を執行するようなことがあってはならない。ただし捕えようとして手向いしたため斬り殺したような場合は、また別である。

すべて武家屋敷も、もとは職務の上で一つの組に属する者を一つの町に集めて居住させるようにしたものであった。大番《おおばん》(4)が十二組に分かれているのに対応して、番町が一番町から六番町まで、それぞれ表と裏とに分けられ、十二の町がその居住区域になっていたわけである。以前には飯田町の上に堤があって、その境目を標示していた。その場合に大番組のメンバーである番衆（番士）ばかりではなく、その下に所属する与力や同心ら下級の身分の者も、もとは一緒に一組ごとに集まって住んでいたのである。しかしその中から他の役職に転じて抜けてゆく者や、あらたに組に入って来る者、小普請組に編入されて出てゆく者などがあるために混乱し、ことに権威ある高い地位の人々が好みの屋敷地を選びどりにしたため、この制度が乱れてしまって、今では同じ役職や同じ組に属する者が、別々のところに分かれて住むようになっているのである。この結果として、別の役職や別の組の人が隣人となるから、武士としての人品や内輪の暮しむきなどについては互いに知るすべがない。同じ町内に住んでいれば、家の中の微細なことまで何でも隣人に知れないことはないが、微細に知ったとしても、それが他の役職、他の組の人であるから、互いに干渉せず、一つ一つの屋敷が自分勝手に暮らしていて、武士が非常にわがままになり、何事についても束縛がなく放埒《ほうらつ》になっているのは、ここに原因がある。ことに同心のように軽い身分の者を、一組の中を分けて、牛込・本郷・本所などに離れ離れに居住させていたのでは、その者が平素何をしているのか、同じ組の者にもわからないので、悪事を調べ上げる方法がない。どうか古い法制のとおり、番衆も与力・同心も、一つの組に属する者は一ヵ所に居住させ、その組の組頭《くみがしら》も同じところに居住させて、他の役職に転じたり新規に組に入ったりする者がある場合には、住居を入れ替えるようにしたいものである。そうすれば組頭には組に属する者の人柄も何もかも手にとるようにわかるから、盗賊奉行などが自分の配下の者の悪事を知らないというようなことはまったくなくなる。このような制度にして、なお組の者の統御がうまくできないのであれば、それは組の頭になる能力のない人物である。逆にこのような制度にしないで、誰を組頭に任命してみようとも、立派に組を統率してゆくことは決してできないのである。とはいえ、右のように屋敷の割替えをして、組頭まで同じところに居住させるのは、たいへんなことで、すぐには実現できないであろうから、せめて町ごとに世話人を決めておき、町内の諸事を役職とは無関係にその者に取り扱わせるようにしたいものである。

すべて同じ地域に居住する者は、互いに親しく交際するのがよいことである。現在の風俗のように互いに見栄《みえ》をはり、一戸一戸が自分勝手にしていたのでは、博奕《ばくち》(5)や三笠付などの悪事を探索することもできない。相続や養子に関して偽りがないかどうかを調査することもできないし、個人の行状や家計のやりくりがでたらめであってもわからない。軽禄の武士で、留守番をする家族や奉公人も少ないところでは、万一火災が発生したり盗賊が入ったりした場合、あるいは家来が喧嘩をしたような場合にも取り静める人がなく、たいへん不便である。それを右のように制度を立て替えるならば、碁盤に筋をつけたようなものであるから、そのあとはどのようにでも碁を打つことができる。そうしないで幕府の旗本や御家人たちの風俗を矯正しようとしても、決してできないことである。右のようにすれば、何しろ現在までの社会の風俗として、わがまま勝手をすることに慣れているから、当分の間は不自由なことと思い、いやがる者が多くて、そのために差支えが生ずるようなこともあろうが、のちのちになれば江戸の城下は平穏になって、よく治まるはずである。

出替り奉公人の取締りのこと

このごろ出替り奉公人(6)で、欠落《かけおち》（失踪）したり、金品を取逃《とりにげ》したりする者が多く、そのため人々が難儀をしている。今から三、四十年前には、欠落した者の給金ならびに取逃をした品々や負債の金額までを保証人の責任とし、その保証人がまた欠落すれば、保証人の住所の家主や地主に責任がかかることになっていたので、奉公人を雇う主人にとっては都合がよかったが、保証人の責任が家主などに転嫁できるのを利用して、付送《つけおく》り(7)などという悪事が流行し、町の家主たちが難儀したことであった。現在では保証人の財産没収という規則になったので、保証人が奉公人と申し合わせて同時に欠落し、保証人の家の中にあるものはあらかじめ外へ運び出し、あとには鍋一つと阿弥陀仏の名号《みようごう》を書いた掛物一幅だけを残しておく、といったようなことをする。その場合に保証人の財産没収という判決を下して、残された財産を競売に付すると、その悪者の仲間が入札して、非常に低い値段で買い取るので、財産没収といっても、わずかに銭《ぜに》百文か二百文にしかならないが、それが主人の手へ渡されるだけで、給金も取逃をした分もみな主人の損失となるのである。その際に奉行所では、姿をかくした保証人がどこかで借家住いしているのを見かけたなら、申し出るがよい、そのとき取り立ててやろうなどと主人へ申し渡している。一般に奉公人を召し使う者が、保証人の顔を見知っているはずはないのに、そのことを承知しながら、奉行ともあろう人が右のように処置するとはあるまじきことであるが、奉行にしてみれば、ただ処置に困って、仕方なくそう言っているのであるらしい。保証人という者は、主人にとってかねがね見知っている者でもなければ、確かな人というわけでもなく、ただ一枚の証文に保証人の署名があれば、それで法規上は保証されたことになるから、奉公人を雇っておくのである。証文に、何町に住み、誰それの店子《たなこ》であると記載してあるのだけが証拠であるのに、その借家を欠落するのであるから、どうしようもない。このようなことになるのは、もともと制度がよくないからである。

もともと保証人ということは、最初は田舎から始まったことである。田舎で保証に立つ人は百姓で、何村に住み、どの領主の支配下の者ということが確実である。百姓は田地や屋敷を持っているから、田地を放棄して逃亡するようなことはしないものである。親類もその近所にたくさんあって、先祖から代々そこに居住しているのであるから、身元は確かである。それだから田舎では、江戸のようなことは決して起こらない。その田舎の制度を江戸の城下へ持って来て実施しているのであるから、十分な保証にならないのは当然である。江戸の町人についても、町ごとに人別帳《にんべつちょう》が作られてはいるけれども、家主が借家人を追い立てたり、借家人が自分で転居するようなことは、自由にできる。もともとが他国から寄り集まった人々で、親類も江戸にはなく、家系や経歴を知った者もいないという有様である。ところで奉公人になるのは、みな田舎から新たに出て来た者で、保証人とはもともと知合いでもなかったのが、印判料としてわずかな銭を出して保証人になってもらっているのである。このように保証人があてにならないので、別に人主《ひとぬし》というものを立てて、身元を保証させるようになったが、その人主もまた、住所不定であったり、あるいは名前だけで実在しない人間であったりする。それであるのに奉公人を雇う者が、一枚の契約状を証拠にして、その契約状の面に記された何町の誰の店子ということだけを頼りにして雇っているのは、もともと保証が不確実であることは知りながら、幕府の法規に従ってしていることなのであるから、責任は法規の側にある。将軍綱吉公の治世に、保証人の家主に

武家の年季奉公人（『千代の友づる』）

責任がかかることになっていたのは、無理な制度のようではあるが、もともと人を雇い入れる者に、何町で誰の店子という記載を頼りにさせることになっているのであるから、必ずしも無理とはいいがたい。家主の言い分としては、保証人が保証に立ったとしても、それは家主の関知しないことであるというであろうし、その点からみれば無理なようであるけれども、家主が家賃を取るために、もともと見知らぬ者に家を貸したのが、悪事の起こるもととなったのであるから、幕府の法規を遵守させる原則から、家主に責任をかけたのであるともいえよう。しかしもとはといえばその法規の規定がよくないところから、さまざまの悪事が発生しているのであるから、現在のように事件の処理の仕方を変えてみても、家主が不利をまぬかれるばかりで、保証人が悪巧みをするのは同じことである。これはみな、よくない法規をそのままにしておいて、その運用だけをいろいろと変えてみるようなことをしているから、どのように変えてみても行きとどかないのである。

ではそのよい制度とは、どのようなものかといえば、次のとおりである。田舎から出て来た奉公人であれば、その出身地が天領なら代官へ、私領なら領主へ、村の名主から今年は誰々という者幾人が奉公に出るということを届けさせるようにし、領主や代官へ届けずに勝手に奉公に出ることは堅く禁止すべきである。また名主に隠して奉公に出る者があれば、その者はその村から欠落したという罪により、厳重に処分すべきである。

さて、奉公人を雇う側では、武家でも町方でも同様に、みなその奉公人の出身地の領主や代官と連絡して、証文を取っておくべきである。その証文には、その奉公人の出身地の村の名、ならびにその奉公人の名を、人別帳のように記し、年齢を記し、給金の額を記して、当方の知行所または支配区域内の者に相違ないということくらいを記載させれば十分であろう。たといその奉公人が、雇われた主人の方にさしさわりがあって、名前を付け替えるようなことがあったとしても、証文には出身地で人別帳に登録されたとおりの名を記すべきである。できることなら、さしさわりがあるからといって名前を付け替えるようなことは、天下一統に禁止し、人は一生の間を一つの名前で過ごすようにし、もし禁令を破って勝手に名前を替える者があれば、やはり天下一統に処罰するようにすべきである。

人別帳というものは、戸籍に相当し、国政上きわめて重要な帳簿であって、天子でも戸籍はうやうやしくご覧になるというほどであるから、微細なことまで記載もれがないように気をつけなくてはならない。どの宗旨の寺の檀家であるかということも、もともと出身地の人別帳に記載してあれば、別に奉公人が宗旨の証文を持参するには及ばないことである。宗門改めの制度をあまりにも厳重にしようとして、一人一人につき保証人から宗旨証文を提出させることにしたが、それではあまり煩瑣なので、身元保証の証文の中に記載させるようになった。しかしその保証人は江戸の者であるから、奉公人についても江戸で檀那寺をこしらえ、先祖代々その宗派の檀家であるなどと記すのは、まったく虚偽である。法規を励行しようとして、人民に虚偽を教える結果となり、その虚偽の証文を提出させることだけを厳格にして、宗門改めを励行しているかのような体裁をつくっているのは、ばかばかしいことである。

さて、その奉公人が取逃や欠落をしたり、主家の金を使い込んだりした場合や、また事情があって契約期間の半ばで解雇するようなことがあれば、領主や代官の方へ通知すべきである。その際にたといその主人が武家でなく町人であったとしても、領主や代官はこの通知を無視せず、村の名主に命じて、必ずその欠落をした奉公人の出た家の親類からその者を探し出させるようにし、見つかったならば、その主人の意向次第でふたたび雇用してもよいし、また主人が武家であれば、斬罪に処しても構わないであろう。主人が町家であれば、前借させた給金を返却させることにしようとどうしようと、これまたその主人の要求するとおりにすればよい。逃亡した者の代りに別の人間を奉公に出させるということは、禁止すべきである。その理由は、村から奉公に出るのは、その出た者が自分の暮しを立ててゆくためであって、同じ村からほかにまた同様に奉公に出たいと願う者が必ずあるとは限らないからである。

単なる欠落でなく、取逃や使い込みであれば、武家の場合は主人の方で斬罪に処すべきであり、主人が町人の場合は奉行所に引き渡して、やはり斬罪に処すべきである。取逃や使い込みによる損失を家族や親類から弁償させるということは、あってはならない。なぜなら、取逃や使い込みはその当人の犯した悪事であって、その家族や親類の知ったことではないからである。その犯人を殺すからには、罪は償われたことになるから、主人の方に損失が残っても仕方がない。

その奉公人が病気をすることがあれば、主人の方で療養させてやるがよい。死んだならば、主人の方から寺へ送って葬式をしてやるべきである。療養についても葬式についても、家族や親類の方から引きとりたいという願い出があれば、そのようにしても構わない。一定期間だけの出替り奉公人ではあっても、その生死が主人の思うままになる以上は、病気ならびに死後のことを主人が配慮しなくてよいという道理はないからである。

すべて領主や代官は、年貢を徴収するだけが役目ではない。その地域を治めるのが職務なのであるから、その地域の人民に関しては自分で世話をしなければならない。欠落は、主人の意志に反して逃亡するのであるから謀反の罪に当たり、取逃や使い込みは、盗賊の罪である。これらを斬罪に処するのは、古代の律の規定とは違っているが、律は郡県制度のもとでの法律である。現在は封建制度の時代で、武家政治であるから、従来の慣例どおり斬罪に処するのが当然である。この点に関しては少し以前から、「人を殺すのは不仁である」などという未熟な理屈が流行し、そのうえ、武家にあるまじき利益や勘定の考慮を第一にしたところから、前借の給金を返済させれば欠落の罪は消えることとなり、法規が乱れてしまったので、近年は欠落をするのが奉公人として当り前であるような風俗になっている。だから右のようにきびしく処理しなければ、この悪風は決して禁止できないのである。現在では領主も代官も、自分の知行所や支配区域内から事件の発生するのを外聞が悪いと考えて、村から奉公人が出てゆくのも知らぬ顔をしているような風俗となっている。けれどもいくら知らぬ顔をしてみても、知行所や支配所の百姓であることに違いはない。その者がどこに住んでいるかいないかを知らないのは、自己の職分を忘れていることである。また体裁をつくって自慢をしたがるのが、今の風俗で、自分の知行所や支配所に属する者と他の領域の者との優劣を気にする心持から、右のように外聞の悪いことは隠そうとするのであるが、このために江戸の城下での幕府の法規をないがしろにする結果を招いており、自分本位の考え方のため幕府に対して非礼を犯していることになるから、このような風俗は衰えさせるようにしたいものである。

さてまた、その奉公人が田舎でなく、ここ江戸で出生した者であれば、町家の出身でも武家の出身でも、直接にその家族から証文を出して、万事右のとおりにすればよい。領主や代官にせよ、家族にせよ、奉公人の身もとを保証する者は、幕府の法規を重んずることを厳格に心がけて、粗末な取扱いをしてはならない。このように制度を立てるならば、奉公人は確かな人間になって、現在のようなけしからぬ行為はまったくなくなるであろう。

そのうえ、領主や代官も、いい加減な者を奉公に出してはならないと名主に命ずるであろう。つまりは自分が面倒をみなければならないのであるから、一人一人についてきびしく調べるようになるに違いない。田舎でもこれまでのように親や親類と仲の悪くなった者や、またはそこで悪事をはたらいた者が、江戸に隠れ家を求めて出てゆき、奉公人になるというようなことはなくなって、田舎も治めやすくなるであろう。

結局このようになってゆけば、武家はそれぞれ自分の知行所から出た者を奉公人に使い、自分の家だけでは奉公人が余ったとしても、親類や親密な交際をしている知人のところへだけ回してやるということになろう。代官の支配区域から出た者は、知行所をもたない蔵米《くらまい》取りの武家や、町人の家で雇用することになるであろう。諸大名でも身もとの知れない渡り者を奉公人に雇い入れることは、自然になくなるであろう。そうなると武士の家々では、足軽や中間《ちゅうげん》、ならびに家の中の召使いに人を求めようとしても、現在の有様では知行所の中では充足できないから、おのずから他所《よそ》へ奉公に出ている者に人返しを命じて、帰郷させることとなろう。諸大名がみな人返しをすることとなれば、江戸の城下に住む下賤な者は減少するであろう。

ただし、江戸で雇われる出替り奉公人は、関八州の出身者に限るべきである。遠い国々の場合は領主や代官が処置をとるのに不便が多いであろう。

欠落や逐電《ちくてん》をした者のたぐいは、近年は行衛のわからないことが多く、たいていは永尋《ながたずね》を命ぜられ、無期限に捜索するたてまえであるが、実際には奉行が交代すれば忘れられてしまう。そのころになるとまた江戸へ出て来て、人並みに店を持ったり、あるいは奉公をしたりしているような者が、数しれぬほどたくさんいる。幕府で捜査している者でさえこのとおりであるから、ましてそのほかの欠落や逐電の場合は、最初から江戸の中にいて、ただもとの町やもとの屋敷から欠落・逐電したというだけのことである。このように法規が守られず、悪人にとって気楽な世の中になっているのは、政治上よろしからぬことの第一である。この事情を考えてみるのに、もともと制度が確立していないからのことである。

しかしながら昔は、欠落・逐電のたぐいなどは、そのまま放置することなく、主人の手で探し出して成敗し、見つかり次第に手討《てうち》にでもするのが、武家の風習であった。諸国の大名領では、急いで追跡して斬り殺さなくてはならないので、武士は常に腰につける打替袋《うちかえぶくろ》に米と銭とを入れ、草鞋《わらじ》を括りつけて、平素から居間に掛けておくのを、心がけのよい武士のたしなみとしていたが、これは右のような場合に急いで追いかけるためである。江戸であれば、箱根峠や碓氷《うすい》峠へ家来を派遣して、そこで逃亡者を捕えるという風で、私の記憶でも、寛文のころ（一六六一～七三）までは、武士の風俗がなおこのようであった。本来の法規がこのように作られていたのであるから、昔は欠落や逐電がなかったわけではないが、ただ武家の威勢が激しかったため、おのずと数は少なくなっていたし、また逃亡した者が江戸の中に隠れているというように、お上《かみ》をないがしろにすることはなかった。また幕府の法規もきびしく、武士の風俗も健全であったから、そのような者は幕府の命令を待たずに探し出して、斬り捨てていたが、これも主人たる者が武士としての恥をわきまえていたからのことである。

ところが将軍綱吉公の御代になって以来、家来を手討にしたり成敗したりした者は、おのずから幕府での評判が悪くなり、立身の妨げになるので、武士の風俗が軟弱になり、手討や成敗ということは、現在に及んではははなはだ少なくなり、世間でそうした噂を聞くこともなくなった。したがって出替り奉公人を召し使うに際しても給金の損をしないようにするのが利口なやり方であるといい、欠落や逐電をしても、保証人に責任をかけて前貸しの給金を取り戻し、詫び言を言わせさえすれば、それで済ませてしまう。金さえあれば奉公人を雇うのに不自由することはないと考えて、武士としての作法は二の次にし、損得のやりくりを第一とするような風に現在ではなってしまった。欠落・逐電した者から金を出させるのも、本来は首を斬るところを許してやった代償であったはずなのに、そのことも忘れられて、前貸しの給金さえ返済すれば、欠落・逐電の罪は消えて当然であるかのようになっている。保証人の中にも悪人がいて、江戸に年久しく住み馴れているから、町奉行がどう裁きをつけるかをよく呑み込んでいて、主人の側からの要求をうけつけず、逆に返り公事《くじ》といって主人の側を訴えるようなことがしばしばあるので、公事に熟練していない奉行などは処置に困って、ともかく穏便にかたづきさえすればよいと思い、筋の通らない裁決を下してしまうようなことが、近年は多いのである。

とにかく武士が柔弱で、しかも愚かになって、世間のものごとを取りさばく要領がわからず、また軽薄を第一とするような風俗になっているから、少し身分の高い人の家にでも問題の欠落者が住み込んでいるような場合はもちろんのこと、ほぼ同じ程度の身分の者の家に住み込んでいても、引き渡してほしいという要求を申し入れるのは、たいてい遠慮するような風になっている。またその欠落者を知らずに雇っていた側でも、その通告をうけると、「その者は当家からも今朝欠落しました」などとごまかして、さしあたり面倒な目に逢わないようにするのが利口である、と考えるような者が多い。そのような欠落者を雇っておけば、幕府の法にも背くことになるし、そのうえ、同僚の武士であるもとの主人に対しては無礼に当たる。他人に無礼をはたらくのは、自分自身の名誉を傷つけることであるなどとは、夢にも考えてみようともしない。

また昔の武士には、自身の危険を冒しても犯罪人をかくまってやろうとする任侠の風があったが、現今のはそれとはるかに違っていて、ただ何でもかでも利口に立ちまわることを先とし、ものごとを巧みにすり抜けたり、避けてそらしたりして、自分の身に責任を引きうけるようなことは絶対にしない、という世の中になっている。その風俗に慣れてしまって、法規上からすれば犯罪者である者が欠落や逐電をした場合でさえも、奉行や役人の裁決として、「下々ではそのようなことは珍しくない、そう理屈に合うような裁きはできないものだ」などと言い張り、未熟で不徹底な処理をするのである。昔は法は不完全であったけれども、武勇の風が盛んであったから、今のような弊害はなかったのに、時代が変遷し、風俗も変わって、武勇の風が薄くなったため、右のとおりのけしからぬ有様になったのである。

されぱといって、今さら武勇の風を激しく、昔のようにしようと思ってみても、太平の世が久しく続いた結果、ものごとの釣合いが昔と違ってしまっているから、昔にかえすことができるはずはない。かえって社会の平和を乱すだけのことになろう。ことに昔でも法が不完全であるために、行きとどかないことは多かったのである。

現在とるべき方法としては、政治の根本に立ち返って、やはり現在の柔弱な風俗をもとにし、古代の法制を勘案して、法を立て直すのが何よりである。政治の根本に立ち返って法を立て直すとは、どういうことかといえば、中国の夏・殷《いん》・周という古い時代でも、また新しい時代でも、あるいは日本の古代でも同じことであるが、政治の根本は、とにかく人を地に着けるようにすることであって、これが国を平和に治めるための根本なのである。

人を地に着ける方法というのは、戸籍と路引《ろいん》(8)との二つである。これによって世の中に所属の不明な者がいなくなり、さらに世の中の人の行動に取締りをつけることができるから、世の中の万民がことごとく上様《うえさま》（将軍）の手に入って、上様のお考えのままになるという方法である。この方法を実施しなければ、日本国中の人をばらばらに散らしておいて、気ままに一人一人勝手な行動をさせることになるから、上様の手には入らないのである。それゆえ、世の中の万民を手に入れるか手に入れないかの違いはこの点であるから、これこそ政治の根本であるということを知らねばならない。

旅人を滞在させるについての取締りのこと

旅人は、もとの居住地から身元を証明する添状を持参し、縁故を頼って来たのであれば、名主へ届けたうえで、滞在させてもよい。旅人が親類や知人であれば、添状の必要はなく、やはり名主へ届けて滞在させるがよい。いずれの場合も、旅人が居住地を出るときにも、その村の名主に届けるべきである。何か事件が起こったときは、添状がある場合には添状を出した者に責任がかかり、添状のない場合は双方の合意によることで、その旅人を受け入れた者の責任になるから、いずれにせよ、名主としてはくわしく調べただす必要はなく、聞き届けてやればよい。

その旅人が商人などであって、しばらくの間、店舗を開きたいというのであれば、その添状を受け取った者に保証人として判を押させるべきである。いずれの場合も他国に滞在する期間は、三年を越えてはならない。また旅人に妻を持たせるようなことをしてはならない。旅人が故郷を離れて他国の住民になるのは、みな旅先で財産を作り、家庭をもつからである。だから右の二つの点は、名主が注意をして堅く禁ずべきである。そのほか国元から養子契約をして入婿になって来る者は、先方の人別帳から除いて、こちらの人別帳に入れることになるから、奉行所へ届けるべきである。

すべて右の旅人が、一泊以上の日程を隔てた土地から来る場合には、路引を持参しなくてはならない。路引がなければ滞在させてはならない。もとの居住地からの添状を受け取った者が、また添状を出して、その先の地へと順送りに送ってやるようなことをしてはならない。ただしもとの居住地の添状に、そのようにしてほしいと頼んで来た場合であれば、それも差支えない。送った先で三年の年数を過ぎたならば、はじめ添状を受け取った場所にも滞在させてはならない。もとの居住地の方でも、旅人がそこを出てから三年の年数が経過したら、奉行所へ届けるべきである。

このように法を立てるのは、日本国中の人を、江戸も田舎もみな居住地を定めて、その土地の者以外は他国の者ということをはっきりさせるための方法である。したがって子孫にいたるまでその居住地に定住させて、現在のように他国の者と混住させることはなく、自由勝手に他国の住人になることも禁止しておくならば、日本国中の人はみな住所を定めてその土地に着くから、あらゆる人間はみな、それぞれの地域の支配関係の中に編入され、それから離れて孤立した者は一人もなくなる。これによってまぎらわしい者はまったくいなくなるのである。

戸籍のこと

戸籍というのは、まずは人別帳のことであると思えばよい。しかし今の世にある人別帳と同じものではない。現在の人別帳は、本当の人別帳ではなく、むしろ着到帳《ちゃくとうちょう》のたぐいである。

人別帳というのは、その村にある家々を一軒ごとに記して、その家々の世帯主をはじめ、家の中にいる人数を、譜代の奉公人まで含めて、残らず記載する。養子を迎えれば、これを記入し、娘が他家へ嫁に行けば、これを削除する。子供が生まれたら生年月日を記し、死ぬ人があれば何月何日に死んだと記して、これを削除する。出家して僧になる者があれば、その理由を記してこれを削除し、その師匠となる僧の住む寺の人別帳に記載する。出替り奉公人は記載しない。これはその者の出身地の人別帳に入っているからである。名前をみだりに変えることは許さない。年齢も生まれたときに記入するから、虚偽をいうことはできない。武家の場合も右のとおりである。寺院の場合も同じである。ただし他所《よそ》の寺の弟子が来て、その寺にしばらくいるようなのは記載しない。その寺の弟子になれば記載する。

これに対し、着到帳というのは、交代で当番を勤めるような場合に、出勤者を記録しておく帳面のことで、また戦争に際しては陣中でも着到帳というものをつける。これはさしあたりそこにいる人間を記載するものである。檀林《だんりん》（仏教の学問所）へ集まる僧も、他所から来た旅人も、人別帳はもとの寺やもとの居住地にあるわけだから、行った先で登録されるのは、みな着到帳ということになろう。

その村に住む人が他所へ行って滞在する場合も、いずれは帰るのであるから人別帳からは削除しないことにする。それればかりではない。人々の郷里というものが定まることになれば、親類も近所にあるし、幼少からの友達もあたりにいっぱいいるから、自然に親類や友達の目をはばかって、悪事はしないものである。一町一村の中でも、名主の知らない者はいなくなる。一町一村の人々が相互に先祖いらい知り合い、幼少のときから知り合っているので、お互いに善悪ともに知り合っているうえに、さらに五人組の法によって調べ上げるのであるから、何事も隠すということは決してできないのである。

現在も人別帳というものはあり、名主もあり、五人組もあるけれども、転居を自由にし、他国へも自由に行くことができ、また他国から来て住みつくことも自由であるから、日本国中の人が入り乱れ、混雑して、どこもみな仮の住居ということになり、誰もその土地に永久に住み着こうという気持はなく、したがって隣人のことは干渉せず、隣人の方からもこちらに干渉させず、その人の来歴を知らなければ知らないということで済んでしまう。これから先どう暮らしてゆくつもりかも知らず、結局は名主をはじめ誰もが、自分とは無関係と思っているから、人々は自分勝手でしたい放題になっているのである。要するに当座にいる人員を人別帳に載せたままのことで、現在員数に合わせてときどき削除したり記入したりしておくだけであるから、人別帳といっても何の役にも立たないのである。

それを右のように法を立て替えるならば、右に述べたとおり、どこにも隠れ場所がないばかりではなく、一町一村の人は相互に自然と馴染《なじみ》がつくから、悪いことは相互に忠告をしたりされたりし、その忠告を聞かないということもできない。また相互に見放すということもなく、交際が親密になるのである。

さらにこのうえに、奉行が政治の方面に心を傾け、名主によく指示を与えて命令を下すようにすれば、一町一村の内は、相互に親しみ合って、風俗は自然に直り、悪人は自然と遠ざかるであろう。古代の聖人の政治というのも、このとおりである。井田法が王道の根本である、といわれるのも、実は右のように親密な協同社会をつくろうとするところに主眼があったのであるが、それをただ井田という形態にとらわれて、田地を碁盤や格子の目のように分割して、平等に配分するための計算方法とだけ考えるのは、大きな誤りである。

さて政治を本格的に実施するには、各種の問題があるが、その要点をまとめていえば、田舎では農業、都市では工業や商業に勤労しない者が一人もいないようにすることが根本である。家業を勤めない者が一人もいなくなれば、人々はみな実直な心に返るから、あらゆる悪事はすべてこれによって消えてゆくのである。この根本を忘れて、末節を追い、ただ発生する悪事を禁圧しようとしたのでは、どれほど才知のある人が政治を担当したとしても、その才知は社会に行きとどかないことになる。

だから仕舞屋《しもうたや》などといって、財産を作り上げて商売をやめてしまった者で、工業にも商業にも従事せず、ただ所有する家屋や土地を人に貸して、その収入で生活を送り、自分は他所《よそ》に居住していて、家守《やもり》という者を置き、管理はそれに任せて、奉行所へも家守を出頭させ、自分では何もしないで安楽にふけっているような者は、平凡な役人の目には何の害もないもののように思われているが、社会の風俗を正すという見地からすれば、はなはだよろしくない。このような者はそれぞれ自分の所有する家屋や土地のあるところに居住させ、何でもよいから工業や商業に従事させるべきである。

田舎でも大きな田地を所有する百姓で、自分では農業を営まず、田地をみな小作人に耕作させて、江戸の仕舞屋の真似をしている者が近年は多く目につくようになった。これらもすべて禁制すべきである。また家業を勤めるという中にも、現在ではいろいろな悪事を家業だと思い込んでいる者が多い。これらも何とかして真面目な方面の家業につくように導いてやるべきである。

現今の町奉行などは、下から訴え出てきた事件だけを裁決して、訴え出ないことは放置し、また法規ばかりを尊重し、法規どおりにいかない場合には、何とか理屈をつけて法規に合致させるようなことをしていて、どのようにすればうまく下を治めることができるかという点には、まったく注意が向いていないから、悪人の絶えることがないのである。人民の中でも、かの兇悪な者は、法規をよく呑み込んでいて、法規の陰に隠れて悪事をするのであるから、法規だけでは取り締まることができないし、また右に述べたとおり、わがまま勝手をする風潮であるから、名主や五人組の制度があっても、つまるところ何の役にも立っていない。そのうえ現今の奉行は、世間の風潮にひかれて、非常に威張った態度を示し、下の者を親しく接近させず、ただ法規をふりかざして応接しようとするので、上下の間の気持が疎通しなくなっており、これでは下の者をうまく治めてゆけるはずがない。

幕府からお預かりしている支配下の町や村のことを、自分の一家の中のことのように身に引き受けて世話をし、一町一村の中に住む者は互いに親睦させるようにし、とにかく民間の風習がよくなるようにするのを主眼とし、名主にもよくよくその意図を申しふくめて、下の者が為政者を軽蔑したり疑ったりすることのないように治めるのを本当の政治というのである。古代の聖人が説かれた政治の道として、「人民に孝と悌の徳目を教えることが第一である」とされているのも、儒者たちに講釈をさせて人民に聴かせ、人民を道徳に目ざめさせて、孝と悌の徳目を実践させるようにすることであるなどと考えては、大きな誤りである。右に述べたとおり、一町一村ごとに住民が親睦し、民間の風潮が正しくなるようにと、奉行が指導してゆくことが、すなわち孝と悌の徳目を教えることなのである。

とはいえ、田舎などであれば、一郡にわたる地域を一人の奉行で支配しても、身を入れて努力をすれば、本当の政治を実現することもできなくはないが、江戸の城下町のように広いところで、住民の数もおびただしく、それに現在までの風俗が非常に悪いのであってみれば、なかなか一人の力ではどうすることもできない。江戸の城下町を四つか五つに区分して、それぞれの区域を支配する町奉行をおき、支配領域を限定して治めるようにしたいものである。このように本当の政治を実施しようと思ってみても、とにかく前に述べた戸籍の制度が確立していなければ、どうしようもない。

さて戸籍の制度を確立するためには、江戸も田舎も、また大名領の国々も、それぞれの土地に住む人間を定めるわけであるから、まず人数と土地の生産高とを見積もって、計画を立てることが必要である。古代の制度では、「地を量って民を置く」ということがある。日本全国六十余州にわたり、一国一国の人口を調べて、さて江戸の人口と関八州の人口との合計した人数を考え、関八州から生産される米穀で、江戸と関八州に住む人の一年間の食料を充足しうる程度を規準として、江戸に住む人口を決定すべきである。ただし関八州以外の諸国から来た旅行者や、諸大名の家来で江戸に在住する者は、この計算の外とする。これらは諸国から送られて来る米を食べるものとみなしておけばよい。

いま江戸の城下町に居住している者の多くは、諸国出身の者であるから、右の限度に従って江戸の人口を限定し、それ以外の者はすべて諸国へ帰らせるべきである。帰らせる方法としては、その出身地の領主に命じて、人返しを実施させればよい。民衆というのは愚かな者で、将来についての思慮のない者である。江戸での生活が苦しくなっても、その日暮しの生活をなんとか送ってゆけるのは江戸だけであるから、その習慣が身について一日一日と過ごし、江戸を離れて故郷へ帰ろうという気持には決してならない。また江戸に年久しく住んでいる間に、故郷に残してきたわずかな田地もなくなり、もとの家にも他人が住んでいるから、おのずから帰るにも帰りようがない。幕府で帰らせようとしても、江戸を追い出されると思って、はげしく恨む心を抱くであろうから、諸大名に対する外聞もわるく、人道に反した政治であるなどとの批評を招くであろう。

すべて領主という者は、その地域を治めるのが職務である。中国でも古代の夏・殷・周の三代は封建制度の社会で、いまの大名のように諸侯がおかれていたが、それは後世の郡県制度のもとにおける郡守や県令とひとしく、地方の行政官であった。その三代のときにも、支配領域の人民が他国へ移動して人口が減少するのを諸侯の恥としていた。中国の歴代の法制でも、日本の古代の制度でも、治めている国や郡の住民の増減を調査して、住民の数が増加している場合は、政治がよく、減少している場合は、政治が悪いと判定して、これにもとづき国主や郡主に賞罰を与えることと定められている。これは中国歴代の文献や、日本では令《りょう》の規定を見れば、明らかである。このような趣旨を幕府から諸大名や領主たちに申し渡して、「年貢を徴収するばかりが役目ではない。それぞれに土地を預け、その土地の人民を預けておいてあるからには、人民がその土地に安住することができないで、他国へ散ってゆくようなことがあってはならない。くり返し人返しを実施して、人民がそれぞれの土地で生活できるようにしてやらなくてはならない」と、厳重にくり返し命令なさるべきである。

現今でも、紀州藩や水戸藩では、人返しが行なわれている。肥前（佐賀）藩では、出家（僧侶）であっても他国へ行って十年間帰らなかったならば、その親類の者がみな刑罰にあうと聞いている。薩摩藩やそのほかの九州の諸藩では、たいてい領内の人民が他国へ出ることを禁止しているのが、現在の慣例であって、このように領主の権威をもって呼び返すならば、人返しも容易に実行できることである。

現今は諸国の農民が耕作を嫌い、米が食べられることを喜んで、百姓を捨てて商人になろうとするために、衰微した農村が多いというのは、しばしば聞く話である。だから人返しは地方の領主にとっても実はよいことであるのに、領主たちはみな学問が乏しく、古代の制度を知らないために、人返しの必要性が理解できず、このようにまで世の中を悪くしてしまったのである。

なおまた、諸国を調査してみれば、土地が広くて住民の少ないところもあろうし、反対に土地が狭くて住民の多いところもあろう。そのようなところを互いに平均させるようにすべきである。それを実行する方法もあるに違いない。むかし五島《ごとう》淡路守(9)が幕府へ願って、江戸の乞食をもらいうけ、五島へ連れていったことがある。五島の地方には人口が少ないからである。またこのごろ各地で新田開発が行なわれるが、その多くは江戸の町人が請け負って開発をするので、開発してみても耕作する百姓がいない。その地方の者を雇おうとしても、現在では地方にも人がいない。このため開発が成功しにくいと聞いている。当然のことである。このようなところへ農民を定住させるのにも方法があるはずである。一般に出羽や奥州では、土地がきわめて広く、人民は少ないということを聞いている。

さらにまた、田舎の人は習慣として雑穀を食べているから、人がいくら多くいても、多すぎて食料に困るということはないものである。この点でも、江戸における人口と食料との関係とは違うということに注意すべきである。いま江戸の城下町に数百万の人を集めておいて、諸国の米をことごとく江戸へ運送し、これを食料に消費しているのは、さしあたりは賑やかに繁昌しているように見えてめでたいことであるけれども、もし奥州方面に事件が発生すれば、仙台の米は入荷しなくなるであろう。また西国の方で事件があれば、上方《かみがた》の米は入荷しないであろう。そうなると江戸の人民は食物に飢えて騒ぎ立てるであろう。そういう場合にはいかに静めようとしても、静めることは困難であろう。ことに飢えに迫られたならば、何をするかわからない。「七年の疾《やまい》に三年の艾《もぐさ》(10)」という諺《ことわざ》もある。準備なしにそのような状況に陥ったのでは、どうしようもないであろう。諸大名の米も、みな商人の手に売り渡してしまっているから、右のような場合には諸大名の領内でも難儀がはなはだしいであろう。

このような事態も、現在はともかく、末の世になれば、決して起こらないとはいえない。遠大な思慮がなければ、手近なところで憂うべきことが起こるものである。とにかく戸籍の法を立てて、人を土地に着けるという方法が、古代の聖人の深い知恵から出たものであることをよく理解しなくてはならない。根本を重んじて、枝葉末節を抑えるのが、すなわち古代の聖人の原則である。根本というのは、農業である。末節というのは工業や商業である。工業や商業が盛んになると農業が衰えるということは、歴史上の各時代を見ても大体そのとおりで、これもまた明らかな事実である。

右に述べたような計画にもとづいて、江戸の城下町に住む人の戸籍を定めたならば、そのうえで江戸の町に居住している家持ちの町人と借家人との区別を明らかにし、家持ちは農村でいえば本百姓のように、借家人は水呑百姓のようにして、いずれもその町を永く子孫にいたるまでの居住地と定め、借家人も自由に他のところへ移転することは許さないようにするのが本当の方法である。もし江戸の城下町がよく治まって、地域社会の交際も親密になり、風俗が矯正されたならば、そのうえで家賃を滞納するような者があらわれたとしても、借家を追い立てるのではなく、町名主や五人組の仲裁によって何とか解決をはかることができよう。またそれが町中で見放されたような悪人であれば、奉行所へ訴え出て、どのような処置でもとることができるわけであるから、右の本当の方法のとおりに実施できることとなるのであろうが、まずさしあたりの対策としては、一つの町内から外へは勝手に出られないということにしておけばよい。あるいは先に述べたように、江戸の市中を四つか五つに区分して、別々に奉行を置き、そのうえで一人の奉行が支配する区域の範囲内で、借家人の移転を許すというようにする。家持ちの町人も借家人も、何年何月幾日に、今後永く江戸の城下の住民となる許可を得た、ということを人別帳に記載しておき、さて借家人が引越しをすることがあれば、どの町から移転して来たということを、その年月日までくわしく記すようにする。もちろん最初からの苗字や家名を改変することは、かたく禁止すべきである。

路引のこと

路引《ろいん》というのは、すべて旅人が旅行中に携帯する証明書である。右に述べた戸籍によって、世の中のすべての人の住所が決定されるから、他所《よそ》の者がまぎれて入りこむことは、日本国中決してできないわけではあるが、旅行先を往来している間に証明がなければ、ひそかに遠い国へ逃げてゆく心配がある。中国の古代の夏・殷・周の三代には、諸侯の治める国々に関所があり、その関所を越えるためには繻《しゅ》（布製の割符）というものがあって、これが証明書の役目をしていた。日本の古代でも、関所が国々にあり、有名な鈴鹿《すずか》・不破《ふわ》・逢坂《おうさか》の三関のほかにも数多くあったから、和歌に詠まれる地名にも関所の名が多い。したがってその時代にも、関所を通るためには、過所《かしょ》という証明書があった。今でも京都に過所船というものがあるのは、もとは、あらかじめ過所を渡しておいて、関所の通行を自由にさせた船のことをいったものであるが、今では一種の船の名称のようになっているのである。

この路引というのは、中国の明朝《みん》で行なわれた制度である。明朝では国の境目ごとに関所があって、証明書によりこれを越えるのである。いまこの方法を採用して、江戸の城下町の周囲で農村に接続する場所の境界に、木戸を設けて番人を置き、江戸へ入る人については自由にし、出る人については証明書を検査するようにする。江戸から出ようとする者の路引には、それが武家屋敷に居住する者であれば一つの町内ごとにおかれた肝煎《きもいり》の印を、大名屋敷の者であれば一つの屋敷の印を、町人ならば、前に述べた町奉行の一支配区域ごとに、その区域内にある町々の町名主を月番《つきばん》交代にでもして、当番の町名主を定めておき、その印を押させるようにする。とくに人数・姓名と、荷物の種類、どこからどこまで行くということを記載させておかなくてはならない。

旅行の道中では、明朝の飛脚に関する法規に準じて、一宿一宿とつぎつぎに宿場の問屋から印を押してもらうことにする。そういう制度にすれば、まず江戸の出口の番所では、はじめの居住地でもらってきた印鑑を調べればよく、道中の宿場宿場では、最初の宿場、たとえば東海道なら品川、中山道《なかせんどう》なら板橋、奥州街道ならば千住のような宿場では、江戸の出口の番所の印を見知っておき、それから先の宿場では、それぞれ隣の宿の印を見知っておいて、それを点検しさえすれば、それでよいことになる。その場合に路引に印のない者は、決して宿泊させてはならないという規則にする。それぞれの宿場の近所の村々では、その近所の村々の印鑑を相互に交換しておけば点検ができる。また江戸の近隣の村々から江戸へ用事があって来る者は、江戸から出るときだけのために必要であるから、村の名主から木札でも渡しておいて、証明の代りにすればよい。諸大名の城下町でも、右に述べた江戸の場合と同様にすべきである。このような制度にすれば、人が本街道を通行しないで、脇道をぬけて関所をくぐるようなことは、決してできなくなるわけである。

ただし、これはみな戸籍の制度をしっかりと定めたうえでのことである。このように制度を定めるならば、旅行をすることは、よほど不自由になるであろう。現在はあまりにも自由すぎるために弊害が多いのである。いま箱根の関所で検査している道中手形（通行証）などというものも、江戸から出てゆく女の手形について以外は、まったく放漫になってしまっている。もっとも戸籍の制度さえ確立されるならば、くぐって先へ行ってみても泊まれるあてがなくなるから、この路引の法はなくても、かなりの程度までうまくゆくかもしれない。

浪人ならびに道心者の取締りのこと

右のように戸籍の制度を立てるに際し、社会にはさまざまの種類の人がいるために、差支えの生ずることがあろう。まず浪人であるが、これは元来は武家に奉公して、その主人の家の人別に編入されていたのが、今はその主家を離れているのであるから、ふたたび就職するまでは、どこの町あるいは村に居住しているとはいっても、農民でも商人でもなく、どちらかといえば旅人に近い性格のものである。しかし帰るべき郷里もないから、また旅人と分類するのもむずかしい。そこでやはりただ浪人ということにしておいて、どこに住んでいるにしても、借家人の扱いをすることとなろう。親類や知人を保証人にして居住を許すという点も、べつに現在の制度と変りがないことになるであろう。

道心者《どうしんじゃ》（寺院に所属しない僧。「乞食坊主」の類）というのは、支配をうける頭《かしら》もなく、所属のない者である。けれどもこれもまた鰥寡孤独《かんかこどく》といった身寄りのない者の同類で、要するに生活に窮した人民が仕方なく道心者になっているのである。これも剃髪して出家したときの師匠を保証人にして、普通の借家人と同様に取り扱っておけばよい。寺家の隠居や旅僧の類は、寺社の門前地に限って居住を許すこととする。もともと仏法でも、僧侶が民間に居住することは、仏の戒律として禁じられており、また古代からの法律でもそれは禁止されている。仏教と紛らわしい邪法の類でも、民間に混在していたのでは、邪法であることが判別されにくいからである。

陰陽師や鹿島の事触《ことぶれ》、あるいは宮雀《みやすずめ》とよばれる低い身分の神官などの類は、小さい刀一本だけを指すことを許す。山伏は無刀の姿となるべきである。これらの者がいずれも大小二本の刀を指して、武家と紛らわしい姿をしているのは、根拠のないことである。中世において比叡山の山法師や、興福寺の奈良法師、また根来寺の根来法師《ねごろじ》のような僧兵の類は、太刀を佩《は》き甲冑を帯びていたけれども、今では僧兵はいなくなって、みな本当の僧侶になっている。山伏が武装をしているのも、その時代の風俗が残っているのである。山嶽へ修行に入る際には、柴草を刈って道を開くための利剣を指すのが古法であるというが、もしそうであれば、山嶽に入るときだけ古法に従っていればよい。山伏がふだん江戸の城下町や農村を歩くのは、勧進のためである。勧進というのは、出家の作法として、人々に仏法を勧めて寄付を仰ぐことであるから、乞食《こつじき》の行《ぎょう》と同じことである。これは屈辱を甘受して忍辱《にんにく》の心を養うための行であるのに、大小の刀を指すというのは、あるまじきことである。田舎などを歩いていて女や子供ばかりいるところに行き逢うと、刀を抜いたりして脅かし、無理やりに金品を寄付させるようなことがしばしばある。また山伏が夜討や強盗をはたらくこともときたまある。鹿島の事触の中にも、人を脅かして無理に勧化《かんげ》の金品を出させるような者が多い。

謡曲の『花月』や、また『義経記』などという物語の草子を見ると、山伏は稚児《ちご》を供に連れて、僧侶と異なるところはない。真言宗や天台宗の教理にもとづき、僧侶と一緒に学問をしていたのが、山伏の本来の姿であったのに、いつの間にか僧侶とはまったく別のものになって、勤行《ごんぎょう》（仏前の読経・礼拝）の作法なども、また加持祈禱のしかたも、別になり、ただ真言や天台の寺院を本山として、そこに所属しているだけのことである。吉野山の僧侶も、中世にはみな妻帯していたが、この四、五十年以来は、世間で仏教に関する理解が進んだため、みな妻帯をやめて、今では品行の清い僧侶になっているという話である。山伏なども、その本山から主唱して、妻帯の風習をやめさせ、清僧にならせる方法があろうと思う。

寺院の召使いとして刀を指した者をおいたり、また僧が外出する際の供の者にも、刀を指した者を連れたりしているが、このようなことは、格式の高い門跡《もんぜき》寺院だけの特権とし、そのほかの寺院では、たとい院家であっても、すべて禁止すべきである。

寺領を支配するために、寺院で代官をおいているが、これもまたあるべからざることである。その寺領に近接した幕府領や私領の代官・領主に支配を委任して、年貢だけをその寺に渡してもらうようにすればよい。また寺社の門前町は、寺社奉行の支配下と定められているが、これも一様に町奉行の支配とすべきである。その理由は、仏教の戒律では殺生戒を第一としており、また膨大な大蔵経の中にも、国を治める道についてはまったく記されていないからだ。幕府の法律で罪人とされた者でも、慈悲のためであるといって命をもらいうけたり、あるいは処罰をうけて放逐された者のために、詫び言を入れて帰参させたりするようなことは、いまの僧侶が自己の任務としていることである。しかし寺領を所有し、人民を支配する場合には、断乎として刑罰を行なうことがなくては、法の秩序が立たない。また刀を指した者を家来にしているからには、武士とひとしく事情によっては切腹を命じなくてはならないような場合もあるが、それでは戒律に反することになろう。刀を帯びた者を供に連れていても、僧として何の役に立つことがあろうか。このため覚彦比丘《かくげんびく》(11)という名僧は、一生の間、供の者に脇指を指させなかったという。右のような風習は、ただ武家の真似をしたというまでのことで、仏法の衰廃をあらわしたものにすぎない。だから仏法を崇敬する立場からしても、右のような風習は禁制すべきである。また寺領を寺で直接に支配しているため、寺社領に悪人が多く隠れていて、田舎でも寺社領へは領主の警察権が及ばない。このことから禍害が発生して、領主の政治が十分に行き渡らないような状態になっている。とにかく寺社領は近隣の幕府領や私領に預けて、支配を委任するようにすべきである。

遊女と河原者ならびに乞食の取締りのこと

遊女や河原者（俳優）の類を賤しい者とするのは、日本でも中国でも古今を通じて同様である。これらは元来、その種姓（血統）が特別なものであるから、一般の平民より賤しい身分の者として、弾左衛門[12]が支配することになっている。ところが近年になって古来の法制が見失われ、平民の娘を遊女に売ったり、また河原者が商売人となったりしているが、これは何よりもよろしからぬことである。

平民の娘を買い取って遊女町へ売る者を女衒《ぜげん》とかいって、また人を誘拐して売るようなこともする。そのうえ、自分の娘を親みずから遊女に売るということは、下賤な者でも決してするはずのないことであるのに、それを平気で売るようになったのは、もともと平民の娘を遊女に売るということから始まって、しかも高い身分の者が遊女を身請けして妻にするようなことが珍しくないので、そのためにまた平民の娘を遊女に売ることが、いよいよ盛んになったのである。つまりは遊女とても平民と種姓の変りはないと考えるところから起こったことである。

このように遊女や河原者が平民と混同されるようになったために、遊女や野郎（男の俳優）の風俗が平民に移り、現今では大名や高官でも、傾城町《けいせい》（遊女町）や野郎町の言葉を平気で使っており、武家の妻や娘が傾城や野郎の真似をして、恥ずかしいとも思っていない。これは今の流行《はやり》ごとで、よくないことである。この真似をしない者は田舎者であると軽蔑され、世の中の風俗が非常に悪くなっているのは、みな種姓の混乱から起こったことである。古代の法制のとおりに種姓の区別を正しくし、遊女や河原者の子は、男は野郎にし、女は遊女にすると定めて、平民と混同することを堅く禁じたならば、この悪風は自然にやむであろう。また比丘尼《びくに》（尼の姿をした下級の私娼）にも平民の女がなることを堅く禁じ、比丘尼の子は比丘尼として、種姓を明確にすべきである。

乞食や非人という者は、もともと種姓に変りがあるのではなく、一般の平民からなった者である。それであるのに平民と火を共同にせず（炊事の場所を隔離して）けがれた者のように取り扱って、弾左衛門の手下《てか》（支配下の者）にしているのは、もともと癩病人の取り扱いから始まったことである。癩病人を、世俗の観念では、仏・法・僧の三宝から見捨てられた者として、京都でこれを悲田院に収容し、平民の生活の場所から隔離したことが、その始まりである。田舎で乞食というのは、みな癩病人のことで、今でもそのとおりである。江戸では車善七《くるま》(13)を乞食の頭としているが、これは家康公の御代からのお定めということであるから、江戸の乞食についてはそのままでよい。

ただし近年になって無宿者（戸籍のない者）となった新薦被《あらこもかぶり》の類までも、車善七の手下にするというのは、いかがであろうか。新薦被というのは、たいていは田舎の百姓で、贅沢になって、骨の折れる耕作の仕事を嫌い、雑穀を食べることを嫌って、江戸へ奉公に出て、住所も定めず方々を渡り歩いたあげく、年をとってから故郷へ帰るすべもなくて、辻番や門番あるいは同心の荷物担《かつ》ぎなどになった者もある。また途中で奉公をやめて棒手振《ぼてふり》（天秤棒でかついで物を売り歩く者）になり、その日暮しをして来た者のなれの果てもある。若いときに道楽をして、親や親類の勘当に逢った者のなれの果てもある。また浪人のなれの果てもある。いずれも自分の身のはたらきが悪かったためとはいえ、もともと愚かな者で、その身の慎みが悪くなったというのも、世間の風俗にひかれてのことであるし、そのうえ近年は世間の景気が悪く、生活を立ててゆくことがむずかしくなっているために、このような者が多く出たのである。とすれば、国の政治が悪いために、世の中の風俗も悪くなり、また景気も悪くなった、という状況の中から生じたものであるから、つまりは為政者たる幕府の責任というべきである。

ことに武家の浪人という者は、工商の業を営むことも知らず、ただ親類や知人の助力をかりて生活を送っている者であるのに、近年は武家の風儀が悪くなり、人々に頼もしい心が消え失せて、ただ利益や勘定の心ばかりが強くなっている。これもまた巻三に述べるとおり、みな上に立つ人の心から起こったことではあるが、その結果として浪人は、援助してくれる人がないために、生活に困り、世間の悪い風俗にひかれて、詐欺などの悪事をするように近年ではなっている。そのうえに長煩いでもするか、不幸がつづけば、右のような乞食の類になるのである。もっとも武士が商売をしてはならないというのは、本来は高利貸のような家業をしないという意味である。年老いた親などを抱えた者が生活に行き詰まったならば、棒手振になったり日雇いになったりして働くのは、浪人でもやむをえないことで、武士としての節操を汚すことには少しもならないはずではあるが、世間の人は風俗にとらわれていて見識がないから、そのようなことも実際にはできない。世間に対して武士らしく外面を飾るのを第一とするところから、さまざまの偽りや悪事もするようになったのである。

しかし右のような乞食や非人というのは、要するに鰥寡孤独といった身寄りのない者で、天下の窮民である。いかなる聖人の御代でも、鰥寡孤独はいるのであって、周の文王の仁政というのは、鰥寡孤独をあわれみ救うことを第一となさったのである。まして今の乞食や非人は、世間の風俗が悪いのと、景気が行き詰まったのとから生じたものであるから、つまりは幕府の政治が行きとどかないところがあるという点に帰着する。したがってこれを救う方法が講ぜられるべきである。

それを十分な考慮もしないで、車善七の手下にしているのは、ただ始末に困っての処置であるから、要するに奉行たるお役人の才知が乏しいといわざるをえない。善七の手下になるときに、古い乞食どもが、でたらめで恥しらずな意地悪をする。もともと薦被や無宿の者は、生活に窮して、死と紙一重しか隔てていないような状態におかれているのであるから、恥を知らず、刑罰も恐れず、したい放題なことをしている者である。それを古くからの乞食どもが、ひどい意地悪をすれば、本心には返らず、かえっていよいよ悪い者となるであろう。そのうえにまた、乞食の役目として、処刑された罪人や行倒れ者、川で溺死した者などのあと始末をさせるので、ますますその心が暴虐無道になるが、これもつまりはお上がそうなるように仕向けているのである。

そのような者を車善七の手下につけたため、今では乞食の数がおびただしくなった。それを世間の風俗として、平民とは火を共同にしないというところから、平民から隔離された別の社会を形づくって、乞食の仲間でどのような事件が起こっても、平民の方ではまったく知らないという有様である。近年、乞食の中に放火をした者が多くあって、火炙《ひあぶ》りの刑に処せられたが、何十年以前からこうした悪事をしていたのか、知っている人もなく、気がつく人もなかったというのは、まったく住む世界が別になっているからである。一般の平民とは別の世界に住む者が多くいるというのは、まるで外国人を大勢連れて来て、江戸の城下町に放しておくようなもので、はなはだ危険である。このままでは時が経つほど乞食の数も増加するであろう。末の世になったら、乞食の中からどういうことが起こるかも予測しがたい。そもそも車善七という者の先祖は、上杉景勝の家来で車丹波という者であったが、草履取りに身をやつして家康公を付け狙い、自分の家来をみな江戸へ連れて来て、乞食の仲間に入れておいたのを、その企てが露顕したとき、家康公の広大で底知れない神慮によって宥免され、それ以来、乞食の頭となったと言い伝えている。こういう種類の者たちは、政治の上では深く警戒して、注意を払っておかなくてはならない。

さて、穢多《えた》(14)の類の者と火を共同にしないというのは、日本の古来の風習として、やむをえないが、癩病人と火を共同にしないというのは、筋の通らない話である。孔子の門人の中にも、癩病人でありながら、徳行の方面で名高い冉伯牛《ぜんはくぎゅう》という人がいる。病気であるから、いかに貴い身分の人でも罹らないとはいえないのである。それを悲田院に収容して、火を共同にしなかったという昔の風習も、頑迷で愚かなことである。それ以来、乞食の類と火を共同にしなくなったというのは、筋の通らないことである。

乞食は道心者とあまり区別のない者である。仏教でいう釈迦《しゃか》の時代の出家の生活様式は、みな乞食である。べつに肉食を嫌うということもなく、調理された食物を他人に乞い、三衣《さんね》一鉢《いっぱつ》といって、三種の衣とその食物を受けるための鉄鉢一つのほかは、何も身に所持せず、住むべき宿舎もなく、一つの樹の下にも三晩は泊まらないというのが仏弟子たる者の作法である。現今に至るまで、律宗の比丘《びく》(在家の信者)が、自分の居間で火を焚かないのは、むかし調理された食物の余りを乞い、自分では火を焚いて食物を調理したことがないということの、形ばかりが残っているのである。だから乞食《こつじき》の行は、仏弟子の作法だというのである。雲居《うんご》禅師は三年の間乞食の仲間に入って修行しておられたという話がある。

車善七は弾左衛門の手下に属しているから、もし火を共同にしないという原則であれば、傾城や野郎も弾左衛門の手下であるから、同様にすべきであるのに、相手によって差別し、一方には親しくし、他方は避けるというのは、いやしく卑劣な風習と言うべきである。

したがって前に述べた人返しが実施されるならば、新薦被や非人の中からも、その郷里を調査して、帰らせる必要があろう。これは一般の者の人返しとは違って、出身地の領主の政治が悪かったためばかりではない。江戸の城下町の政治が悪かったために、非人が生じてきたという責任が半分はあるから、帰郷のための旅費などは、幕府から支給されるべきである。町奉行の治めている江戸で非人が多いのは、奉行の恥であるということをよく悟ったならば、人返しのほかにも、非人や乞食を更生させる方法が、いかようにでも見出だされるはずである。

私が十七、八歳のころ、上総《かずさ》の国に住んでいて聞いた話がある。加賀の国には非人が一人もいない、もし非人が出ると、小屋を建てて、その中に入れておき、草履を作らせたり、縄をなわせたり、さまざまの仕事をさせて、藩主の方からこれを養う掛りの役人をつけておき、その縄や草履などを売らせて、やがて元のように店を持つことができるようにしてやるのである、と加賀の国から逃亡して来て、上総に居住している者が語るのを聞いて、これこそまことの仁政であると思ったことであった。現在の加賀で、どうなっているのかは知らない。

いま江戸で施薬所をお建てになって、貧しい病人に医薬を施しておられるのも、広大なお慈悲ではあるが、なおもう少し下々の者の有様をご覧になる方法があろうかと思われる。賤しい身分の者としては、病気で死ぬのはむしろ幸運な方である。健康で生きていながら、飢えに迫られるのが、今の社会で賤しい者にとって最大の難儀であるということをご承知になっていただきたい。

何かの役職を勤めてよく思慮の行きとどいた人物を江戸の町奉行に任命し、うまく治めてゆくことを主眼として、支配下の町から悪人が出たり非人が出たりするのは、奉行の役にある者の恥であるということを自覚させ、あまり上から干渉することなく、思うとおりに実行させるならば、才知のある人であれば、非人の処置などはどのようにでもできるであろう。

さて古い乞食については、車善七の方で人別帳に登録させるが、ただしみだりに新薦被を手下にすることは禁止すべきである。なお現在では江戸ばかりでなく田舎までも、乞食は車善七と松右衛門[15]との手下と定められているために、支配の手が行きとどかず、都合が悪い。田舎の乞食は、それぞれの地域限りで、その村の支配とすべきである。

そういえば、前に述べた戸籍に関連して、このごろ聞いた話がある。ある同心の弟で、兄と同居し、塩を売って生計を立てている者があったが、その者がある武家屋敷に入って、出るときに塩籠《しおかご》の中に鉋屑《かんなくず》や木片《きぎれ》の類を入れて出ようとしたのを門番が見咎めて、塩売を押しとどめ、「その籠の中にある木片などを出してから帰れ。そうでなくては通すことはできない」といったとき、その木片だけを出して、鉋屑は出さないままでいたので、門番がそれも出せと責めたところ、その者が腹を立てて悪口を吐いた。そのため門番は非常に立腹し、問題がむずかしくなって、ついに右の塩売も、その兄も、牢屋に入れられたということである。これは思うに、武家屋敷に住む者が隠れて町人の業を営むことを幕府で禁じておられるので、その同心は商人の弟を同居させたという罪に問われたのであろう。しかし同心のような軽い身分の者は、手細工をして生計を立てているのがふつうである。その弟の同居人が塩を売ったからといって、商人を隠して居住させていたのとは違う。

また鉋屑を取ったからといって、その程度のことを盗みと言い立てるのは、法規に拘泥して、本当の政治というものを知らないからであろう。『詩経』の大田の篇には、「彼《か》こに遺秉《いへい》(残された稲の束)有り、此《こ》こに滞穂(落ち穂)有り、伊《こ》れ寡婦の利なり」と言っている。百姓が収穫をするときに、ところどころに稲の束や稲穂が落ちているのを、その村に住む寡婦などが拾って自分の収益にすることをうたっているのであって、こういうことを盗みと名づけたりは決してしない。それは古い『詩経』の時代から、今の日本でも田舎では同じことである。ところが都会では田舎にも劣って、鉋屑を拾っても盗みというとは、何という治め方であろうか。乞食が朽木を拾ったり、火事場の焼け釘を拾ったりするのも、昔は構う人がなかったのに、近ごろは処罰されるというのは、どういうわけであろうか。鰥寡孤独といった類の窮民は、このような落ちこぼれを拾ってこそ、ようやく世渡りをしてゆくことができるのである。放火をした者などこそ、処罰しても当然であろうが、鰥寡孤独の類の者に対して、右のようにわずかなことを処罰するようであっては、かれらはやがて立枯れになって死んでしまうであろう。

将軍綱吉公の御代、柳沢美濃守（吉保）の領地である川越に、一人の百姓があり、困窮して田地も屋敷も手放してしまったので、生活を立ててゆくすべもなく、妻は四、五日前に離縁して里へ帰らせ、自分は頭を剃って道入という僧名を名乗り、一人の母を連れて村を出て漂泊していたが、熊谷か鴻巣《こうのす》のあたりで、母が病床に伏したのをその場所に捨てておいて、自分は江戸へ出て来た。そのあとで、土地の者どもが母から委細の事情を聞いて、川越へ送り返したが、このことによって、右の道入は親を捨てた罪人ということになった。美濃守は家来の儒者たちに、「親捨てには、どのような刑を科すべきものであるのか、和漢の先例を調べて、答申を差し出すように」と命じた。そのとき私は、美濃守に仕えるようになったばかりの、まだ新参《しんざん》のころであった。儒者たち一同は考えた結果、「親捨ての刑というものは明律《みんりつ》（明朝の刑法）にも出ておりませんし、古今の書籍にも記されていません。この者の行動をみると、つまり非人であります。母を連れて乞食をしていたのが、母が行倒れになったというまでのことで、親捨てとは申せません。妻は四、五日前に離縁しているのでありますすから、乞食をするほどになっても母を同伴していたという点は、非人の身の上としては感心であります。自分が妻と一緒に家にいて、母を他所へ捨てたのであれば、親捨てということにもなりましょうが、これは親を捨てようとする心がなかったのでありますから、親捨てというのには当たりません」とそろって申し述べた。しかし美濃守は納得せず、「いかなる境遇の者であっても、親を捨てるのには忍びない心があるはずである。この事情をとにかく将軍様へ申し上げて、思し召しを伺ってみようと思う」と言った。そのころ将軍綱吉公は朱子学をご信仰になっておられたので、人間の心の本性には道徳の理が宿っているという性理学の立場から、もっぱら人の心の内面の心情や動機が問題とされていたのである。美濃守は禅宗の信者で、儒者の説く道徳の理論などは、平生はあまり信仰してはいなかった。そのときに私の考えとして、「世間で飢饉でも起こりましたならば、このような者は他領でもいくらも出てくることでしょう。親捨てというのは、人間としてあるまじきことですから、これを親捨てとみなして、何かの刑に処したならば、見せしめの意味で他領の手本にもなることでしょう。しかし私が考えますのに、このような者が領内から出るようにしたのは、第一に農村を支配する代官や郡《こおり》奉行の責任です。その上では家老の責任です。それより上の方にも責任者がいるはずです。それに比べれば道入が犯した罪はきわめて軽いものです」と、末座から申し述べたところ、美濃守はそれを聞いて初めて、「もっともである」といい、道入には母の養い料として一人扶持（一日に米五合の手当）を支給して、もとの村へ帰住させるとともに、これ以来、美濃守は私を役に立つ者と認めて、親しくしてくださるようになった。

私は幼少のときから田舎へ行き、十三年の間、上総の国に住んで、いろいろの難儀を体験もし、また人々のことを見たり聞いたりもしているのと、田舎育ちで無骨《ぶこつ》であるのとから、ふつうの人では言えないようなこうしたことまでも、主人に向かって言ったのである。十三年を経過して江戸へ帰ってみると、江戸の風習が以前とは大きく変化していることに気がつき、それと書籍に記された道理とを考え合わせてみて、少しは世の中がわかるようになったと思う。最初から江戸に住みつづけていたならば、自然に移り変わってゆく風習のことであるから、うっかりしてまったく気がつかないでいたことであろう。そう思うにつけても、いつも江戸のご城下に住んで高い地位や世襲の俸禄を保証されている人々が、何事にも気がつかず、また世間の風習につれて自由に思ったことも言えないようになっているというのも、やむをえないことと思うのである。

譜代者のこと

譜代者というのは、日本でも中国でも、これを奴婢《ぬひ》と称して、古代からあったものである。武士の家に属する譜代者を唐代には部曲《ぶきょく》と言い、日本では家人《けにん》とも家の子とも言って、これは奴婢とは別である。奴婢は奴婢同士で婚姻を結んで、一般の平民と婚姻することは許されないが、部曲は平民と婚姻もする。しかし部曲もその主人の家の人別帳に登録されていて、子孫に至るまで主人の家を離れて他所へ行くことは許されない。

ところが近年は出替り奉公人が盛んになって、譜代の奉公人は武家にはまったくいなくなってしまった。田舎の百姓の家でも、このごろはすっかり少なくなっている。その理由を考えてみるのに、譜代は面倒なものである。主人の家の中で生まれ出た者であるから、幼少のときから主家で世話をしてやる必要がある。成人してからも、衣食につけ、その他の諸事につけて、指図をしながら使うのであるから、やはり世話が焼ける。さてそれが役に立たない者であったとしても、わが家に属した者で、他所へ行くあてもないのであるから、見放すことはできにくい。したがって主人に甘えるものである。悪い性格でどうしようもなければ、斬って捨てる以外に処置がない。

むかし武家がみな知行所に居住していた時代には、衣食住ともに気楽であったし、それに田舎のことであるから、悪い者でもそのまま許して奉公させておくことがしやすかった。しかし武家がみな江戸のご城下に居住することとなった現在では、諸国から来た者が入り混っているから、主人としては下々の者の間で紛争などが起ることを嫌う気持が先に立つ。出替り者は一年限りの契約であるから、悪い者であっても一年間だけなら我慢もしやすい。実際に悪事をすれば、保証人に引き渡すだけで、自分では面倒をみなくてもすむ。衣類も諸事もみな奉公人が自分の負担でするから、世話がかからない。また年々奉公人をとりかえていれば、目新しい気持で使うことができるから、気分が変わってよい。世間にすれた者であるから、外出の供をさせたり、使いを命じたりしても利口で役に立つ。こういうわけで、人々がみな出替り奉公人を好むようになり、もとから居着いていた譜代者を後生のためであるとか、慈悲のためであるとかにかこつけて、みな暇を出してしまい、今では武家に譜代の奉公人はまったくいなくなった。年久しく奉公している召使いなどは、譜代者のようにみえるけれども、保証人の証文をとって置いているのであるから、これは譜代者ではない。

田舎の百姓にも、江戸の気風が移って、面倒なことを嫌い、さっぱりとしたことを好む風潮になったため、やはり譜代者を抱えるのは損だ、出替り者がよい、と割り切って考え、現在では田舎でも譜代が少なくなっている。そうなると、大百姓でも田地を残らず自家で経営してゆくためには、大勢の作男《さくおとこ》を雇い入れなければならないし、それに支給する米などの費用もかさむので、たいていは田地を小作に出し、自家経営をしないようになっている。その結果、小作百姓の側に悪だくみをする者があらわれて、百姓の暮し向きが悪くなっているけれども、今となってはどうしようもない。

武家の奉公人がすっかり出替り者になったところへ、また軽薄な者は、髪を釣鬢《つりびん》に結った奴《やっこ》の姿を好み、そのような姿で主人の供だけを勤める奉公人というものが少し以前からあらわれてきた。昔は工事などをするのにも日雇いを雇うようなことはなく、みな自分の家来である中間《ちゅうげん》や若党を使って地築《じつ》きをさせ、あるいは親類や知人からも家来を借りて工事をさせていたから、費用がかからなかった。大名は足軽や中間、ならびに家中の侍たちの家来を工事に使役した。幕府で行なう土木工事にも、旗本が自分の家来を人夫として差し出すのであって、いまのように日雇いの労務者を使うことはなかったという話を私の祖父の時代のこと、また父の若い時分のこととして聞いている。祖父が普請をしたときには、細川玄蕃頭《げんばのかみ》（下野茂木《しもつけもてぎ》藩主）と有馬左衛門佐《さえもんのすけ》（日向《ひゅうが》延岡藩主）との両家から中間を借りたという話を母が聞かせてくれたことがある。

また近ごろでは、中間のような奉公人が米を舂《つ》くことさえしなくなっている。米舂きという商売が江戸の町にできたのは、この二、三十年以来のことで、それ以前にはなかったものである。また松平伊豆守が奉公人の食事を盛切《もりき》り[16]にすることを始めて、武家がみなこれにならってからは、奉公人は引米ということをして、主人の供をして行った先々で飲食するようになった。それでも足りないで、博奕《ばくち》にふけり、金に窮しては欠落《かけおち》をする。使用人が欠落をすれば用事に差し支えるので、口入れという周旋業者を通じて奉公人を雇い入れるようになり、奉公人が主家を出たり入ったりするのが自由になった。このため奉公人はますます悪くなっている。

毎年三月に出替り奉公人の契約が切れる日限は五日のはずであるが、このごろでは一様にきまりのようになって四日には主家を出てゆく。長年季の奉公人をおいていない家では、男女とも奉公人がいなくなってしまうので、日常生活にさえ事欠く有様であるから、あわてて新しい奉公人を雇い入れる。この機会に乗じて奉公人の給金はしだいに高直《こうじき》になる。この四、五十年以前には、若党の給金は二両ばかり、中間は三分から一両、針妙《しんみょう》（裁縫をする女）が一両ぐらい、下女は一分か二分であったのが、今では若党は三両か四両以上、中間は二両二、三分から三両、針妙は三、四両、下女は二両ぐらい、もしくはそれ以上も取るようになっている。

現今に至っては、武家の人々は、奉公人の給金ばかりではなく、そのほかの諸物価まで、しだいに高直になって、下男さえ身分相応には召し抱えておくことができなくなっている。もともと軍役の人数というのは、譜代の家来を身分相応に召し抱えておくことであるから、譜代のことを部曲（もとは、隊伍に編制された兵士の意味）といったのである。ところが今では譜代という者が一人もいない世の中になり、出替り者さえも召し抱えておくのが困難になっている有様だから、無理をして出替り奉公人をたくさん抱えて見せびらかすのが軍役の嗜《たしな》み（心がけ）がよいことだと思っている。それがいつの間にか世間の風習となって、昔を知る人がいないために、さまざまの誤りが生じている。

いまの軍学者が教える陣備え（戦場での軍隊の配置）をみると、一家の主人である武士たちばかりを一列に並べて、おのおの槍一本で戦うものとし、家来たちはその後方に置いて、これを同勢とよんでいる。とすれば、武士五十騎で一つの備えを構成するという場合、その武士の中には、二百石の知行を取る者もあり、三百石、四百石ないし千石を取る者もあっても、肝心の戦いのときには、みな槍一本で徒歩で従軍することになり、それではじめから徒士《かち》（馬をもたない小身の武士）五十人を召し抱えておいたのと何の変りもない。二百石、三百石という高い知行を武士に与えておいても、何の役にも立たないではないか。本来、軍役においては、譜代の家来はその主人と一緒に陣備えに加わるはずのことであるのに、それを知らないので、世間に譜代者がいなくなり、出替り奉公人ばかりになって、そのうえ大坂の陣以来、日本国中の諸大名を江戸のご城下に召し寄せておかれるので、大名の家来も江戸に入り込んできたところから、幕府のご直参《じきさん》（旗本・御家人）に対し、大名の家来を又者《またもの》（陪臣）とよんで差別することが、時とともに盛んになった。それを昔からのことと思い、右のように誤った陣備えを教える者を、武道の師範たる軍法の先生と思って、その軍法を学んでいるのは、反省すべきことである。将軍様のお供をして戦陣に出て行く場合に、契約状一枚で召し抱えておいた家来を連れて行ってみても、箱根峠か碓氷峠を越えるあたりで、みな欠落をして逃げてしまうであろう。この点こそ譜代者でなくては駄目だということの明らかな証拠である。

また騎馬武者というのは、現在のように主人だけを騎馬の人数に数えるのであれば、日本国中の総石高を二千万石とみて、千石前後の旗本までが一騎としか計算されないこととなるから、日本全体の騎馬武者の総数は二万余騎ということになる。昔は日本の総軍兵《ぐんぴょう》三十三万騎といったが、それと比べると十分の一以下になっている。どうしてこうなったのかというところまで、あの軍学者は考えてみようとしないのであろうか。

そのうえ戦時はさておき、現今のような太平の時節であっても、出替り奉公人ばかりを使っていると、おのずから主人と家来との間に愛情やいつくしみがなく、一年限りの契約であるから、互いに路上で逢った他人のような気持でいる。何かむずかしい問題でも起これば、主人は保証人を呼び寄せて奉公人に暇を出してしまえば、自分の身に責任がかかることはない、と考えている。奉公人の側でも、江戸中どこへ行っても奉公する先はある、と考えており、こうした考え方がおのずと世間の風潮となって、自然に下から上へと伝染して、その主人たちも自分の仕える主君へ忠義を尽くそうとする気持がしだいになくなる。これもみな世間の風習の影響である。

武家の子供たちの生い立ちも、幼少のときに譜代者の手で育てられたのと出替り者の手で育てられたのとでは、まったく違っている。譜代者は先祖以来の家風を覚えており、またその家に年久しくいると親類の人々を見知ってもいるし、下僕の身分ではあっても恥をわきまえている。その自分自身も主人の恩をうけて育った者であるから、主人の子供を育てるにつけても心構えが違う。しかし出替り者にはそういうことはなく、ただざしあたりの生活のために当分の間奉公をしているまでのことである。そうした者の手で育てられるということもあって、武家の人柄がだんだん悪くなっている。

もともと武家が知行所に居住していたときには、召し使った譜代者は、百姓に近いものであった。無骨ではあるが、誠実さに富んでいた。いま江戸で召し使う出替り者は、方々を渡り歩いて、一つの主家に足をとどめようと思う心がないから、何事につけても、世間でいわゆる「やりっぱなし」になって、丈夫な者は年齢の若い間は渡り歩き、年をとれば辻番などになり、果ては乞食になったり、放火や盗賊でもしたりする。その中にいくらか淳朴な者もあるが、それも年久しく江戸に住み、百姓の仕事から遠ざかっていると、田舎の麦飯や雑穀のまぜ飯をいやと思うようになり、奉公先で行き合った者と夫婦になり、奉公をやめて町に住み、棒手振の商いをして一生を送るようになる。したがっていくらか長い年月にわたって奉公したり、奉公をやめてからも馴染《なじみ》の者として元の主家へ出入りしたりする者も、みな軽い身分の町人にすぎない。それでなくてさえ江戸に住めば、町人の中で暮らすことになるのに、親身になって奉公をしてくれ、その家の馴染になって出入りをしてくれる者も、みな町人であるから、武家の子供たちがみな町人のような考え方をするようになってゆくというのも、当然である。

だから譜代者がいなくなって、みな出替り者ばかりになったのは、武士道が衰廃したことであって、武家のためにはきわめて悪いことであると悟らねばならない。この事情をよく理解したならば、これからさき、武家に譜代者ができるように仕向けるべきである。その方法は前に述べたとおり、戸籍の制度を確立し、田舎の者は江戸に滞在することが許されず、江戸の者は他国へ移住することが許されない、というようにして、武家の家来でも、妻をもった者やその主家で生まれ育った者は、永久にその主人の家を離れてはならない、と規定し、その主人の家の人別帳に登録して、身元保証人なしに、その家の譜代の者と定めるべきである。あるいはその譜代者に子供が多く、主人の方は小身で、一家全部を養ってやることが困難であれば、子供たちを他家へ出替り奉公に出すとでも何とでもして、問題が起これば、その譜代の主人が適宜に判断して決めるべきである。

さて、譜代の家来を多く持った武士を、上の主君の側からも、軍役の嗜みがよい者と認めてやり、譜代者のいない家は、軍役の嗜みに欠けていると批判するようにする。何か奉公人に罪があって主人が斬り殺したような場合にも、その奉公人が譜代者であれば、本当の主従関係とみなして、無条件に主人の処置を容認してやるが、それが出替り者であった場合は、当分の間雇われただけの者とみなして、主人の処置が妥当であったかどうかを調べる。またふだんの服装も、譜代の若党などには袴を着けさせ、出替りの若党には刀だけ指すことを許すようにする。このような区別をつけてゆけば、武家の人々は自然と理解するようになって、新しい風俗に改まってゆくであろう。

けれども究極のところは、武家を知行所に居住させるようにしないと、江戸では出費がかさむので、譜代の家来を多く召し抱えることは困難であろう。仙台藩や諏訪藩や越後の国などの風俗を聞き及んだところでは、三、四百石を取る武士が、いずれも譜代の家来を三、四十人も抱えているということであるが、その家来たちが草履取りの役目もすれば、提燈《ちょうちん》を持って供をしたりもするのである。武士というものは、戦陣にあっては、もともと草履でも松明《たいまつ》でも持つのが当然である。供の役目だけを勤めるというような悪い風習が生じて、昔の風儀がすっかり失われているのである。

これと関連して、武家の奉公人に貨幣で給金を与えるというのも、あるまじきことである。武家は何石という米の高で知行をもらっているのであるから、その家来の給料も米で支給すべきである。知行の米を売って、金に替えて使うのであるから、奉公人の給料まで金で支給していたのでは、米の値段が安いときには、苦しい目に逢う。大名の家でもこの点に気がつかず、ひところ米価が安かったときには非常に困窮したものであった。現在でも国持大名の家では、足軽や中間までみな米で俸禄を与えられている。公家に仕える武士を三石侍《さんごく》とよぶのも、三石の俸禄を取っていたからで、古風を残した名称である。

なお、武家の家来がみな譜代になった場合、その主人が何かの理由で減俸されて小身になったようなときには、かねがね譜代の家来を多く抱えていると、養ってゆくことができず、行きづまることがあろう。それについては古代から、「奴婢は資財に同じ」といわれているとおり、譜代の家来はその家の所有する財産と同様のものであるから、売買をするのが古法である。主人が所属している組の頭《かしら》に届け出たうえで、他人へ売り渡し、人別帳の登録を変更するのである。

武家の旅宿の境界を改めること

国の締りをつける方法については、おおよそ右に述べた条々で尽きている。けれども究極のところは、武家を知行所に置かなくては完全に締りをつけたことにはならない。そればかりではない。武士の道を再興し、世の中の贅沢を押え、武家の貧窮を救うための方法は、これ以外には絶対にないはずである。

まず第一には、武家が江戸のご城下に集まって暮らしているのであるから、これは旅宿の生活である。諸大名の家来も、その大名の城下にいるのを、江戸に対して在所《ざいしょ》と称してはいるが、これもまた自分の知行所ではないから、やはり旅宿である。なぜかといえば、衣食住をはじめ、箸一本でも必要な物はみな買いととのえなければ暮らせないわけであるから、これを旅宿の生活というのである。そういうわけで、武家が江戸で暮らしていると、一年分の知行米を売り払って、その代金で必要な物を買いととのえ、一年間で使いきってしまうのであるから、武士が精を出して主君のためにした奉公は、みな江戸の町人の利益になるばかりである。これによって江戸の町人が盛んになり、世の中が窮屈になって、物の値段はしだいに高くなり、武家の困窮は現今に至ってはもはやどうすることもできないほどひどくなっている。

大勢の武家が江戸のご城下に集まっていることであるから、火災も頻繁に起こるが、家族と一緒に居住していれば、妻や子供が足手まといになるし、家財や貴重品に心を惹かれて、消火に専心することもできない。そのうえ町人の風俗と傾城町や野郎町の風儀が、武家に伝染して、何分にも江戸は風俗が悪く、娯楽の多いところであるから、武芸や学問の嗜みもうすくなる。またいつもご城下にいて見馴れているものだから、幕府といっても頭から呑んでかかって、上《かみ》を恐れる心もうすくなっている。行儀作法を嗜むといえば、軟弱になって、まるで公家や上﨟《じょうろう》（高位の婦人）のようになるし、行儀に構わないとなると、したい放題で恥も知らず、町奴《まちやっこ》のようになる。これもつまりは世間の風俗に影響された結果である。

さてまた、田舎の締りが悪くなったこともはなはだしいものである。田舎の締りというのは、昔は在所在所に武家がいっぱいいたから、百姓もわがままはできなかったものである。この百年以来、領主が知行所に住まなくなったので、頭を押える者がいなくなって、百姓が非常にわがままになっている。

旗本の武士が小身であると、自分の住んでいない知行所を江戸にいて治めてゆくということはできない。代官などを派遣してみても、小身者の家来で軽い若党風情《ふぜい》の者であるから、何の役にも立たない。その結果、おのずから旗本たちの私領までも幕府で治めるようになって、百姓はいよいよ領主を軽んずるように今ではなっている。人殺しの事件などがおこると、江戸へ報告して、江戸から調べに行ったりするので、日数がかかって調査が手おくれになり、真相がわからなくなるようなことが多い。また盗人などを捕えてみても、江戸まで連れて行けば、途中で多くの費用がかかり、さらに江戸では審理の手続きが面倒で時間をとるため、費用が多くかかり、まして農繁期には農業の邪魔になるので、捕えたのをそのまま放逐して、報告しないでおく。また博奕などの禁令が下されても、右と同じ理由で、または仕返しをされることを恐れて、知っていても申し出ない。目明しなどという連中が、田舎へ行ってさまざまの悪事をはたらいているが、同じ理由で百姓は申し出ない。何事につけても幕府の民政は、江戸だけに限られるようになっていて、田舎へは行き渡らないが、これもみな田舎に武家が住んでいないからのことである。

江戸在住の武家（『吉原恋之道引』）

　また上総の国に新門徒[17]というものがあって、これは日蓮宗の一派である。その元祖は、豊臣秀頼卿が帰依された僧で、上総から大坂へ上り、計略の相談相手となって、徳川家を呪法により調伏《ちょうぶく》しようとしたため、ついに処刑されたが、この僧が大坂にいて資金を集めるために、上総の百姓に上人号を称することを許し、密教の曼陀羅《まんだら》を授けてやった。それを俗人がだんだん受け伝えて広まったのを、新門徒といっているのである。その信者は檀那寺に所属してはいるが、寺の宗旨を信仰せず、人が死ぬと、檀那寺で引導を渡してもらったあとで、火打石を打って清め、その派の俗人の上人が改めて引導を渡し直してから、葬るのである。また金銭を出して人をだまし、その宗門に引き入れることがあるのは、吉利支丹《キリシタン》と同じである。檀那寺へは一年にいかほどと定めて、米を送ってやるだけで、誰も出入りはしない。寺の方でも不行跡な坊主は、檀家の者が来ないのをかえって喜び、新門徒の悪事を知りながら、知らぬ顔で住持をつとめているということである。初めは一、二ヵ村であったが、このごろはおびただしく広まり、数十ヵ村になったと聞いている。このようなことも「自分には関係がない」といって、訴えて出る者がない。田舎にはこの種類のことがなお多いであろう。しかし百姓は経費のかかることを嫌い、また江戸の役所を恐れて訴えて出ないもので、それが田舎では普通である。その結果、何事も江戸へは知れないことになっていて、さしあたりは何事も起こらないとしても、飢饉がうち続いたりでもすると、夜討や強盗が田舎から起こって、盛んになるであろう。

馬泥棒というものは、馬を盗んでは遠方へ騎行し、二日もの道程を走った先で馬を売り、その馬はまた次々と転売されるので、馬の行衛はわからなくなってしまう。この類の盗賊や博奕打ちなどは、遠方に仲間があって、その仲間とさえ言えば、見知らぬ者であっても、相互に信頼し合って働くのであるから、集団をなした強盗に近いものである。強盗も遠方へ移動するもので、全部が同類をなしている。強盗のことは、私が田舎に住んでいたとき、横川村というところに四郎左衛門といって強盗の頭《かしら》をしていた者があり、年をとって強盗をやめ、念仏三昧《ざんまい》の生活を送っていたが、その者から詳しい話を聞いたことがある。百姓の中でも資産のある者は、このような者と親密にして、用心棒のようにしているから、その近所の者は強盗であることを知っていても、訴え出たりはしない。

それでも中山勘解由の時代から、田舎でも右のような悪党はいなくなった。これは何も勘解由一人で捕えつくしたわけではなく、ただその強圧的な方針を恐れたからであった。幕府でこのような奉行を任用しておられるのをみて、諸大名も厳格な処置をとったので、遠国にもいなくなったのであろう。ところが最近はまた、博奕打ちの類が盛んになったと聞いている。昔から乱の起こった歴史を考えてみると、世が末になるにつれて、どのようなことが起こるか、予測もできない。これもつまりは武家が田舎に居住せず、関八州が明地《あきち》のようになったからのことで、右のような悪党の類も多くは関八州から出て、遠国へまで活動しているのである。

武家が田舎に居住すれば、第一に衣食住に経費がかからないから、武家の人々の暮し向きが立ち直るであろう。すべて贅沢は家庭の内部から始まるものである。武家の妻が江戸に住んでいると、しだいに贅沢になって働かず、その結果として病気になるから、その腹に生まれた子供は柔弱で、何の役にも立たない者になっている。これもまた田舎に居住させれば、自分で機を織ったりして労働し、あまり贅沢もしないので、身体は強健になり、武家の妻たるにふさわしくなろう。男も広い野原を方々《ほうぼう》馬で駈け歩いて、手足も丈夫になるであろう。親類や知人のところへ話をしに行ったり、用事があったりすれば、五里も十里もの間をいつも往来しているから、馬に乗ることも自然に上手になろう。馬の飼料も手に入れやすいから、二百石や三百石の身分でも、五匹も十匹も心がけ次第で飼うことができるのも、田舎なればこそである。平常は余暇が多く、江戸と違ってほかの慰みごともないから、武芸や学問の修業には好都合であろう。

家来にも田地を五石とか十石ずつ配分してやれば、収穫物は全部家来のものになるから、五石でも現在の十石の知行地からの年貢と同額の収入になり、十石は二十石に相当することになる。そのうえ、田舎は暮らしやすいから、五石は実際には二十石の知行地にも近くなり、十石は四十石近くにも相当する。そうなるとすべてが豊かで、しかも数多くの家来を召し抱えておくことができるから、軍役の充実に心がけることが容易になる。私の母方の祖父に当たる児島助左衛門(18)の父か祖父かは、二百石の俸禄で、三河の国の知行所に居住していたが、大坂の陣に出陣した際には、七、八人の家来を連れ、馬二匹を引かせていたと、曾祖母が話していた。その曾祖母は、大番頭《おおばんがしら》の鳥井久兵衛の娘で、久兵衛の知行所である上総の刈屋で生まれたが、三河に嫁入りして、長く住み着いたので、のちまで三河言葉であった。助左衛門は貞享のころ（一六八四〜八八）に処罰をうけて流罪になり、その家系は断絶して、三河の知行所も幕府に返上したが、それでも現在なお、児島の一族の者が勤務のために江戸から上方へ行く際には、その三河の百姓たちが岡崎まで出て来て、昔の領主として謁見する習わしである。このように武家が知行所に住んでいると、百姓も幼少から殿様として尊敬する気持が骨の髄まで沁みわたっているから、その領地もよく治まるのである。そのような百姓を軍役の人数として引き連れて行けば、欠落をするようなことがないのはもちろんで、その主人の役に立ったという話も多く聞いている。

さらにまた、武家が知行所に居住していると、田地の様子や治水工事のことについても、見たり聞いたりして習熟しているから、農政を担当する代官に任命された場合でも、江戸で成長した現在の代官らが支配を手代《てだい》まかせにしているのとは雲泥の相違であろう。

さて武家が知行所に居住した場合には、江戸城での勤務は、一ヵ月交代とか百日交代とかにして、交代で勤めるようにする。その当番の期間には、城中の勤務は一日おきか、あるいは三日に一度とでもして出勤する。負担が重いようでも、そのために江戸へ出て来て旅宿暮しをしているのであるから勤められる。旅行にも慣れて上手になるであろう。江戸にいる間は、男ばかりの暮しであるから、火事その他思いがけないことがあっても、足手まといがなくて、かえって用心がよいであろう。

現在は田舎に武家が居住していないから、武士が田舎へ行くと、気まま勝手なことをする恐れがあって、それを防ぐために武士は江戸から五里以上外へ出てはならないと定められているが、それとは違って、田舎のどこにでも領主が居住していれば、主《ぬし》のあるところへ行くのであるから、勝手な行動ができるはずはない。むしろ川で魚をとり、野山で鹿を狩ったりして、山川を走り歩き、国中の地理にも詳しくなるし、険阻な山道にも慣れて、何事につけても有能な武士となるであろう。現在は自分は江戸にいて、知行所は遠方であるから、百姓と馴染もなく、恩義で結ばれているということもなくて、ただ百姓からは年貢をとるものと思い、百姓の方ではまた年貢を納めることだけを考えているから、ただ年貢を取ろう、取られまいとする心ばかりがはたらいて、年貢を取り立てるために百姓にひどいことをする武士もある。しかしふだんから近所で見なれ聞きなれしている百姓に対しては、慈愛や憐れみの心が自然に生じて、いかなる人でも百姓にそれほどむごいことはしないのが、人情というものである。武家を知行所におけば、このような利益があって、たいへんよいのである。

さてその方法であるが、だいたい二里か三里四方の土地に、一組の武士の知行所を割り当て、その一人一人に知行所を配分する。その組の頭になるような能力のありそうな者で、三千石か四千石の禄高の者を三人か四人ぐらい選んで、その地域で知行所を与えておき、その中からさしあたり能力のある者を頭に任命する。あらかじめ旗本領と幕府の直轄領とが入り交じるように配置しておいて、その直轄領の支配も、右の組頭に委任し、組の者の支配も、直轄領を治めて年貢を取り立てることも、また裁判でも軽微な事件については、その地域で処理させるようにし、川の治水工事などの一切のことも、その組頭の命令によって実施させる。このようにすれば、自然に田舎の締りがついて、幕府の政治が下々まで行き渡るであろう。現在では、禄高の少ない者が代官に任命され、自身は江戸にいて、手代を派遣しているような有様であるから、さまざまの悪巧みが行なわれている。またその代官が田舎へ行ってみても、小身者であるから、裁判をする権限もなく、小身で武備も乏しいため、盗賊を鎮圧することもできない。そのうえ、直轄領や旗本領や寺社領などの支配系統によって、それぞれに了解を得なければならないから、治水工事などをするのにも不便である。また右の組の中から江戸で勤務する役職に任命された者があれば、妻子を引き連れて江戸に常住させるが、その役職を勤め上げたら、元のとおり知行所へ帰って組の一員に加わるようにする。

田舎における武士と百姓（『県治要略』）

　医者も、田舎に居住するのがよい。江戸で治療をしていたのでは、上手になるわけがない。その理由は、まず第一に江戸は生活費のかさむところで、生計に追われるため、むやみに多くの病人を治療し、一人一人に念を入れてすることができない。次には、権門勢家に出入りしたり、衣服を飾ったりして、何かにつけ虚偽が多い。また江戸は医者の多いところで、病人が薬に中毒したりすると、驚いてすぐ別の医者に代えてしまうので、医者の方では患者に逃げられないようにと考えて、中毒しないような無難な薬ばかりを調合し、苦心してその病気を治療してみようとはしない。むずかしい病人は適当な時期に他の医者へ上手に申し送って、自分の評判を傷つけないようにと心がけているから、病人を最後まで見届けるということがない。こういう風では江戸に名医が出るということは決してありえないのであって、どんな学問技芸でも同じことである。とくに武士というものは、もともと土地の上での活動を任務とする者であるから、田舎に居住していなければ、武芸がすたってしまう。

今の世の中では、百姓のほかは、武士も商人も故郷というものを持たず、宙に浮いた雲のような生活状態で、哀れなものである。ただし大名の家来にも、それぞれ知行所を与えて、そこに居住させるようにしたいものではあるが、現在のところでは都合の悪い事情がある。もともとはかれらもみな知行所に居住していたのであるが、太閤秀吉の時代から、大名を転封させるということが始まったため、その転封の際に不便であるからという理由で、家来を全部それぞれの城下町に集めておくこととなり、今では一様にそういう風習になっている。その当時は、戦国の争乱が静まったばかりの時期であったから、大名の勢力を弱めるための術として、幕府で考えられた計略の一つであったのであろうが、その結果として日本国中の武士の総人数が減少するにいたったのは、武家政治にとって何よりもよからぬことである。島原・天草で一揆が起こったとき、わずかの小城に百姓たちが立て籠もったのを、多数の西国大名の力を尽くして攻めなければならなかったというのも、すでにそのころから武家の人数が減少していたことの証拠である。

現在では外様《とざま》大名の転封は、先例のないこととなっていて、譜代大名ばかりに転封が命ぜられているが、これまた不公平でよろしくない。転封のための経費は、およそ十年にわたって藩の財政を苦しめると、昔から言い伝えているほどで、だから転封の際には、昔は必ず俸禄を加増されていたし、その後には金が下賜されるようになっていた。近年そういうことがなくなったのは、幕府の財政が不自由だからであろう。外様大名を苦しめないでおいて、譜代大名を転封で苦しめているというのは、どういう理由によるのか、理解ができない。譜代大名が老中に任命されると、領地を関八州の中へ移されるが、これも意味のないことである。また姫路・兵庫・淀・郡山などは、枢要の地点であるからといって、その地を領する大名が幼少の場合には、他の地へ転封させるというのも、昔の政策の形だけを墨守しているようなもので、無意味である。大名は幼少でも、家老がよく取り締まって、武備を怠っていないようであれば、転封させる必要はあるまい。逆に幼少ではないからといって、武備の心がけが乏しければ、何の役にも立たないであろう。現在では成人の大名といっても、たいてい柔弱で、下情にうとく、幼少の者と変りがない。

譜代と外様の区別というのも、今は名ばかりで、実質は同じことである。幕府成立当初のころには、外様大名は徳川家に敵対した者の子孫であったから、用心をなさったのも当然であった。それに対し譜代の方は徳川家のために武功を立てた者の子孫であるから、たしかにそのころには区別があったであろうが、今になってみれば、どの大名もみな互いに親類縁者の関係を結んでおり、みな江戸育ちであって、江戸を故郷と思っている人たちである。その家臣の中で身分の高い者も、みな子や孫の代になっていて、生まれながらにその大名の家中で尊敬されているから、世事にうとい点では主人である大名と大して変りがない。

それでも全体としてみれば、外様大名の方には奥ゆかしく思われることが多いが、これは転封をしないで、古い時代の風俗をそのまま持ち伝えているからである。だから、処罰のための転封は別として、今後は転封ということを廃止し、大名の家中の武士にも、みな知行所を与えて、その知行所に居住させるようにすれば、戦時の軍兵の数も昔のとおりになって、日本古来の武勇の風が再現されるであろう。大切なことである。

海路の取締りのこと

右のほかに海路（海上交通）の取締りという問題がある。これについては私は海路のことに不案内なので、詳細に申し上げることはできない。中国の法制としては、まず舟の構造について大小長短の基準を定め、それぞれの大きさの舟の数を規定し、また舟に積む貨物についての規定を設け、舟の寄港する場所には水駅《すいえき》というものをおいて、ここに舟を集合させて検査をするのである。なお海岸のところどころには、巡検局という役所を設置し、海賊を捕えたり、非常の場合の処置をとったりする。

武家を知行所に居住させておけば、このような取締りもうまくゆくであろう。現在は軽い身分の手代のような者が各地で舟の取締りに当たっているために、とかく私利のために法を曲げるようなことが多い。舟は一瞬の間に千里を航走するもので、しかも日本は海国であるから、海路については何よりも念を入れて取り締まる必要がある。薩摩から伊豆半島の南端まで、わずか二日間で来ることができるという。これは厳重な秘密とされていることである。

巻二

経済政策の重要性

太平の世が久しく続けば、社会の上下ともしだいに困窮し、そのために国家の秩序が乱れて、ついには戦乱が発生する。日本でも中国でも古今ともに、平和な時代から乱世へ移行する原因が、みな生活の困窮にあるということは、歴史をふり返ってみれば明らかである。だから国や天下を治めるためには、まず経済を豊かにすることが根本である。管仲の言葉にも「衣食足りて栄辱を知る」（『史記』管晏列伝）とあり、孔子も「人民を富ませてから、その後に教える」（『論語』子路）と言っておられる。生活が困窮して衣食に不自由をしていれば、礼儀をたしなむ心は乏しくなる。民衆の間に礼儀が行なわれなくなれば、種々の悪事が発生し、ついには国が乱れるのは自然の道理である。

どれほど法律を厳しくし、権威をふりかざして命令してみても、人々が困窮して働く力もないという時節になれば、その働く力もないというのが偽りのない真実であるから、法律に反してもも見逃してやらなくてはならないことがあろう。といってつぎつぎにこの点も見逃し、あの点も見逃すという風になれば、結局は法律が乱れて守られなくなる。法律は国家の秩序を維持するための基本であるから、法が守られなくなれば、国が乱れないということはありえない。そういう風に法の権威が失われることを憂慮して、働く力もないような者まで見逃さないという方針をとろうとすれば、つまり不可能なことを強制する結果となって、無理な政治であると非難され、これもやはり乱を招く原因になる。

要するに困窮がすべての原因であって、国が困窮するのは、病人の体力が尽きるようなものである。体力がなくなれば死ぬのは、必然の理である。体力が旺盛であれば、いかなる大病にかかっていても治療ができるから、名医は必ず病人の体力を補強することに注意し、よい政治家は古代以来、国が困窮しないように注意をしてきた。この点を理解して、豊かに富ませるようにすることが政治の根本である。

したがって何をさしおいても、まず今の世の中の上下の困窮を救う方法を探し求めなくてはならない。幕府が諸大名に参勤交代の義務を課して江戸の城下に集めておられるのは、東照宮家康公の神慮から出たことで、大名の反乱を防ぐための控え綱のようなものである。しかし現在のような困窮の状態が続けば、諸大名には働く力もなくなるであろうし、その困窮が偽りのない真実であれば、幕府としても参勤交代の義務を免除してやらなくてはならないようになろう。参勤交代をゆるめたとしても、幕府のご威光が大きいから、当分の間は何事も起こらないであろうが、これによって法が破られたとなると、参勤交代のような重要な規定さえ破られたからには、何事につけても束縛がないという風になって、ついには無茶苦茶になるであろう。

それでは困窮を救う方法は何かといえば、愚かな者どもは、ただ上《かみ》のお救いお救いとばかり言って、幕府から金銀などを下賜してもらうようなことだけを期待しているが、たとえご金蔵の金を全部出しきって救済してみても、すぐまた元のとおりになってしまうであろう。その意味では救済ということは、幕府の力をもってしてもできないことなのである。もし神仏などの力によって、如意宝珠とやらを虚空から降らせでもしたならば、上下万民の希望もかなえられるかもしれないが、それは仏教の譬え話で、今すぐ世の中で役に立つことではない。とすれば、仏神の力でも幕府の力でもできないことであるからどうしようもないといって、そのまま放置しておく以外に方法がないのであろうか。

すべて天下国家を治める方法は、古代の聖人の道に及ぶものはない。古代の聖人である堯・舜・禹王・湯王・文王・武王・周公は、天下をよくお治めになって、その道を後世に残しておられる。その道に依らなくては、困窮を救う方法もわかるはずがない。この道を後世に伝えたのが、孔子である。その孔子の言葉に「恵して費やさず」(『論語』堯日)というのがある。仁恵を与えるが浪費はしない、という意味である。だから一銭も費やさないで下々の恵みとなることもある。この道をよく理解すれば、世の中の困窮は直るであろう。幸いにもこの古代の聖人の道が伝わっているのに、どうしようもないといって放置しておくという方法はないのである。だから古代の道にもとづいて、上下の困窮を救う方法を左に述べよう。

古代の聖人が教えた上下の困窮を救う道といっても、別に一種の奇妙な術があるわけではない。ただ古代に禹王のはじめた夏《か》の国、湯王の建てた殷《いん》の国、文王・武王の建てた周の国は、いずれもよくできていたから、長い年数を経過しても、世の中が早く困窮するということがなく、そのために三代ともいずれも五百年以上も長くつづいた。漢・唐・宋・明の代々にも、その国家の組織にそれぞれ違うところがあって、その違いは、その時代時代の時勢の変化に応じて、うまく世の中を治めようとして考え出されたものであったが、その際によいと考えられたことが、夏・殷・周の三代の聖人のやり方とは反していたため、かえってその点から害が生じて、国の乱れるもととなったのである。けれども漢・唐・宋・明ともに、大体は聖人の道にならっていたお蔭で、それぞれおよそ三百年ぐらいの間は政権を保つことができた。

日本でも淡海公《たんかい》（藤原不比等《ふひと》）が、唐朝にならって『大宝律令』などの法制を作り、これにより一国を治める体制ができて、三百年あまりを経過してから、天下が武家の手に渡った。そののち鎌倉幕府は百年で亡び、室町幕府は百年で天下が大いに乱れた。いずれも学問を知らず、三代の先王の政治を模範とすることを知らなかったために、年数がはなはだ短くなっているのである。

中国の漢・唐・宋・明の代々の政治を三代の聖人の御代の政治と比較してみて、どこが違っているかを考えてみれば、国が亡びる原因も明らかになる。とくに上下の困窮から、世の中の乱れが発生したという点は、昔も今も同じであるから、困窮が生ずる原因を、まず第一に研究しなくてはならない。困窮を救う方法として、べつに奇妙な術があるわけではなく、ただ古代の聖人のやり方の中で、今の世に欠けていることがある。それを見つけ出して、現状を改善するのが何よりの方法である。

それはどういうことかといえば、古代の聖人が建てた法制の基本は、上下万民をみな土地に着けて生活させることと、そのうえで礼法の制度を立てることである。現在はこの二つの点が欠けているために、上下が困窮し、種々の悪事も発生しているのである。巻一で述べたとおり、上下みな旅宿の境遇で暮らしている点は、聖人が上下万民を土地に着けたのとまったく反対である。すべてのことに礼法の制度がなく、衣服から住居・器物にいたるまで、貴賤の差別がないために、贅沢を押える規則もない。これも聖人が礼法の制度を立てたのと、やはり反対になっている。礼法の制度については、あとで述べることとしよう。

まず旅宿の境遇についていえば、諸大名が一年交代で江戸に参勤しているのであるから、一年おきの旅宿の生活である。その妻は常に江戸に居住しているから、常住の旅宿である。旗本の武士たちも常に江戸にいて、常住の旅宿生活である。諸大名の家中の武士も、大部分はそれぞれの城下町に集住していて、自分の知行所にはいないから、旅宿の生活であるうえに、近年は国元でなく江戸の藩邸に居住する家来がしだいに多くなっている。このようにすべて武士といわれるほどの者で、旅宿の生活でない者は一人もいない。

諸国の民で工商の業に従事する者や、棒手振《ぼてふり》・日傭取《ひようとり》などの遊民も、故郷を離れて江戸へ集まる者が年々に増加している。旅宿の生活でも、それを旅宿と思っていれば、経費も少なくてすむのに、江戸中の者が自分は旅宿生活をしているとは夢にも思わず、旅宿を常住の場所と思っているために、暮しの経費が莫大になって、武士の知行はみな商人に吸い取られているのである。つまりは精を出して主君に奉公をしても、主君から与えられる俸禄は、残らず城下町の商人のものとなってしまう。自分では馬を飼うこともできず、家来を召し抱えることもできない。年に三回に分けて支給される切米《きりまい》（俸禄）も、次の支給の時期までもたないから、その間は家財を質に入れて生計を立てたり、あるいは将来の切米を担保にして、町人から生活費を前借したりして、自分の財産は人手に渡るような状態に陥っているのは、まことに哀れなことではないか。これもつまり、箸一本でも銭を出して買わなくてはならないような旅宿の生活をしているから、このようになったのである。

それればかりではない。幕府の経済も、同じように旅宿の仕組みになっている。というのは、何もかもみな品物をお買い上げになって、それで必要なものを間に合わせておられるのであるから、旅宿の生活なのである。すべて日本でも中国でも、天下を支配する地位にありながら、物を買い上げるというようなことはしないものである。大名などが本国を離れて江戸に参勤しているのは、旅宿の生活であるから、買い上げるのも当然であろう。しかし天下を支配しておられるからには、日本国中はみな将軍様の領地である。何もかもみな必要なものは直接にお用いになればよろしいのであって、買い上げるということはないはずである。物を買うというのは、もともと他人の物であって、ただで取ることができないから、代金を出して取るのである。将軍様にとっては、日本国中はみなご自分の領地であるから、何もかも日本国中で産出する物はご自分の物であるのに、他人の物とお考えになって、代金を出して買いととのえておられるというのは、大きな考え違いである。

これは幕府が天下を支配していながら、経済の仕組みだけは大名と同じになっているからである。その起源を考えてみると、関東御入国のころには、まだ徳川家は大名であったし、そののち関ヶ原の戦いから大坂の陣までは、天下の諸大名が進んで帰服してきたとはいえ、まだ天下の支配者であるという名目がなかったから、支配のための制度をお定めになるわけにもいかなかった。その大坂の陣の翌年には、東照宮は薨去になったから、天下の支配者になっても、制度をお立てになる余裕がなくてそのままになってしまった。それ以後になると、幕府の政務を担当した人々が、みな学問がなく、日本や中国の古い法制を知らなかったから、やはり大名であったときのやり方を正しいと思って、現在まで受けついできているために、このような間違いが生じているのである。

だから幕府の直轄領でも旗本や大名の私領でも、一年度の年貢米の中から食料に必要な分だけを残して、それ以外は全部売り払い、貨幣に代えて、これで諸国の品物を買いととのえ、日々の生活をまかなっているというのが、今の武家の暮し方である。金で物を買いととのえなければ、一日も暮らしていかれないから、商人がなければ武家の生活は立たないのである。あらゆる物はみな商人の手にあり、それを金を出し、貰いうけて生活の必要を満たしてゆくのである。値段の交渉の余地はあっても、無理やりに買うということはできないから、結局は値段も商人の言いなりになって、いくら高価でも急に必要な場合には買って間に合わせなければならない。これもみな武家が旅宿の境遇にあるからである。

この百年以来ほど商人が大きな利益を収めているのは、天地開闢《かいびゃく》以来、外国でも日本でもみられないことである。それは、書籍を読んでみたり、手近には長崎で輸入される外国商品の値段をみたりすれば、すぐにわかる。利益が大きいから諸国の工商が江戸へ集まって来て、町々の家数が増大し、北は千住から南は品川まで、家屋が建ちつづくようになって、どんなことでも間に合わないということはなく、どれほど大規模な需要でもたちまちのうちに充足することができ、万事が思うままになって便利であることは、たとえようもない。このように江戸では金さえあれば何事でもできるうえに、せわしない風俗と、礼法の制度がないこととの、二つが加わっているから、武家の人々は米を貴ぶ気持がなくなり、金を大切なものと思い、その結果として財産をみな商人に吸い取られて、武家は日々に困窮しているのである。

せわしい風習を改めるべきこと

今の世の中の風習がせわしいというのは、もともと為政者が政治の道を知らず、法規ばかりで国を治めるようなことになっているうえに、上に立つ人々の考え方がわがままで、下々に対する思いやりがないからである。

江戸城で将軍の謁見が行なわれる際にも、大名や旗本が烏帽子《えぼし》・直垂《ひたたれ》・長袴などを着た姿は、礼儀正しいようにみえるけれども、もともと礼法というものが定められていないのであるから、礼儀正しく譲りあうといった見事な風はなく、目付《めつけ》の役人が四方八方を走り廻って、ただ順序よく事が運ぶようにと世話をやき、また謁見がすむと、大勢が混雑してわれ先にと早く退出し、老中の邸宅へ挨拶に廻ろうとするため、無礼や混乱がはなはだしい。もともと礼法というものがなく、ただ当座の状況を見はからって利口に立ち廻ろうとするばかりだから、こうなるのである。

このような無礼や混雑を鎮めようとして、目付の役人がまた四方八方を走り廻って、おさえようとするが、手に余ることであるから、城の正面の大下馬札の前や、老中の門前、行列の通る途中の町々での騒ぎは、何ともたとえようもない。これもみな礼法が確立せず、当座の間に合わせようとばかりするからである。間に合わせるのは、上の人のわがままな機嫌を損ねないようにすることで、そのために下の者がひたすら騒いで走り廻るのが手廻しのよいことであるとされているために、何もかもがせわしくなっているのである。

こういう風で、一切の命令の類まで、みな下の者に対する思いやりがなく、たちまちのうちに命令したとおりになるのを、よい奉公とみるのが、上に立つ役人や奉行の考え方である。たとえば四ツ時（午前十時）に出頭せよという呼出しの文書が、五ツ半（午前九時）に到着したりする。これは距離の遠近をはからず、また急用であるかないかの区別を考えないために、こういうことになるのである。

また当番として遠隔地の勤務につく旗本の組などでも、出発の七日か八日前になって、急に組員の中から組頭が任命されるようなことがあり、七、八日の間に急いで、組頭として旅行するのに必要な供の者などを揃えて、準備をして出発しなければならないことになる。しかも組頭としての役料は支給されない、といった事例がある。または屋敷替えを命じられて、急に四、五日か二、三日の間に引越しをしなければならないこともある。このような種類のことは数えきれないほどで、いかなる場合にも立派に間に合わせるのが、よい奉公人とされている。

昔の武士は平生から心がけがよく、そのような急なことがあっても差支えがないように、あらかじめ考えて準備していたのであるが、今どきの武家は、かねての準備や心がけもないのに、とにかく間に合わせることができるのは、不思議なようであるが、これも右に述べたとおり、思いどおりのことができる便利な江戸であるから、金さえあれば、どんなに急なことであっても、みな間に合うのである。その火急の場合に乗じて、商人どもは利益を収めようと、にわかに品物を高い値段にするが、とにかく間に合わせなければならない際であるから、値段の高下も構わず、買い入れて間に合わせるのが、今の世の武家の風習となっている。

それほど急な用事でなくても、何事につけてもかねてから心がけて準備しておくということがない。たとえば外出しようとして衣服を調べてみると、袴の裾をくる緒《お》がない、あるいは足袋が破れているといって、急いで中間《ちゅうげん》を走らせて、町で買って来させるから、高い値段の物を買って来ても、それに構わず、間に合ったと喜んでいる。間に合わなければ主人が不機嫌になるので、女房や用人などが相談し、品物を質に入れて金をつくり、それで間に合わせておいて、そのことを主人には知らせない。主人が知ってみても仕方のないことであるから、そのままにしておく。またその質に入れた品物が急に必要なときは、あわてて他の品物を取り替えて質に入れるので、質の利息が高くなって、一度質に入れると、十のうち八、九までは必ずこのような困った事態に陥る。

ふだんは金銭に不自由しているから、一切の物を掛《かけ》で買う。商人が高い値段を吹きかけても、さしあたりの用事のためには、高いと知りながら買っておく。さてその掛金の支払いがなかなかできないから、商人の方でも掛金の半分は捨てるつもりで、はじめの値段をますます上げる。借金をする場合も、急場の間に合わせるためであるから、高利でも構わずに借りる。

家を建てたり、器物を作ったりする場合も、みな同様である。田舎の建築は、山で切った木を乾燥させておいて、大工を呼びよせ、何日もかかって建てるから、家が丈夫で、長い年月に堪えるが、江戸では何もかも城下の町で買いととのえ、例のせわしない気風で、急いで建ててしまう。その家の主人も用人も、何も知識がなく、職人や商人まかせで、長年出入りをしている大工に見積りをさせるが、その大工も自分の住む家を建てた経験は一度もなく、他人の家を建てるのに熟練しているばかりである。自分の行きつけの材木屋で見積もっても、らって間に合わせるから、何もかも商人まかせである。その商人も江戸で育った者で、どこで産出した材木が上質であるかについての見識もない。ただ江戸で売買することが上手なだけである。

そういう商人が幕府の建築を請け負ったりするが、それも要するに建築の基本を知らない者のすることである。商人も知らなければ、それに委託する役人も知らない。上手といっても、ただ江戸でそういう仕事をし慣れているというだけのことである。それを監督する役人の方では、費用がかさまないようにということだけを考えて、目付に監視をさせ、邪推をめぐらして、下の者に私利をはからせないように気をつけるのが精一杯で、自分自身では何も知っていないから、結局は商人にだまされて、江戸の城下の工事はますます粗悪になって、その損失は言葉に尽くせない。

昔の大工は、家に秘伝の巻物をもち伝えて、技術を代々伝承したが、今の大工は暮しに追われて、少しでも多く仕事を引き受けようとするから、仕事がだんだん下手になって、建てた家も早く駄目になる。器物を作るのも同様である。私の家に、父方の曾祖母が伊勢の国でこしらえさせた朱塗りの椀や膳など一式の食器がある。祖父から父に伝え、父から伝わって、今でもあるが、百年以上経っても朱色も変わることがなく、疵もつかず、きわめて頑丈である。私が田舎で、百姓が重箱などを作るのを見たときにも、塗師《ぬし》がなかなか来てくれなくて不自由である。一人の塗師が上総《かずさ》の国中を方々雇われ歩いて、仕事をするのである。一ヵ所に二十日も三十日もいて、塗る仕事をし、また別のところへ行って仕事をする。はじめにやりかけておいた塗物の乾いたころを見はからって、もう一度来てその上に蒔絵《まきえ》をする。その漆も別に買いととのえておいたのを塗らせ、下地もあらかじめ作ってあるから、何もかも希望したとおりに作り上げて、頑丈である。また、ある旗本の家に、三河に住んでいたころ、娘の嫁入り支度のため、その娘が四、五歳のときから心がけて、毎年一品か二品ずつこしらえておいた諸道具が、私の幼少のころまでは残っていたのを見たことがある。どれも自分の家で作ったものであるから、頑丈なことはたとえようもない。

また上総の国の松ヶ谷という村に釈迦堂があり、飛驒《ひだ》の匠《たくみ》が建てたと言い伝えている。棟《むな》札《ふだ》を見ると、四、五百年も経っているようである。飛驒の匠というのは、一般に飛驒の国から出る大工のことである。この時代には上総の国には大工はいなかった。飛驒の大工の中には、上京して朝廷の公役を勤める者もあり、国々をめぐる者もあり、行ったさきざきで、仕事を請け負うと、まず材木を鋸《のこぎり》で挽いておき、それから五里も十里も離れたところへ行き、次々と移動して行って、最初に請け負った建築の材木がよく乾燥したころに、また廻って来て、材木を削って仕上げをしておき、また別のところへ行って、その削った材木のよく乾いたころに、また戻って来る。だから一ヵ所の工事に二年も三年もかかるのである。柱に貫《ぬき》を通す孔を内側がふくらんだ形に鑿《ほ》り、貫を少し太く削っておいて、叩いて指し込むから、クサビの必要がない。年月を経て風雨に当たると、叩き込んだ個所は湿ってふくれるから、柱と貫の間にわずかの隙間もなく、一つの木のようになって、きわめて頑丈である。飛驒の匠はクサビ一本で締めるというのは、このことである。

武家が知行所に居住すれば、万事がこのとおり不自由であるから、人は心を練って工夫をし、何事にも年月をかけ、あらかじめ心がけて仕上げてゆくことになる。ところが江戸では自由便利であるうえに、せわしく急に間に合わせる風習で、何事もみな当座まかないで事をすませてゆくから、上の者も下の者も損失は積もり積もって、非常に大きくなっているということを知らなければならない。

礼法の制度が現在はないこと

礼法の制度とは、法規によって節度をつけることである。古代の聖人の政治では、制度というものを定め、これによって上下の身分の差別を立て、贅沢を押えて世の中を豊かにしてゆく。聖人のすぐれた術である。したがって昔から歴代の支配者は、みなこの制度を定めてきたが、今の徳川家は、戦国の大乱のあとで武威をもって天下をお治めになることになったので、上古とは時代がはるかに隔たっていて、古代の制度は採用できず、しかも大乱の直後であるから、すべての制度が亡びてなくなっていたのを、その時代の風俗を改めないで、そのままにしておかれたため、現代は何事にも制度がなく、上下ともに気ままな世の中となっているのである。

衣服・家屋・器物、あるいは婚礼・葬礼・音信贈答や、供に連れる人数まで、人々の貴賤、知行高の大きさ、役職の種類などに応じて、それぞれに程度が定まっているのを、制度というのである。今の世の中でも、それぞれに応じておよその格式があるようにみえるから、ものの道理を知らぬ人は、制度があるように思うかもしれないが、今の世の中にある格式というものは、古くから伝わった礼法でもなければ、幕府できちんと定められた格式でもない。その中には幕府からその時々に定められたものもあるけれども、どれもみな世間の風俗として自然にできてきたもので、世間の風俗が変遷すれば、その風俗とともに格というものも変遷し、すべて下々の成行きのままである。その中に何となく礼法のようなものがあるのを、幕府でもその成行きに任せて、時々にこのようにせよなどと命じられたことがある程度にすぎないから、本当の礼法の制度というものでは決してない。

本当の制度というのは、過去の歴史をふり返り、未来を予測して、要するに世の中が平和でいつまでも豊かであるようにとの、君主の意図にもとづいて定められるものである。歴史をふり返るというのは、すべて人情には時代による変化がなく、古今とも同じことであるから、古代の聖人がよく人情を知っておられて、その人情に応じて人々が暮らしやすいようにし、また人情として悪い方へ流れたがるところがあるのを知って、それを押えるようにしておられることは、古代の歴史を見れば明らかにわかることである。

また時代の違いによって、少し増減をしなければならないことがあるという点も、『論語』に「損益する所」(19)とあるとおり、すべて古代の歴史の中に備わっている。制度を立てるのは、未来を予測して、その政権の続く限り、長く守らせるものであるから、とにかく質素な方がよいとだけ考えて、質素に過ぎた制度を定めたりすると、時代が下るほど、文明が発達して華美になるものであるから、ついにはそのために制度が破られる。だからあまり質素な制度はきまって長く続かないものである。また人情は文明の華美を好むからといって、制度を華美にしておくと、国の財政が早くから窮乏してよろしくない。したがって華美と質素との中間を見はからって、うまく制度を定めるならば、その政権は長く続くことになる。

君主の意図にもとづいて定められた礼法に対し、今の世の中にある格というようなものは、世の成行きにつれてできたもので、まったく何の意図もなく、あとさきの考えもなしに作られている。人情として誰でも自分の身の外聞がよいようにと思うから、みな身分をわきまえずに上位者の真似をして、上下の差別が立たなくなっている。これは下々の者の気持として、誰にも天下や世の中のことを思って尽力するような心はなく、ただ自分の身の上ばかりを考えているからである。

それゆえ、君主として上に立つ人は、天下や世の中のことを考えて力を尽くし、政権が長くつづいて、万民が長く安穏に暮らすことができるようにと計画して、制度を定めるのである。これが聖人の道であって、天下国家を治めるための骨髄は、まったく礼楽だけである、といわれるのも、礼楽の制度に右のような重要な意味があるからである。儒学の方面でも、末世になると聖人の本来の意図を見失って、朱子学では「礼は天理の節文（礼は、天の理法がほどよく美しい形に具象化されたもの）」などと解釈するようになり、礼が天地とともに自然に存在するものであるかのように説かれているために、今の世の中でも、何となく成行きのままにでき上がった格というようなものを、礼とひとしく、立派なものと思っているのである。

さて、上下の差別を立てるのは、何も上位にある人が高慢になって下々の者を賤しめようという意図で、制度を定めるのではない。すべて天地の間に生ずる万物には、それぞれ限りがある。日本国中に米がどれほど産出し、雑穀がどれほど産出するか、材木はどれほど産出し、何十年経つとこれだけの大きさの材木になるかというように、一切の物の産出量には限度がある。しかもその中で良質の物は少なく、粗悪な物の方が多い。したがって衣服から食物・家屋に至るまで、貴い身分の人には良い物を用いさせ、賤しい身分の者に悪いものを用いさせるように、制度を定めるならば、もともと貴い人の数は少なく、賤しい人の数は多いのであるから、少ない物を少ない人が用い、多い物を多い人が用いれば、道理にかなって、支障がなく、日本国中で産出する物を日本国中の人が用いて、需要を満たしてゆくことができる。

この制度が定まっていないと、数の多い賤しい人々が数の少ない良質な物を使用するために、必要な物が不足し、物の値段も高くなる。またその数多い賤しい人々に、良い物を望みのままに手に入れさせようとするから、その良い物もしだいに品質が低下する。そのうえ、右のように上下の差別がなければ、上下が混乱し、争いの原因となって、ここから種々の悪事が発生することにもなる。あらかじめ制度を定めて守らせておけば、人々はそれぞれ身分に応じた限度を知り、分《ぶん》に過ぎた贅沢はしだいになくなって、世の中に無駄がなくなる。制度がないと、幕府が奢侈《しゃし》を禁じてみても、ここまでが分相応でこれ以上は贅沢という基準がないから見当がつかない。華美を好むのは人情であるから、制度がなければ、世の中はしだいに贅沢になってゆくものである。

衣服についての制度があれば、この人は大名、この人は高い地位の役人ということが座敷の中でも自然に判別できるから、誰でもが高貴な人を敬って、自然と礼儀が乱れなくなる。ところが現在は、上は将軍様から下は百姓町人にいたるまで、誰もが同じように小袖を着、麻上下《あさがみしも》を着ていて、その着物の生地も、金さえあれば何を着ようとも誰も咎めない。上と下との見分けがつかないから、高い地位の役人は、下の者に対し威張った態度をして、それで高下の区別をつけている。威張ってみせるのは、自分自身の君子としての礼儀を失うことであるのに、そのことを知らず、役人や奉行らの態度は非常に無礼になっており、また下の者の方では過度に卑屈になり、上にへつらう風習がひどくなっているのは、すべて制度がないからのことである。

将軍綱吉公の御代に、『易経』のご講釈を拝聴するように命じられて、私なども登城してご講釈の座に列なったとき、つらつらあたりを見廻してみると、老中も若年寄も、大名も旗本も、官位のある人も無官の人も、いずれも私などの衣服と何の違いもない。これを見て、あまりのことに涙がこぼれて茫然となったことであった。

とにかく金さえあれば、賤しい人民が大名のような服装をしても、何の咎めもない。ただ悲しいのは金を持たないことで、家計が苦しいと高位有徳の人でもおのずと肩身が狭くなって、人に蹴落とされるというのが今の世相である。だから人々はわれ勝ちに贅沢をして、人を追い越そうとする。それをまた見様見真似で自分も立派になろうと思うところから、世間はしだいに贅沢になり、それが長く続けば自然に風習となって、その中で成長する人は、これが贅沢であるとも気づかず、当り前のことと思っている。

ところで、今の世の中では本当の礼というものはないが、小笠原流の礼式というものがあって、これが礼法であるかのように思われている。小笠原流の礼式には上下の差別はなく、ただ真《しん》・行《ぎょう》・草《そう》という区別を立て、丁寧に念を入れるのを真といい、簡略にしたのを草といっている。だから丁寧に念を入れるのが古来の正しい礼式であると思い込み、それぞれ自分の考えで細密に念を入れようとするのが近年の世間の風習となって、そのため礼式に用いる物の品数が多くなった。幕府から倹約の法令が出されても、物の品数が多いのが礼式にかなったことで、それは贅沢ではなく、ただ一つ一つの物を贅沢にしなければよいと考えるから、やはり品数は減らさずに、軽少で粗相な物を用いようとする。粗相な物でもたくさんとなれば、立派な物を一色《ひといろ》よりも費用がかかるけれども、品数を多く複雑にするのが世間の風習になっている以上、どうしようもない。

今から五、六十年以前にも、やはり制度はなかったが、その代りに形式にこだわらない気風があった。物事を複雑にしないで、片足は草履、片足は木履《ぼくり》といった風で、事が済んでいった。そのころにも贅沢な人はあったが、またきわめて質素な人もあり、周囲に合わせようとする気風がなかったから、人々はそれほど困窮しなかった。朽木《くつき》土佐守[20]の話に、土佐守の父の伊予守が十八歳のとき、おそらく将軍家光公の御代であろうが、同じ身分の者の家で能の上演があって見物に招待されたが、裏の付いた上下《かみしも》を持っていなかったので、見物に行くことができなかったという。二万石あまりの大名の嫡子が十八歳まで裏付の上下を持たなかったというのも、片足は草履、片足は木履といった風俗の世の中だったからである。現在では私のような者の子供でさえ裏付の上下を持っている。昔は裏付を着るべき場合にも、麻上下でも着て行ったのである。

今では格式のようになって、いかなる身分の者も、上下も小袖も帷子《かたびら》（単衣《ひとえもの》）も、数品ずつ揃えて持たなければならない世の中である。これは制度のようであるが、本当の制度というものではない。世間の風俗で自然に新規なことをしはじめ、これを見様見真似にした結果、やがて風俗になって、今では格式作法となっているだけである。たとえば、裏付上下も羽織も袴も、みな平服であるが、その中で羽織は略装であるとし、これは裏付上下を着なければならない場所であるとするといったことが、今の世の中にはある。昔は裏付上下というものがなく、したがって右の区別もなかったわけで、その証拠には、正月の謡初《うたいぞめ》(21)の儀式のとき、肩衣《かたぎぬ》を取るということがあると、麻上下からすぐに袴だけになった。これをみても裏付がなくて、麻の袴を着用していたことが明らかである。何もかもみなこのとおりである。

将軍綱吉公の御代のころから、幕府での勤務について、同僚のすることを見比べたり、先例を聞き合わせたりするようなことが、大切と考えられ、何事につけても念を入れてするのがよいとされている。衣服や両刀のこしらえ、髪の結い方まで、目立つことを嫌い、世間並みを見比べ、中ぐらいの程度にするのをよいとする。こうして格式作法のようなものも、世間の風潮につれて多くできたけれども、正しい制度はないから、結局のところ定まった基準がない。先年も幕府で倹約の法令をお出しになったが、ただ銀何百目以上の価格の物を用いてはならない、というだけである。品物の種類で区分しないで、価格で区分するのは、おかしなことである。価格は時によって上がったり下がったりする。要するに商人でない者には価格はわからないから、倹約令が出されても、人々が守っているのか背いているのか、誰にもわからない。とにかく制度を定めなければ、倹約は決して実行できないのである。

右に述べたような旅宿の境遇で、自由便利な江戸に住み、せわしい風俗と、礼法の制度がないこととが一緒になって、とにかく金がなければどうしようもない世の中になりきっている。今の世では大名ほど俸禄も官位も高い者はなく、安楽を極めているようであるけれども、下に対しては家中の侍を養い、領内の政務をみなければならないし、上に対しては幕府へのご奉公の仕事があり、横に対しては同格の大名との交際や儀礼があるから、安楽なようで実は苦労も多い。高貴な身分であるから、行状も自由ではなく、気の詰まることが多い。その点で大名よりまさっているのは、仕舞屋《しもうたや》の町人である。商人の仲間には入っているが、商売はせず、金銀を所有してはいても、金貸しの仕事は面倒であるからしない。ただたくさんの貸家を所有し、その家賃で安楽に暮らしてゆける。それ以外には仕える主君もないから、恐ろしい者がなく、役職に就いていないから、気をつかう必要もまったくない。下に治めるべき民もなく、家来もなく、武家の作法や義理ということもなく、衣服から食事・住居まで、大名とひとしい贅沢をしている。側にいたり家に出入りしたりする者は、自分の機嫌を取ろうとする者ばかりである。毎日気ままに遊山をしたり、傾城《けいせい》町や遊女町を遊び歩いたりしても、誰も咎めたりそしったりする人もない。そのほかの慰みごとも、誰にも気がねする必要がない。まことに今の世の中で、王者の楽しみというのはこの連中のことであろう。

これもみな、武家が旅宿の境遇にいて、礼法の制度のない世の中であるから、知行の米を売り払って金にして、商人の手を借りなければ日々の生活が立ちゆかないために、商人の勢いが盛んになり、自然に経済の実権を商人に取られて、このとおり町人にとって極楽の世の中になっているのである。したがって世の中の困窮の原因は、およそ右に述べた旅宿の境遇と、せわしい風習と、礼法の制度がないことにあるのであるから、これを救うためには、とにかく制度を定めなければならない。私自身の愚かさを省みず、どういう制度を作るべきかを仮りに考えてみて、今の世の困窮を直すための方法を以下に記す。

幕府の財政のこと

幕府の財政については、右に述べたとおり、旅宿の仕組みを改革しなくては、豊かになることはありえない。いま幕府の役人が集まって相談をし、いろいろと倹約をして、出費を減らそうとしているが、いずれ先になって将軍様のお考えも変わるようになれば、また元どおりになってしまうであろう。とすればさしあたり飯の上の蠅を追うというようなもので、無駄な努力である。またいま決定した倹約の程度を将来の基準と定め、永久にこれを守らせるようにすれば、基準が一定して、いつまでも無用の出費がなくなると思う人も多いかもしれないが、それは目前のことだけを知って、前後の時代の推移を知らぬ考え方で、鼻の先の小さな知恵というべきである。

その理由は、私が記憶しているだけでも、五、六十年以前から現在までの間に、世の中の風俗が変遷するにつれて、物の値段の高くなったことは、二十倍に近いほどである。まして私が生まれる以前、百年も前から比べてみれば、いっそうの違いがあろう。過ぎた昔をみて、移りゆく今後のことを考えると、これ以後もまた、世相の変遷に従って、世間はますます困窮し、また昔から今までの間に世の中が悪くなってきたのと同じように、今後もしだいに悪くなってゆくであろうから、いま定めておいた倹約の基準などは、永久の基準にはならないのである。したがって幕府のつづく限り、いつまでも、毎日毎晩、役人は倹約を第一の任務として、息を切らせ顔を緊張させて世話を焼いて廻らなければならないが、やがてそれでも効果がなくなって、結局は無駄な努力に終わるであろう。

そのうえ、旅宿の境遇をそのままにしておいては、何もかもみな金で左右されることになるから、倹約に専心すればするほど、将軍様は金をためることがお好きであるなどと、天下の万民が思うようになり、遠国でもそう思い、後世にまでそう伝えられるとすれば残念なことであろう。だから無駄というばかりではなく、はなはだ害もあるのである。

さて、旅宿の仕組みをやめるというのは、お買上げをやめることである。どういう風にするのかといえば、古代の夏・殷・周の三代の封建制度の時代に、諸侯の国ではその地方の産物を貢納するということがあった。それ以後は中国の歴代の帝王も、また日本の古代でも、郡県制度で支配していたから、なおさら諸国から産物を貢納するのが当然であって、そのことは歴史の書物を見れば明白である。ところで封建制度では諸侯に土地を完全に与えておきながら、そこから産物を貢納させるのは、いかなる道理によるかといえば、五穀と人民とは、どの国にもみなあるものであるから、その土地を与えられれば、年貢米と夫役《ぶやく》とは、その領主の収入となるが、それ以外の産物については、土地によりそれぞれの特色があって、全国一様ではないから、その産物を天下の君主に貢納するのは、少しも無理なことではない。道理の当然であり、古今を通じての定法である。

したがって今の諸大名は、古代中国の諸侯に相当するから、領国の産物を貢納すべきことは、前例からしても、道理からいっても当然であって、献上しなければならないはずであるのに、現在そのようになっていないのは、室町幕府の末葉に天下が大いに乱れて、武家が各地の国や郡を力ずくで自分のものにし、長らく郡県制度のもとで朝廷に納めてきた租庸調をさえ、納めなくなってしまったために、まして特産物を貢納させることなどはできなかった。その後に太閤秀吉公が天下を一統なさったが、学問がないため、そのような事情についてはご存じなかった。徳川幕府になってからは、大坂の陣の翌年に家康公が薨去されたので、この貢納の制度をお立てにならなかったが、それが前例となって、大名は貢ぎ物を出さないものと思い込んでいるのは、大いに間違ったことである。

その方法としては、幕府で必要な程度を見積もって、それぞれの大名の石高に応じて出させればよい。たとえば越前（福井）藩からは奉書紙、会津藩からは蠟燭と漆、南部藩や相馬藩からは馬、上州の諸藩や加賀藩からは絹、仙台藩や長州藩からは紙、といった風である。また石高に対して特産物の貢納が多いような場合には、他国からの産物を代償として与えるようなこともあろう。江戸の城下に蔵を方々に建てておいて、馬で運び込ませるようにする。現在の献上物などのように大袈裟な形式を整えると、諸大名に無用の損失をかけることになる。ただ、買い上げる代りに諸大名から出させるというだけの、簡易な形式にすべきである。歴代の王朝の先例も、みなこのとおりである。

さてまた古代には、名山や大川には諸侯を封《ほう》じない、といって、そのような場所は大名の領地には与えなかったものである。材木の産出する山、金・銀・銅・鉄・鉛の産出する鉱山、魚や塩の採れる地方は、与えてはならない。いま尾張藩に木曾の山林を与え、紀州藩に熊野の山林を与えてあるようなのは、古法にはないことである。与えてはならない山を大名に与えておいて、幕府の御用には材木を商人から買い上げるというのは、何というまずいやり方であろうか。ことに東山道と東海道との二道を尾張藩の領地で塞《ふさ》ぐ(22)形になっているのも、何よりあるまじきことである。尾州家や紀州家は、もとは将軍家のご兄弟から分かれたお家ではあるが、時代が久しく経過すれば、幕府として警戒しなければならないのは、このご両家などである。三代将軍のころに、駿河《するが》と甲斐《かい》の両国を一緒にして藩を設置した(23)ことがあったが、これも領地の配分の方法としてよろしくない。

銚子や小田原の海岸なども、大名らに与えるべき土地ではない。魚の類は、海浜に住む漁民の義務として、幕府のお台所へ貢納させ、たくさんの魚を食料として豊かに使えるようであってこそ当然である。ところがそういう地方を大名に与えておいて、魚はお買上げとし、さて経費がかさむからといって、お台所に制限を加え、いいようもないさもしいことを役人どもがしているのは、どういうわけであろうか。学問を知らないから、こういうことになるのである。野菜の類も、畑の年貢を免除してやって、江戸近在の田がなく畑ばかりの土地で、百姓の義務として作らせ、お台所へ納入させるようにすべきである。

各種の品物はすべて、職人たちに扶持《ふち》（手当）を支給し、それぞれの原料なども渡して、織らせたり作らせたりすべきである。昔から職人の類に官位を与えるということがあるのは、こうした理由によるのである。武器の類は、同心の者の義務として作らせればよい。私の父方の祖父の先祖で尾崎常陸介《ひたちのすけ》という者が、太田道灌の分家の家系で、岩槻《いわつき》に居住していたが、戦陣から帰ってくると、その同心や家来たちが鎧《よろい》の縅《おど》しを直し、刀の柄《つか》を巻き直し、鞘《さや》を塗り直し、大小の刀や槍・長刀を研ぎ、弓や鉄砲の修理をしたという話を曾祖母から聞いたと、父が言っていたことである。

加藤清正は石垣を築く名人といわれた人であるが、その侍大将に飯田覚兵衛、足軽大将に三宅角左衛門という人がいて、その築造を司り、足軽に石を切らせたが、幕を張って人には見せず、その技術を厳重な秘密としていたということで、これは加藤家に仕えた老人から私が直接に聞いた話である。その足軽の子孫が、いま水野和泉守《いずみのかみ》(24)の家に奉公して、今も石工をしている。尾張藩の与力や同心は、平岩主計頭《かずえのかみ》(25)のときから伝えて、今でもいろいろの細工をする。昔の武士の気風は、みなこのとおりであった。昔、武家が国々に在住していた時代には、こういう風でなければ何事の用事もかたづかなかったのである。

今はそれらの仕事がことごとく城下町の町人の手に渡って、彼らの利潤になるので、軍事のための必要という本来の精神が忘れられて、非常に粗雑になっている。このごろ幕府の鉄砲組の同心に支給される鉄砲の火薬は、役に立たないので、同心らが自分の銭を出して、町人に頼んで作り直してもらい、それで練習の鉄砲を打っているという話である。こうした火薬の製法などにも、武家が不案内になっているのはけしからぬことである。鉄砲を打つといって自慢する人に、火薬の原料の焔硝《えんしょう》はどの国から産出するかと尋ねてみても、知っている者はなく、土から焔硝を採取することさえも知らぬ人が多い。太平の時代であればこそ、買い求めても間に合うであろうけれども、製法に通暁した者もしだいにいなくなるとすれば、それで世の中がすむものではあるまい。

馬は、牧《まき》（牧場）を設けて、そこから上納させるべきであって、中国の歴朝も、日本の公家の時代も、そのとおりにしていた。関八州は昔から馬の産地であったのに、その武蔵野を大した年貢も収めない畑に開墾してしまったため、今では牧がなくなって、馬は府中の馬市でお買い上げになるということになっているのも、ばかげた話である。

鎌倉時代の武士に、秩父荘司別当・斎藤別当などというのがあるのは、昔は牧を管理する役人のことを、武蔵の国でだけ別当と呼んだからである。関八州の中でも武蔵の国を特別扱いにするのは、武蔵野の馬を朝廷に貢納したからである。甲斐の国には昔は牧が多かったが、現在は甲州馬は悪いといわれる。馬が悪くなったのであろうか、それとも乗り方が昔とは変わったためであろうか。

人足の類は、旗本の下人と、江戸中の町人との義務として、勤めさせるべきである。今から七、八十年以前までは、幕府の工事に日雇いの人夫を雇い入れるようなことはなかった。役職に就かない旗本・御家人から、小普請金を取り立てるのは、その古い制度の名残りで、人夫を差し出す代りの出金である。金を取り立てて日雇いを雇うようになったために、江戸に遊民が多くなり、また日雇いの請負いについて、さまざまの悪巧みが行なわれている。万事みな右のとおりであるから、よく調べてみて、お買い上げということがなくなるようにすれば、天下を統治する古法にも合致し、幕府の財政が窮迫するというようなことも永久になくなるであろう。お役人たちも今のように算盤《そろばん》を手から放さぬようなことはしないで、大様《おおよう》に構えていても、うまく問題が解決して、見事な世の中になるであろう。昔は算盤などは武士の手にかける物ではなかったのに、倹約ということが流行して以来、利益や勘定を第一とする世の中になったのである。とにかく古い時代の政治の方法に従わなくては、世の風俗が正しくなることは決してないであろう。

諸大名の困窮を救うこと

諸大名の財政についてもまた同様である。その財政が困窮する理由は、一年おきに江戸で暮らすため、江戸を見栄《みえ》をはる場所と思い、領地の年貢米をことごとく売り払って金に換え、それを江戸で使い捨てているというのが大名の境遇である。この結果それほど贅沢をしなくても、江戸の物価が高いために、しだいに経費がかさんでくる。

慶長・寛永のころ（一五九六～一六四四）までは、幕府として諸大名の謀反を警戒し、金を費消させるようにしたのも、その当時の老中たちの計略であった。したがって老中が諸大名から贈り物をもらったりするのも、かえって幕府へのご奉公になるわけで、その当時にはまったく遠慮せずにもらっていたという話である。このやり方が盛んになって、将軍綱吉公の御代のころには、大名に御手伝《おてつだい》普請といって、幕府の土木や建築の工事を命ずることが多かったが、諸大名は将軍様のご威勢が激しいのを恐れて、いよいよ贈り物をすることが多くなり、自分の困窮も顧みず、京都や大坂の町人から金を借りた。その借金を返済することもできず、たいていは回収不能になるので、町人の方ではその後は金を貸さなくなる。しかも金銀が改鋳されてその量が減ってくると、非常に困窮することになる。今ではもう倹約のしようもなくなって、家中の侍への俸禄も完全には支給しないような藩が多くなっている。

倹約のしようもなくなったという理由を考えてみると、大名の格というものに縛られ、今では石で手を詰めたように不自由になっているからである。その格というのは、日常の起居動静、衣服・飲食・器物・住居、人の使い方、奥方や侍女たちの礼式作法、音信贈答、使者の礼式、江戸市中を通行するときの供連れ、旅行の道中の行列から、冠婚葬祭の礼式にいたるまで、一々きまりがあって、それは、古代の制度でもなければ、幕府からお定めになった規定でもない。世間の風俗として自然に華美になってきたのを、周囲を見比べて真似をし、時代の風俗となったものを、年久しく守ってきているので、今ではこれを格と名づけて、大名自身も家来も、また第三者も、これを重要なことと思い、この格にはずれたことをしては大名にふさわしくない、と思い込んでいる。その中には、一時の思いつきで始まったことや、世間の贅沢につれて生じた流行事《はやりごと》などが年久しくなって固まったものも多く、無意味なことばかりである。けれどもこれを格と思い込んでいるから、少しでも変えることはできず、石で手を詰めたように不自由になっているのである。

ことに奥方の方面での贅沢が、最近では非常にはげしくなっている。その起こりは、大名の中で公家の娘と婚姻した者が、上方《かみがた》の者にだまされてできた格が多い。公家は高い官位をもってはいるが、貧乏で何も贅沢な暮しはもともとしていない。しかし公家をはじめ京都の人の人情として、大名をだまして物を取ることばかりを考える気風がある。その公家の娘に付き添って来る女中は、たいてい町人の娘か公家の家来の娘である。この連中が自分も大名の恩沢にあずかるために、さまざまの故実をこしらえ、何事につけても豪華で立派なことを吹きかけると、婿殿になった大名は、もともと公家と縁組みをする気になったのも、妻の実家の身分が高いのを自慢にしようと思ったためであるから、その上方者の言うことをもっともであると賛成し、いろいろの贅沢をしてみると、その様子がいかにも由緒ありげで、立派に見えるところから、その風習が他の大名にも移って、今ではいつのまにか江戸じゅう一様に、大名の奥方の格というものが出来上がってしまっている。

そのうえ、将軍綱吉公のころから、子を生んだ妾《めかけ》を御部屋《おへや》と名づけ、家来からは様《さま》づけで呼ばせる。親類へも差し出がましく贈答をして公然と交際するようになり、その妾の侍女も、本妻の侍女とあまり変りがなくなる。その御部屋となる女は、娼妓あがりの者が多いから、右に述べたことのうえに、さらに派手な風俗が加わり、それまでも今では格とかいうことになっている。

そのほか、江戸城中の坊主(26)や、御徒《おかち》(27)・御徒目付(28)・伊賀者(29)などの類に、何か一つ頼むことがあれば、その礼として物を贈る。一度礼をすれば、事があるたびにまたは毎年礼をするようになり、少し贈るのが遅れると、来てねだる。このようなことでも、例の格ということを持ち出して、格に合わせた物をと言ってねだるのである。

ことに大名の家々では留守居という役を置いて、他の大名の様子を見たり聞いたりして情報を集めることだけを任務とし、主人である大名も家老も、これを重要な仕事と思っているが、その聞き集めた情報というのは、何の変哲もない、ただ箸が転んだ程度のつまらないことである。これもみな大名が幕府のことを大切に思うあまり、瑣細なことまで周囲と調子を合わせようとするところから起こったことで、この留守居という者により、例の格と名づけられたものがますます堅固に守られることになる。ところでこの留守居という者は、いくつかの大名の家の留守居が集まって仲間を結び、仲間づきあいの酒宴遊興に主人の経費を使い、これが主人への奉公になると称し、あるいは幕府との関係が密接なことを鼻にかけて、主家の掟《おきて》を守らず、留守居の仲間で主人から免職された者があれば、その者を仲間で匿《かくま》っておいて、その後任者を仲間に入れず、主人である大名を困らせるようなやり方が、昨今は方々で多くみうけられる。

すべて大名が第一とすべきことは、家中の武士をよく統御し、民をよく治めて、財政を窮乏させず、武備を怠らないようにし、末長く参勤交代を勤めて、将軍を守護し奉ることである。したがって平常の幕府への勤務は、大筋さえ違っていなければ、些少のことはそれぞれの考え次第で、少し早かろうと遅かろうとどちらでも構わないことであろうに、何事につけても根本を見失い、ただ周囲の様子を聞き合わせて、すべて一律にしようとする気風であるうえに、その大名に対する老中たちの対処の仕方にも間違ったところが多いために、やはり留守居がいなくては困るのである。また大名の家の家老も、安楽を好み、主人を大切に思う気持はないから、留守居役を表面に立てておいて、自分では幕府との交渉に関与しようとはしないのである。

右のようなわけで、大名の財政は、今では倹約のしようもなくなっているのである。昔は大名の財産を費消させるのが、よい策略であったけれども、今では諸大名が極度に困窮しているのであるから、財政を保持して、長く参勤交代ができるようにしてやることこそが、現在の良策であろう。その方法は、これも幕府の場合と同様で、その国から産出する物を直接に利用するようにし、金で物を買い入れないようにすべきである。家中の武士には、みな知行所を割り当てて、それぞれの知行所に居住させ、城下へ当番で勤務させるようにする。さて参勤で江戸へ来るときには、連れて来る人数を非常に減少し、江戸市中を往来するときの供連れも大いに減少し、奥方の方の礼式作法をはじめ、大名自身の身辺の衣服・飲食・器財・住居、人の使い方、音信贈答、使者の礼式、冠婚葬祭の礼式にいたるまで、その大名の官位や石高に応じ、なるべく経費がかからず、財政を維持してゆくことができるようにと見はからって、幕府から改めて制度を制定なさるべきである。幕府の内部でだけ制度を定めて、諸大名もそれに準ずるように、と命じたぐらいでは、今までの仕来りがすでに格と名がついている以上は、なかなか破ることがむずかしいであろう。幕府から新たに礼法の制度を制定して、この格を打破しなければ、諸大名の財政は改善されるはずがないのである。

旗本・御家人の困窮を救うこと

幕府の旗本である武士たちの困窮を直すには、前の数段に述べたとおり、知行所に居住させて旅宿の境遇を改めることと、礼法の制度を定めることとによって、困窮を救うべきである。ただし知行所に居住させるについては、その地方の経済を豊かにするように心がけさせる必要がある。私は久しく田舎に住んで、直接に見たり、またその後に田舎から来た人の話を聞いたりするのに、百姓は愚かな者であって、その地方で以前からしていないことは、なかなかしようとしないものである。これはその領主から命令を下して、あるいは桑を植えて養蚕をさせ、あるいは麻を植え、漆を植え、楮《こうぞ》を植え、あるいはすべて山に植林をさせるなど、何かにつけ地の利を見立てて、その地方を繁栄させるような方法があるはずである。昔から民を治めるのに勧農ということがあるのは、このことを指している。

水戸藩主の義公（徳川光圀）が、水戸で紙を漉《す》かせ、茶を植えさせ、海辺の川で海苔を養殖し、白魚の稚魚を放流するなど、種々のことをお命じになったので、昔は水戸になかった物が今では産出するようになっている。また石見《いわみ》の津和野藩主亀井隠岐守《おきのかみ》の家老の考えで、石見国に曲がった木が多いのをみて、鞍《くら》作りの職人を呼びよせ、鞍を作らせて以来、鞍が津和野の産物になり、亀井家から諸方への贈り物にも、これを用いている。このようなことがいくらもあって、民のため、土地のため、領主のために利益になるはずである。

　いろいろの手工業でも、江戸や京都・大坂などでは、できにくいものもあろう。私は唐紙《とうし》と唐筆でなければ字が書けないので、方々へ問い合わせて、日本の中にも唐紙を漉いたり唐筆を作ったりする人があるかと探し求めたところ、唐紙は以前に大坂で漉いていたが、経費がかかって商売にならないといって、やめてしまったと聞いた。唐筆は、筆屋で弟子によく指図をして作らせている者もあるけれども、これも手間ばかりかかって損であるといって作らない。活字版の印刷というものは便利であるが、これまた江戸などでは、手間がかかるために、木板を彫るよりもかえって損になる。石碑などの文字を紙に摺《す》るのも、本当のやり方は手間がかかるのでできにくい。織物の類を京都で織らせているが、これも中国と同じ織り方にすれば、経費がか

養蚕の図

かるので、どれも薄く織ってあって、中国産のものに劣る。これはみな都会の家賃が高く、物価が高いために、何事にも経費が多くかかって、よい物はできないのである。このようなことも、武家の人々が田舎に住んで、産物を育成する心がけがあれば、中国産の品や古代の品と同じ物が、今後また世の中に多く産出するようになるであろう。

以上の数段に述べたとおり、礼法の制度を定めることと、旅宿の境遇をやめることと、この二つが困窮を救う根本である。せわしい風習のことは、将軍様のお考えや老中の考え方によることであるから、今さらこれをやめさせる方法といっても別にない。大体このような次第であるが、その困窮の上に重ねて、近年困窮をはなはだしくしている事情が三つある。一つには各種の物価が高くなったこと、二つには金銀の数が減少したこと、三つには貸借が不自由になって、金銀の通用が少なくなったこと、である。したがってこの三つの点の処置をしておかないと、支障が生ずる。その処置の方法を左に記す。

物価のこと

物価のことは、幕府が価格引下げなどをお命じになったことによって、少しは下がったようではあるが、この問題の根本として、各種の物の値段が年を追ってだんだんに高くなってゆくのには、その理由がある。その点まで立ち入って考えておかないと、当面を糊塗するだけで、結局は何の役にも立たないことになる。

現在の金貨の数量(30)は、元禄金や乾字《けんじ》金のころに比べて品質が良くなった代りに、流通量は半分になり、銀貨は四《よ》ツ宝《ほう》(31)銀のときの三分の一になっている。だから物価は、元禄金や乾字金のころより半分以内に下がらなければ、まだ元の水準になったとはいえない。まして今から四、五十年以前と比較すれば、たいてい十倍か二十倍になっている。したがって世間の人々が困窮するのも当然で、これを下げるための方法を考えなければならないのである。その物価を下げる方法を知るためには、まずだんだんと高くなってきた理由を知らなければ、手の下しようがない。

さてその物価がだんだんと高くなった事情は、一つではなく、さまざまの理由がある。まず第一に、諸国から産出する品物は、たいてい商人に請け負わせて、その商人から領主へ運上という税金を納めさせることになっているが、その請け負う者が競争で値段をしだいに糶《せ》り上げて、自分の方に糶り落とそうとするのであるから、物の値段がしだいに高くなるのである。その運上は、大名の収入になり、または借金の抵当《かた》に振り向けられる。だから今のように大名が困窮している限り、値段は下がりにくい。これを下げる方法はたいへんむずかしい。

そもそも江戸の住居費がはなはだ高いために、商人たちはみなこれを価格の計算に入れるので、物価が下がらないのである。私の祖父が、伊勢の国に先祖が耕作してきた田地があったのを売って、その金でわずか五十両で買い入れた町屋敷があったが、そののち父の代になって人に売ったところ、今から三十年ほど以前で、すでにその屋敷の売り値が二千両になっていたと聞いている。右の祖父が買い入れたのは天草の乱（島原の乱）よりよほど以前のことであるから、およそ八十年ばかり前のことである。その当時と今とでは、右のとおり家屋の値段が四十倍以上になっているのであるから、物価が上がるのも当然である。これを下げる方法を考えておく必要がある。

次にまた、品物を使用する人が多いために高価になるのである。この点は、礼法の制度がないことから起こっている。もともと高貴な人はよい物を使用し、賤しい身分の者は粗悪な物を使用することになっていれば、需要と供給の関係がうまくいって、物価が高くはならないはずであるのに、今では賤しい者までがよい物を使用するというのは、どうしてそうなったかといえば、江戸に集まって来ている町民は、もとは田舎の者で、麦・粟・稗などの雑穀を食べ、濁酒《どぶろく》を飲み、味噌も食べず、すくも（籾《もみ》がらや葦《あし》など）を燃料とし、麻や木綿を織って着、筵《むしろ》や薦《こも》の上に寝ていたのであったが、それが勝手に江戸へ出て来て住むようになると、米や味噌を食べ、薪を焚き、炭火にあたり、衣服も買いととのえて着、良い酒を飲み、家にも田舎にはない障子を立て、天井を張り、唐紙《からかみ》を張り、畳を敷き、蚊帳を吊ったりする。これは棒手振《ぼてふり》のような下層の町民まで、みな同じである。少し暮し向きのよい町人は、衣服・食事・住居・器物にいたるまで、金さえあれば大名と同じことで、誰も制止する者はいない。このように各種の物を使用する人が多ければ、物価が高くなるのも当然である。

それればかりではない。田舎の者も江戸のご城下を見習って、これまた金次第に、何事も江戸の町人に負けじ劣らじと贅沢をするように、今ではなっている。武家の人数と町人・百姓の人数とを比較してみれば、町人・百姓の人数は武家の百倍にもなろう。その人々の生活に制度がなく、誰もが金次第によい物を使用するようになっているということを思えば、物価はまだそれほど上がってはいないともいえる。というのは品物を生産する側の人も、時代とともに多くなっているために、右の人数の計算ほどには物価が上がらないのであるけれども、ともかく天地の間に生ずる物には限りがあるから、需要者が多くなるのにつれて、このとおり物価が上がったのである。

このように田舎へまで贅沢が拡がったのは、一朝一夕のことではない。年々とだんだん拡がっていって、四、五十年以前と今とでは、物価が十倍以上にもなったのである。一般の町人・百姓はさておき、乞食の連中までが、江戸でも田舎でも今は一般の人と変りがなくなっているのは、けしからぬことではないか。このように需要者が多いために物価が上がったのであるから、礼法の制度を定めて、町人・百姓の生活をきびしく制限すれば、各種の物の大半は値が下がるであろう。

また、都会でも田舎でも、武家がみな旅宿暮しで、金で物を買いととのえて用を弁じようとするために、商人の勢いが盛んになって、日本国中の商人が互いに情報を通じあい、一枚の板のように結束している。物の値段も遠国と江戸とでは、一定の釣合いを保っているから、数百万人の商人が一枚になった勢いには、とてもかなわない。だからいかに江戸で物価引下げを命じてみても、物の値段が下がらないわけである。

　また物の産地が遠国である場合、そこから江戸まで来る間には、ところどころで何度も中継ぎをして来ることになるが、その中継ぎの場所場所で、それぞれに利益をとる。その分は道中の輸送費のほかであるから、途中の経費が莫大になって、物の値段が高くなるということもある。また商人の力が盛んになれば、商人は職人や百姓とは違い、もともと骨を折らずに座ったままで儲けるものであるが、それがなお上手になって、商売もせずに、ただ口銭を取るだけで世渡りをする方法を工夫する。そのやり方が近ごろはますます上手になって、仲間と結んで党を組み、ある業種の本締《もとじめ》になって、何もせずに世渡りをしようとするために、ますます価格に付加されるものが莫大になって、物価が下がらない。こういう点は商人だけが心得ている妙術であるから、奉行や役人にも事情はわからない。

　また物の買占めも、昔はまだ初歩の段階で、その品物を蔵へ買い込んでおいたから、買占めということが知れやすかった。今では物の産地へ、あらかじめ金を渡しておいて、他人に売らせないようにしておくだけであるから、それを高く売ろうと安く売ろうと、自分の思うままになるのであるけれども、まだ高い値で売り出さない間には、ただ安く買い入れるためにしているとしか他人の目には見えないのである。あるいは甲州から葡萄《ぶどう》を売りに来る商人は、値段を上げようとして、馬に積んだ葡萄を五駄も三駄も途中で谷へ投げ捨てるという。商人が利益を得るために損をするというのは、なかなか普通の人の思いつかない考えである。商人の力が非常に強くなったため、知恵の上に知恵をみがいて、およそ登りつめたという有様であるから、各種の物の値段を奉行の命令で下げさせようとしてもむずかしいであろう。

けれどもこのようなことは枝葉末節である。末節に取りついていては、なかなか商人の知恵には及ばない。つきつめてみれば、すべては武家が旅宿の境遇にあるというところから出た悪弊なのであるから、その根本に立ち返って、武家をことごとく土地に居住させておいて、この巻の終りに記してある米の貯蔵という一つの術を用いるならば、商人の勢いはたちまちに衰えて、物の値段も思いのままになるであろう。だから要するに物価の高いのも、旅宿の境遇と、礼法の制度がないのとの、二つに帰するのである。

金銀の数量が減少したこと

金銀の数量が減少すると、世間が困窮するというわけは、金銀を多く持っていた者も、世間が困窮すると、それにつれておのずと財産が半減するから、金を出して米を買うということもできない。そうなると米価が下がるから、米を売って生活を立てる武家や百姓も、みな財産が半減して、世の中が困窮したのである。それだのに「ある年に非常な豊年であったために、米価が非常に安くなったのだ」という人があるが、それは世の中の全体の仕組みを呑み込んでいない愚かな人の言うことである。もちろん、豊年であれば、米価は安くなるのが当然だから、そういう事情も多少は手伝っていたであろうが、全体としてみればそのような単純なものではない。

ある年の豊作が百年以来の豊作であるなどというが、それは何を証拠にして言っているのであろうか。買ったり売ったりした物については、どの家でも帳面などにつけておくものであるが、それでさえ五、六年以前の物の値段を、いま記憶している人はいない。まして田地から収穫した米が多かったか少なかったかを、帳面につけているような百姓はいない。せいぜい二、三十年来の豊年ということであろうに、米価が非常に下落したものだから、それを百年来の豊年と言いはやしたりするのである。

私が田舎に居住して見たところ、百姓ほど締りがなくでたらめなものはない。秋の米の収穫期には米をやたらに食べ、また麦の収穫期には麦をやたらに食べて、年貢に納めるべき分とか、種子として残すべき分であるとかの考慮は決してしないものである。そのような百姓が、どうして百年以来なかった豊年だの、二、三十年来にない豊年だのという豊作の程度を覚えているわけがあろうか。

そのうえ、昔は田舎では銭が非常に欠乏し、すべての物を銭では買わず、みな米や麦で買っていたことを、私は田舎で知っている。近年の様子を聞いてみると、元禄のころ（一六八八〜一七〇四）から田舎へも銭が行きわたって、銭で物を買うようになっている。

したがって、「金銀の数量は元禄のころに比較すれば半分以内に減少したけれども、それで金銀は慶長（一五九六〜一六一五）の昔と同じ品質にもどったわけであるから、慶長のころと同じように世間も暮らしやすいはずである。金銀の品質がよくなったのであるから、物価も下がるはずであるのに、町人の小細工で、物の値段を下げない」などと言う人があるが、これもまた世の中の有様を知らない人の言葉である。慶長年間から今日まで、すでに百年にもなる。その時代から比べると、世の中の人々は、身分の高下や貴賤にかかわらず、生活が知らず知らずの間にだんだん贅沢になり、今はまたその贅沢が世間の風習となって、当り前のことのようになっているのであるから、これを止めようとしても止めることができるわけはない。その理由は、前に述べたとおり、もともと礼法の制度がないことが原因になって、人々の暮しに出費が多くなっているからである。

一例を挙げて言えば、下男などの給金が高くな

年貢の納入（『県治要略』）

っている。その連中の生活状況を調べてみると、髪に伽羅《きやら》の油をつけ、元結《もとゆい》の紐を買い、刻み煙草を買い、就職のための保証人には印判料を支払い、口入れ人には周旋料を支払う。また奉公先がなく宿屋に長くいれば、その宿賃の支払いをしなければならないが、諸物価が高いから、この支払いも多い。奉公をしている間は、布子《ぬのこ》（木綿の綿入れ）や帷子《かたびら》を着るが、これもまた昔よりは値段が高い。酒屋には樽拾《たるひろ》い（空樽を集めて歩く者）や御用聞きという小僧がいて、得意先を廻るので、下々の者でも酒を入手することが容易であるから、寒さを防ぐために酒を買って飲む。このような出費を合計してみれば、もらう給金では足りないくらいになるのである。

今から五、六十年前には、伽羅の油をつけるようなことはなく、元結の紐も自分で縒《よ》り、あるいは主人のお下《さが》りを使っていた。刻み煙草というものは世間になくて、葉のままの煙草を買っていたから、値段は半額以内であった。保証人の印判料はわずかだったし、周旋料というものはなかった。宿賃の支払いも僅少で、衣類の値段も安く、樽拾いなどもいなかったから、酒を飲むのも不自由であった。これらの点からみると、庶民の一人の身の上だけについてみても、出費の多い世の中になっているのである。ましてそれ以上の高い身分の人々では、いっそう身の廻りの経費が多くかかるようになっている。

昔は農村の年貢をきびしく取り立てたけれども、百姓の家がつぶれるということはなかった。今は一般に年貢が軽いのに、その軽いのが普通になってしまって、それより少しでも高ければ、すぐに百姓がつぶれるということになるのも、百姓の生活が一般に贅沢になって、この程度のことができなければ、百姓として一人前の世帯を張ってはいられない、などと考えるからである。これというのも、もともと礼法の制度のない世の中で、金さえあれば何でもできるというところから、世の中の風習がだんだん贅沢になった結果である。世の中が全部こういう風になったので、貨幣が不足して、物価が上がっているのである。

寛文年間（一六六一〜七三）の中ごろから、もう世の中が、そろそろこういう方向に進みつつあったらしく、伊丹《いたみ》播磨守(32)が勘定奉行を勤めていたころ、ひそかに親しい人に向かって、「幕府の財政について、歳入と歳出とを比較してみると、すでに出費の方が多くなって、お蔵に収蔵してある金を、毎年一、二万両くらいずつ出して、赤字を埋めている。これでは後になって、幕府の役人たちがさぞ困ることであろう」と語ったと、父が私に話してくれた。それ以後、お蔵の金銀をどんどん出していったためであろうか、将軍綱吉公の御代には、日光東照宮へご参詣の計画を、二度まで発表しておきながら、経費の点で中止になっている。ご参詣になれないことを将軍様が残念にお思いになって、役人たちの意見を広くお求めになったとき、荻原近江守重秀(33)が「日光ご参詣をなさったうえに、さらに京都へ上洛なさっても、経費に差支えを生じないような妙案があります」と申し出て、その意見により元禄の金銀改鋳が実施され、お蔵にも金銀が充満した。ところがまもなく、元禄十六年（一七〇三）の大地震があって、その金銀も土木建築のために支出され、それが民間に広まって、民間に流通する金銀がさらに多くなったため、人々はますます贅沢になり、商人はいよいよ利益を得て、一人の身の廻りでも一家の生活でも出費が多くなり、また世帯数も、一軒は二軒に、二軒は四軒、五軒にと分かれて増加してきた。江戸の町の端々まで家が建ち並ぶようになったことや、また田舎のすみずみにまで商人が行きわたったのは、私の記憶でも元禄以後のことである。

今や、金銀の数量は半分以下に減少し、慶長の昔と同じになったとはいってみても、世の中の風俗が一般に贅沢になっている点では、慶長のころとはるかに異なっている。増えた世帯数が元にもどるわけもないから、どの家も財産が半減したようなもので、世間が困窮するのも当然であるのに、この改鋳によって世の中が良くなるはずだなどというのは、世の中の全体の姿を知らない愚かな考えである。物価が高くなる理由は、元禄の改鋳の際に金貨には銀を、銀貨には銅を混ぜて、金銀貨の品質を悪くしたことにあるのではない。またそれにより金銀の流通量が増えたためでもない。もともと旅宿の境遇にいることと、礼法の制度がないこととのために、商人の勢いが盛んになったのが原因で、それにいろいろの要因が加わって、しだいしだいに物の値段が高くなってきていたところへ、そのうえに元禄年間に金銀の流通量が増加したため、ますます物価が上昇したのである。そういう風になってしまった社会の状況をそのままにしておいて、今や金銀だけを半分に減少させたものだから、世間の購買力が半分になって、金銀が容易に手に入らず、そのために世の中がふたたび困窮したのは明らかである。

元禄のころにでも、金銀が増加した勢いに乗じて、世の中の旅宿の生活様式を改め、礼法の制度を立てていたならば、こういう困った状況にはならなかったであろう。現在でも、前に述べたとおり、旅宿の生活様式をやめ、礼法の制度を立てて、しっかりと世の中を落ち着かせたならば、金銀が半減したからといって世の中が困窮することはないはずであるけれども、すでにこのとおり困窮している以上、まずその点を改善しなければ、旅宿の生活をやめることも、礼法の制度を立てることも、はなはだむずかしい。

すべて世の中を改革するということは、人々がし慣れていることを変えさせるわけであるから、人々が進んで協力してくれることは期待できない。一挙に大きな改革をしようとすれば、騒動をひき起こして、世の中はいよいよ困窮してゆき、よい結果になることは望めない。だからさしあたり世の中の景気をよくする方法だけを講じなければならない。それにはどういうことをすればよいかといえば、銅銭を鋳造するのがもっともよい方法である。そもそも金銀を試金石で擦《す》ってみて、品位がよいといったりするのは、両替屋などのすることで、たいへんばかばかしいことである。なぜかというに、元禄の改鋳で金銀の純度をおとして品位が悪くなったけれども、その金貨や銀貨と銅銭との交換比率はあまり変わらなかったから、慶長金銀との相対価値は変わっていないことになる。現在では元禄金銀を改鋳して品質は良くなったけれども、銅銭との比率は元禄と変わっていないから、これもまた元禄金銀と相対価値はまったく同じである。相対価値が変わらなければ、一両はやはり一両であって、一両を二両の価値で通用させることはできない。とすれば、金銀の品質を良くしてみても何の役にも立たない。元禄金銀を改鋳せず、品質の悪いままにしておいて、世間に通用している金銀の量を半分以下に減らした場合と、まったく同じことであって、そう考えてみれば世の中が困窮しているというのも当然である。

今、もし銅銭を多量に鋳造して、一両に対する公定相場が四貫文《もん》（四千文）であるのを、一両に対し七貫文か八貫文になるようにすれば、金銀の通用量は半分に減少しても、相対価値が二倍になるわけであるから、元禄金銀を改鋳しないままでおいて、金銀の通用量が減少しなかった場合と、まったく同じことになるであろう。金銀の本当の価値というものは、銅銭の比価が高くなれば相対価値が下がって、金銀の威力は少なくなり、その反対に銅銭が安くなれば相対価値が上がって、金銀の威力が強くなるものであって、ただ金銀の品質だけを良くしてみても、何の役にも立たないことである。たとえていえば、家来を大勢持っている者が身分の高い人とされ、家来の少ないのは身分の低い人とされるようなものである。ところが、銅銭の数量が減少すれば、銅銭の価値が高くなるから、それにつれて金銀の価値も高くなる、などと言う人があるが、こういう人は物事の実情をまったく知らず、口先だけが達者で、正しい判断を見失わせる悪人である。

すべて、ものの値段でもっとも安いのは、銭《ぜに》一文で売るもので、これより値段の安いものはない。銅銭が少なくなって高いからといっても、一文を二つにも三つにも割って使えるものではない。だから銅銭をもっとも安いものと定め、これを基準にして、金銀貨の威力やはたらきが強いか弱いかを測るのである。そういう道理であるから、銅銭を大量に鋳造して流通させるならば、金銀貨が半減したのもそれほど苦にはならないのである。しかし、ただ銅銭をふやしたばかりで旅宿の生活を改めず、礼法の制度も立てなければ、当分の間は購買力が大きくなって世間が潤うように見えても、要するに元禄金銀をそのまま手をつけずにおいた場合と同じ状況であるから、世の中の贅沢もまた盛んになって、結局はまた困窮に陥るであろう。

　さて、銅銭の値段は、慶長のころには一両に対して四貫文の割合であったと聞いている。その銅銭が諸国へ広く行きわたってしだいに足りなくなってきたので、松平伊豆守が京都方広寺の大仏[34]を鋳つぶして銅銭をつくった。それ以来銅銭の数量が増加して、いまから三、四十年以前には一両に対し五貫文であった。それが元禄のころからまた四貫文になり、正徳（一七一一〜一六）の終りごろには一分《ぶ》（一両の四分の一）に対して六、七百文（すなわち一両に対し二貫四百ないし八百文）にまでなったのは、そのころ通用していた乾字《けんのじ》金が改鋳されることを知り、損をしないために銭相場をつり上げたもので、これは商人の悪だくみであって、銭の数量によることではなかった。現在ではまた、一両に対し四貫文内外になって、それ以下には相場が下がらないが、これは銭の数量が減少したことによるもので、その理由は二つある。

一つには、銭の数量が減るということはなくても、とくに元禄以後は商人が田舎のすみずみ、山の奥までも行くようになって、田舎の者たちも今ではものを買うということを知っているので、ふだんの小さな用事は銭ですますこととなり、銭は各地で流通していて、容易に江戸へは集まってこない。このため銭の数量が減少したわけではなくても、商人が各地へ行きわたれば行きわたるほど、銭の需要が多くなる道理で、不足するのである。

二つには、実際に減少しているという面もある。松平伊豆守は仏の大きな慈悲の心をよくさとり、世のため人のために大仏を鋳つぶして銅銭を作ったのであったが、来世の往生を願う信者たちは、それを仏に対し恐れ多いこととして、そのときの銅銭を見当たりしだいに拾い集めて、仏像を鋳たり、あるいは梵鐘を鋳る鑪《たたら》（製鉄炉）の中へ入れたりしたので、今ではほとんどなくなってしまった。その銅銭すなわち大仏銭は、刻まれた文字の字画に変わったところがあって、見分けがつくからである。そのほか火事で焼けることもあり、また出羽の湯殿《ゆどの》山の水中に投げ入れたり、浅間山の噴火口の中に投げ入れたりもするし、三途《さんず》の川を渡る六道銭として死人とともに地中に埋めることもあって、これらが長い間には積もり積もって莫大な額となっているであろうから、その分は実際に減少したことになろう。

さて、銅銭を大量に鋳出そうとすると、現今は長崎で一定額の銅を外国へ輸出しているので、国内では銅が不足しており、その点が障害になろう。いったい銅が払底したのは、わけのあることである。この三、四十年来、江戸はもちろん、田舎の末々の小さな寺院にいたるまで、鐘を鋳ない所はない。日本全国六十余州を調べてみれば、莫大な銅の消費量となろう。小さい仏像などの数も、おびただしくなっている。仏像もあまり多くなれば、かえって信仰は薄くなるものであるから、仏法のためにもよくないことである。鐘楼もない小さな寺院で、撞《つ》く人さえいない所に、檀家から寄付を集めて作った鐘を軒下に釣っておいたりするのは、何のためであろうか。撞かぬ鐘は音がしない。音がしなくては何の役にも立ちようがない。まことに無用の物である。これらの類をはじめ、世間にある銅製の器具を鋳つぶして、銅銭に鋳るならば、いくらでも作ることができ、それによって世間の困窮を救うならば、仏の大慈大悲の心にも適うであろう。ただし俗人の裁断で寺々の鐘を取り上げたりすると、愚かな人々の気持に逆らうこととなるであろうから、智徳ある高僧にご相談になって、教化の説法をさせたうえで、ちゃんと鐘楼もあり、鐘を撞く用事もあるような立派な寺だけを除外して、そのほかの小さい寺院の鐘は全部銅銭に鋳させ、その銅銭をもとの寺々に下付して、寺の修理に使用させるようにしたいものである。

さて、銅銭は重くて、旅行の道中を持ち運ぶには不便なものであるから、各地の大名の城下でも、望み次第に鋳造することを許すべきである。中国でも銭は国ごとに鋳造して、その国の名を裏面に刻むようになっている。

さてまた、湯殿山や浅間山では、山麓で紙製の銭を売らせて、それを火の中や水の中に投げ入れさせるようにすべきである。そうすれば寺院の利益にもなるし、世間に通用する宝貨が消え失せることもなくなろう。もともと僧侶には金銀や米や銭をおくり、仏や神には紙銭をささげるのが古法である。仏や神には金銀・米・銭は必要がないのに、信ずる者の誠心をあらわすためだけに捧げるのであるから、それでよいのである。今でも天台宗の儀式では紙銭が用いられている。また死人の棺に入れるのも、紙銭にすべきである。聖人の定めた法でも、墳墓に埋めるのは明器《めいき》といって、人の役に立つ器物は入れず、形だけの模型を作って棺の中に入れることになっているので、中国ではみなこのようにしている。以上のような法制を定めるならば、銭の減少することは今後は少なくなるであろう。

貸借のこと

貸借の道がふさがっているというのは、この数年、金銀の貸借に関する訴訟は、ほとんどが相対済《あいたいずま》し(35)すなわち当事者相互の交渉によって解決すべきものとされ、幕府では裁決を下さないこととなっているために、金銀が金持の手に固まっていて、世の中に流通せず、そのために金銀のはたらきが少なくなって、世の中が困窮しているのである。昔、まだ金銀を使用しなかった時代には、貨幣は銭《ぜに》ばかりであった。「銭《せん》」という文字は、もと「泉《せん》」という字であった。銭の役目は、泉の水が地中を流れているように、世の中を走り廻って、世の中を潤すことであるから、それに象《かたど》って「泉」と名づけたのであったが、それが後世になって「銭」と字を書き改めたのである。だから金銀もそれと同様に、世の中をめぐって人の役に立つのがそのはたらきである。金持といっても、いつも金を手に握っているものではない。たいていは人に貸して証文だけを持っているか、または貸金の抵当に取った質物の形にしている。実物の金銀は一ヵ所にとどまっていないで、所々方々をめぐり歩くから、百両の金が十万両のはたらきをし、証文を集計すれば十万両あまりになっていても、実際に動いている現金は、わずかに百両だけで、これが金銀というものの姿である。だから金銀の数量が減少したうえに、さらに貸借の道がふさがれば、世の中では金銀が不足して、人々は難儀をするのである。

ことに人の生活というものは、一年間の経費を計算してみれば、およその生活の基準は立つけれども、人間の世界には不時の出費ということがあって、そこまであらかじめ計算しておくことはできない。しかもあり余るもので不足なところを補ってゆくというのは、天地自然の道理であるから、貸借ということは古代の聖人の御代以来あって、この貸借の道がふさがるというのは道理に背反したことである。ただ近年は、訴訟を裁決するのがむずかしいために、大部分は相対《あいたい》で解決させることになっているのであるが、これは裁判を担当する奉行や役人の手前勝手というべきであろうか。すべて人の争いは財貨から起こる。訴訟を裁くのは、人の争いをやめさせるための方法であるから、貸借に関する訴訟を裁くのも、これまた古代以来、政治上の要務であると、『周礼《しゅらい》』にも記されている。それにもかかわらず、相対ということにして裁判をしないのは、世の中を治める人がいないようなもので、もってのほかの間違ったことである。

裁決が下しにくいというわけは、立派に裁きをつければ、武家の大身も小身もみな、身上《しんしょう》がすっかりつぶれることとなるからである。それもともと貸借に関する法規が確立していないために、こういう結果になったのである。貸借の法規が確立していないままで長い年数が経過すると、大きな借金がかさんで手が着けられない状態になっているから、もしこれを裁けば、借りた者はみなつぶれることになる。こういう場合の裁判には、古くから「更始《こうし》」ということがあって、更《あらた》め始めると訓読し、古い借金を捨て、今日から始めて、これ以後の訴訟については正しく裁判をするのである。日本で世俗に「徳政」といい習わしているものがこれに当たる。多額にまで積み重なった借金で解決しにくいものは、この方法でなければどうしようもない。また長年の間に積み重なった大きな借金は、徳政でなければ、たいていはみな、借りた人の損になるものである。十年以前の古い借金は裁判をしないなどという幕府の命令は、徳政に似ているけれども、はっきり徳政というのでもないし、また徳政を実施したとしても、それ以後の貸借の法規を立てておかなければ、やがて十年か二十年のうちにはふたたび徳政が行なわれるのではないかと下々の者が為政者を疑って、たえず警戒するから、ますます金銀の通用は停滞することになろう。こういうわけで、貸借に関する訴訟が近年は相対済しになったために、下々の民は難儀をしているのである。今後は貸借に関する訴訟をきちんと裁くようにし、そのためにも「これ以前の貸し借りはこのたび徳政にする」と明示してほしいものである。

さて、貸借についての法規というのは、中国では契券の法ということがあって、証文の用紙を役人が交付し、その代価を徴収して用紙の費用に充て、この紙を用いた契約でなければ、貸借に関する訴訟が提起されても、相対ということにして裁判をしない。この紙を用いた証文だけを裁判で取り上げることとしておいて、そのうえで貸借の法規を立てるのである。けれどもこの方法は日本では効果が少ないし、また繁雑で不便でもあろう。用紙は何でもよいことにして、都市でも農村でも、名主や五人組が奥印を捺して保証した借金証文だけを裁判で取り上げることとし、それ以外は相対ということにすべきである。そうしておけば、はっきりと理由がある場合でなければ借金はできないことになる。そのほか、分不相応の借金や、貸借の法規に違反した借金については、訴訟を取り上げるべきではない。

さて借金の法規というのは、利息の率はどれほどと定め、利息がどれほど溜まったならば届け出させると定めておいて、法に反した高利は罪とし、利息が溜まって金額が一定限度に達した場合には、訴訟を取り上げないようにする。利息を順調に支払っている場合にも、一元一利（元金一に対し利息一の割合）の法によって利息の総額が元金と同じ額ぐらいに達したならば、それ以上は利息を払わず、元金だけをなし崩しに返済してゆけばよいことにする。このように法規を立てておけば、裁判が停滞することはなくなる。後払いの約束で物を買ったような場合は、もちろん相対にすればよい。現在は貸借をするときには当事者相互だけで契約しておきながら、その返済がとどこおると奉行所へ訴えて出られるので、貸借をめぐってさまざまの悪事が行なわれているのである。

また、人により金があり余っているのと不足しているのとの間で、融通をはかる方法としては、無尽《むじん》がもっともよい。中国にある社倉の制度[36]は、もっともすぐれたものである。しかし江戸では人々が自分勝手で、しかも住所が一定せず、欠落《かけおち》や逐電《ちくてん》をする者も多いから、無尽をすれば中途で取り逃げをする者が現われ、必ずつぶれて、むずかしい問題を生ずる。そのため幕府では無尽を禁止しておられるのである。本書の巻一で述べたような戸籍の制度を定めたうえで、武家では肝煎《きもいり》、町人では町名主が無尽の事務を取り扱うようにすれば、無尽がつぶれるということはなく、金のない人々はこれによって不足を補うことができる。現在でも田舎の百姓の間では、無尽がつぶれるということはないものである。大名が借金をする場合にも、その家老の印を捺し、また大坂や江戸ではその地の町奉行が奥印を加えたうえで、貸し借りすべきである。大名の領地の石高に応じて、どれほどの金額までは借金ができるという限度を定め、知行所の内の何々村の年貢米を利息ならびに元金返済のための抵当として渡す、という風に制度を定めるならば、それ以後は大きな借金がかさむということはなくなるであろう。

礼法の制度のこと

礼法の制度については、右に述べてきたとおり、上下とも倹約を守り、贅沢をしないようにさせる方法としては、これにまさるものはない。幕府でご倹約を実行なさって、世の中に模範をお示しになるお心積りであっても、制度が定まっていなければ、下々の者はどの規則を守ればよいのかわからず、ただ「お上では物ずきで質素な品を用いておられる」などと噂をするばかりで、何の役にも立たない。将軍のご生活も、制度が定まっていなければ、将軍の御代がかわると、またお好みによってすっかり規制が破られてしまうことになるから、結局は無意味なことになるであろう。

制度を立てる方法は、上は大名から下は小身の武士にいたるまで、衣服から住居・器物・食事・供廻りの人数まで、それぞれの役職・地位・俸禄に従って一定の限度を立てるべきである。そうすれば、分に過ぎた贅沢は、したくてもできなくなる。住居や器物は、その家で永久に使用するものであるから、世襲の俸禄に従って限度を定めればよい。衣服や供廻りの人数は、役職や官位によって変わるようにする。御殿の中では、衣服の種類によって役職や官位・俸禄の区別がはっきり目に見えるから、おのずから無礼を犯すということはなくなる。道路の上では、供廻りの服装や、主人の乗物（駕籠）・馬具などの種類によって、役職や官位・俸禄がはっきり目に見えるから、やはり無礼を犯すということは自然になくなる。現在のように供廻りを大勢連れてきて混雑したり、不必要な日傭取まで雇って人数の多いことを誇ったりする風は、おのずからやむであろう。

ただし、衣服の制度は、烏帽子《えぼし》・直垂《ひたたれ》を用いるのでなければ、制度が立たない。というわけは、現在の服装では、上下《かみしも》でも長上下《ながかみしも》でも、その下に着ている物が見える、すなわち白衣《びゃくえ》の姿である。上下の下に着る小袖（筒袖の着物）がその白衣に相当する。もとは白小袖であるが、さまざまの地色の小袖もあり、人々の好みや世の流行につれて変化するから制度が立たない。上下にもただの上下や裏付上下や長上下や夏上下が必要であるし、羽織も要れば、熨斗目《のしめ》も要り、下に着るものにも、綿入れだの、袷《あわせ》だの帷子《かたびら》だの単物《ひとえもの》だのといって、多くの種類のものが必要であるから倹約にならないのである。いま制度を立てて、下着の上に直垂を着るようにすれば、下着は見えないから、何を着てもよくて、まことに気楽である。直垂を少し立派にして、さしあたり二着でも作っておけば、一年中それで間に合うであろう。下に着るものは、現在の小袖でも、木綿の綿入れでも、女房の小袖でも、何であろうと、上には見えないから差支えがない。出家の僧衣のように、上を一つ被《おお》っていれば、それですむのである。直垂は生地も一定し、色も一定し、紋も模様もつけられず、自由のきかないものであるから、物ずきをする余地がない。

また直垂の一種である素袍《すおう》（素襖）を用いてもよいが、素袍の布地は麻で、質素すぎる。

これは昔、武士の社会的地位が農民とひとしく、賤しかったときの服装である。庶民のことを昔から布衣《ふい》といって、麻布の衣服を着るものとしてあったから、その当時としては身分相応であった。しかし今は武士と庶民とははっきり分かれているのであるから、武士が麻の衣服を着ることは今日の人情に合致しない。ことに人の心として立派で美しい服装を好むのは、人情の常である。あまり粗末なように定めた制度は、人情に喜ばれず、人々が進んで従おうとしないから、必ず法が破られるということがあるものである。

供廻りは、大勢の人数を召し連れることは大名でもやめさせるべきである。一国以上を領有する大大名でも、今の一万石の大名ぐらいの供廻りにし、それ以下も順次に減らし、二、三百石以下の武士は供の者一人という程度にしたいものである。その理由は、格式によって供の人数を多くするように定められていると、とかく臨時に人を雇うこととなり、結局は日雇いの者を使う始末になるからである。その代り、供の者の衣服、主人の乗物や馬具の飾り、立傘《たてがさ》などの飾り、槍の飾りなどに等級をつけて、その主人の官位・俸禄や役職が一目でわかるようにすべきである。ただし現在のように供の人数を多く召し連れて賑やかなのが立派だと思っている習慣を変えさせるためには、行列の姿がなるべく立派に見えるように、制度を立てたいものである。少しは中国風に旗でも持たせたり、涼傘《りょうさん》（日傘）でも持たせたりするくらいに大名にはさせたいものである。ただし中国風といっても、日本の古代の朝廷の制度にとらわれるべきではない。公家《くげ》が支配していた時代の武士は、はなはだ下賤な身分であった。今になってその時代の制度を採用すると、今日の社会には適合しない。その点からいっても、烏帽子・直垂というものは、公家の礼装ではなく、昔の武士の風俗であった。それに現在の武家の格式に合うように等級をつけるのであれば、どのようにでもつけることができて便利である。

ただし、烏帽子・直垂を着た姿を、何となく柔弱である、という人が多いが、これも白衣の姿を見慣れた習慣にすぎない。画に描いたところを見れば、上下《かみしも》の姿は決して見よいものではない。これが正直な観察である。また、武術に不便だという人もあるであろうが、源平時代や、また『太平記』に描かれた時代には、みな烏帽子・直垂で、武士としてのはたらきに事欠くことはなかった。また、烏帽子は窮屈で、一日も着けてはいられない、という人があるが、これも習慣である。誰でも、しなれたことをひいきするのは人情の癖である。とにかく倹約の方法、人々の困窮を救う方法としては、烏帽子・直垂を着て、供廻りの人数を減少する以外にはないはずである。

右のように衣服などの制度を定めようとすれば、その変り目のきっかけがなくてはならない。そのためには、まず日光東照宮へご奉告なさるべきである。日光へご参詣と発表して、その二、三年前から、「供廻りの服装や、諸大名の参詣の服装は、このたびはこのように定める」と命令を下し、十分に準備をさせておく。そしてご参詣以後は直ちに平日からその新しい制度を用いるようにさせたいものである。右のとおり上から下まで全部の服装を変えるのであるから、職人や商人がまた例の手癖を出し、利益を挙げようとたくらむであろうから、その点の処置も講じておく必要があろう。

右のとおり詳細に武家の制度を立てることが倹約の最良の方法ではあるが、諸事を新しく仕替えることであるから、今のように困窮した世の中では一挙にはできないであろう。まず諸大名に参勤の道中ならびに江戸の中を往来するときの供廻りの人数を減少させ、江戸屋敷に勤務する家来の数を減らすようにさせる。そして銅銭を鋳造し、貸借の道を開くようにする。旗本の諸士や、大名の家中の武士のことは、しばらくそのままとし、万事を簡易に処理する方針としておく。それよりも最初に、町人・百姓と武家との差別を、はっきり立てなくてはならない。

何事につけても重大なことをしようとすれば、まず粗《あら》く大筋を立てて、その後で細かく詰めてゆけば、実行しやすいものである。先後緩急の順序というのはこのことを指すのである。その方法としては、町人・百姓ともに、衣服は麻と木綿にすべきである。老人や女には、絹の紬《つむぎ》までは着てもよいこととし、それ以外は厳禁する。木綿のうちだからといって、桟留縞《さんとめじま》・金巾《かなきん》・唐《とう》木綿などの類の舶来の織物を用いるような紛らわしいことは許さない。住居には、床の間・違い棚・書院造り・長押《なげし》造り・切目《きりめ》の縁側・唐紙障子・張付・赤塗・白土・腰障子・舞羅戸《まいらど》・杉戸・欄間の類や、玄関に式台をつけたり、天井を張ったりする類をかたく禁止すべきである。身辺の器物に、蒔絵・梨地・青貝・黒塗り・朱塗りならびに金・

銀・赤銅《しゃくどう》の金物を用いることは厳禁する。脇指《わきざし》には、皮の柄、藤の柄、革の下緒《さげお》を用いさせる。糸柄《いとつか》や金・銀・赤銅の飾りは厳禁する。ただし鞘《さや》は黒塗りを許してもよい。乗物（駕籠）は町人・百姓ともに禁止する。紙は、奉書・杉原・糊入《のりいれ》・美濃紙・中杉・小杉、とくに檀紙《だんし》などを用いることはかたく禁止すべきである。燭台・提燈《ちょうちん》・合羽《かっぱ》なども百姓には厳禁する。

このようにするのは、何も町人・百姓を憎むわけではない。彼らの生活が、右に述べたとおり贅沢になって、出費が多く、生活費のかさむのが今では普通になっているから、このような制限の法規が出されるのは、彼らのためにもよいことなのである。そもそも右のような各種の物を町人や百姓が自由勝手に使用しているがために、諸商品の値段が日を追って高くなっているのである。しかし右のような生活の規制は、竿の先に鈴をつけたように遠くから命令しているばかりではなかなか徹底しないであろう。現在行なわれている吉利支丹の禁制のように、厳密に処理しなければならない。もっとも結局は武士を知行所に置くのでなければ、この規制も田舎までは行きわたりにくいであろう。

さしあたり武家の方の礼法の制度は立てなくとも、ただ右のとおり町人・百姓に対する制度を立てただけでも、諸商品の物価は思いのほかに下がるであろう。そういう風にして四、五年も経つ間に武家も少しは楽になるから、そのうえで武家の方にも制度をこまかく立ててゆけば、幕府のご政道がとどこおりなく行きわたるであろう。これこそ緩急先後の仕掛けである。

武家が米穀を貯蔵すること

以上の方法で、世の中の困窮を救う問題は解決されるが、知行所には風害や水害もあるし、家に子供が多くて、嫁取り婿取りがつづいたり、または長煩いをしたりして、困窮に陥ることは、人間の世界には必ずあることで、あながちに平素の心がけが悪かったとばかりもいえない。こうした場合には、傍にいる者が援助し救済するということがなければならないのである。江戸では一町ごとに、その町の外へ転居することは許さない定めとし、農村では武士が知行所に居住して、一郡の内に住む武士を一組とし、幼少のころから同じ地域の者と馴染《なじ》み、親しく交際をし、悪いことは互いに忠告し、それでも改心しない者は組頭へ報告する、という制度を立てておくならば、自然に相互に助けあうようになる。これまた人情の常である。

そうしておいたうえで、天領でも私領でも、年貢として収納した米をむやみに売り払うようなことはせず、蔵を建てて貯蔵しておくべきである。その方法は、蔵の内壁を板張りにして、米は籾《もみ》のままで俵に入れず、裸にして収蔵しておくべきである。籾で貯蔵しておけば、何年でも保存ができるものである。俵に入れなければ盗難を防ぐことができ、虫もつかない。これは中国のやり方であって、近江の国などでは今でもこのようにしている。日本の古代の御図帳《みずちよう》（土地台帳）をみると、年貢が案外に高額になっているのも、籾で納めた時代の計算なのである。

およそ毎年の年貢の四分の一は、決して売り払ってはならない。これが古代中国の法制である。このようにすれば、三年の間に一年分の年貢の貯蔵ができるから、同僚を援助してやることもできる。また大飢饉の際に民を救済することもできる。また一揆や兵乱が起こったときに、兵糧に不自由することもない。今どきの愚かな軍法者どもは金を貯めることを戦争の準備と考えているが、もし戦乱になれば米が欠乏するから、どれほど金をもっていても土や石を積み上げたようなもので、何の役にも立たないのである。軍法では、籠城の際には、米が一人前の一昼夜の食事が米三升と計算してある。こういう際には精を出して働くから、米が非常に多く要るのである。今でも大名の家では、一人扶持（一日の食料、通常は五合）を一升と定めているところもある。それほど必要な米であるのに、年貢を取るや否や売り払って、商人の手に渡してしまっては、肝心のときにその米はどこへ行ったか、取り戻すことはできないであろう。

武士が知行所に居住していれば、住宅を建てるには、そこの樹木を切って使い、米は年貢米を食用にし、味噌にする大豆もその土地でとれる、衣服は自分の家で織って着る、というわけで衣食住には費用がかからない。奉公人に支給する給金も米で与える。また家来になる者には、両刀を指し、武士の衣服を着用することを許すようにすれば、富裕な百姓はみなすすんで家来になってくれる。都市からの人返しが実施されると、帰郷した奉公人たちは他所《よそ》へ移住することが許されないから、みな土地の領主の家来となり、譜代の奉公人となる。そういう状況になれば、貨幣の必要がないから、米を売って金にかえることもしなくてすむ。

右に述べたように四分の一を貯蔵するというのは、最低の基準である。それ以外にも米をみだりに売らないようにし、武家が米をにぎっていれば、商人も金を米にかえなくてはならないから、商人が大いに困って、諸商品の物価は思いのままに下がるであろう。これが主客の勢いというものである。現在は旅宿の境遇であるから、金がなくてはすまず、米を売って金にして、商人から物を買って日々の生活を送っているのであるから、商人が「主」となって、武家は「客」である。だから諸商品の値段が武家の思うとおりにはならないのである。これに対し武家が知行所に居住するならば、米を売らずにすむから、商人が米を欲しがることとなり、武家が「主」となって、商人が「客」である。そうなれば諸商品の値段は武家の心のままになるわけで、これもみな古代の聖人の広大甚深なる知恵から出た万古不易の法則である。

右のようにして米の値段を十分に高くしておけば、江戸の町人らもみな、雑穀を食べるようになるであろう。そうなれば為政者たる君子と被支配者である小人《しょうじん》との食物が自然に区別されて、この点でもまた古えの道に適《かな》うことになる。すべて商人というのは、高利をむさぼって世渡りをするものであるから、現在でも一夜に分限者《ぶげんしや》になったり、また一日の間につぶれたりもするが、これももともと生活の根拠が不安定だからである。武家と百姓とは、田地以外の生活手段をもたず、安定した生活を営む者であるから、ただ武家と百姓との生活にとって都合がよいようにするのを、政治の根本とすべきである。商人は不安定な世渡りをするもので、その善悪は右に述べたとおりである。だから商人がつぶれることは、まったく気にかける必要はない。これもまた政治の道の基本的な心得であることを知っておくべきである。

巻　三

国に締りをつけ、経済を豊かにする方法については、巻一と巻二の両巻に記したが、これらの政務を実際に処理するのは役人である。したがって、役職をどのように設けるかが問題であって、ここに政治の根本がある。現在の幕府における役職のあり方などをみると、いささかよろしくない点もあるので、そのことを以下で述べる。

人の処遇、および官位・爵禄・勲階のこと

昔から、官・位・爵・禄というものがある。官というのは、今の役職である。位というのは、今の座席(37)である。爵というのは、官位のほかに別に栄誉になることを定めておいて、これを人に賜わるものである。禄は古えも今も変りがない。

ところが現今は、一役一席と定まっていて、役職と座席とが離れないものになっているために、役職が上級に進めば席も上がり、役が下がれば席も下がる。これは不便なことである。昔も官位相当ということがあって、それぞれの官職に対応する位階が定められてはいた

が、実際には官職は高くて位階が低かったり、あるいは官職が低くて位階は高いことがあったりして、必ずしも一様ではなかったのは理由のあることであった。現在のように役と席とを離れないものと定めておくと、役職がかわると、座席も必ずそれにつれてかわる。すべて役職には、その人の得手《えて》と不得手があるもので、不得手な役を命ぜられると、職務をよく果たすことができない。だからこれを交代させようとすると、席を上げるか下げるかしなければならない。上級の役職につけられれば立身になり、下級の役職につけられればその人は迷惑する。もちろん褒美のためか、または懲《こら》しめのためであれば、上げても下げても構わないけれども、ただその人にとって得手である方面に転職させるだけのことであるのに、席を上げたり下げたりするのは、意味のないことで、また害もある。したがって、待遇は同じ席になるような役職をいくつもこしらえておけば、この点の不自由はなくなる。しかし現在は座席に名がついておらず、ただこの役職相当の席ということでしかないから、役と席とを別々にしようと思っても実際にはできない。

そのうえ、役人を長年の間、一つの役職にとどめておくと、不平の心を抱くものである。その役職に能力が適していて、よく職務をとりさばくことのできる人を、ほかの役職に転任させるのは惜しいことである。そういう場合に一つの役職に長くとどめておこうとすれば、俸禄を加増してやるか、官位を進めてやるかのほかには方法がない。こういうことになるのも、下の者の心をはげますための道具が少ないからである。町奉行や盗賊奉行などに任ぜられた人が職務をよく勤めているような場合、他の役職へ転任させるのは惜しいけれども、俸禄の加増もそうたびたびはできず、仕方がないので大目付などに転任させて、別の人を後任者にすることになるが、誰にやらせてみても、はじめに大目付に転任させた人のような適任者はいないとすれば、またその人を元の役へ返したいけれども、それは地位を引き下げることになるので実際にはできない。これは一例である。ほかの役職についても同様のことがあろう。これもみな一役一席と定まっていることから生じた不自由である。

幸いにも古法に勲階というものがあって、勲一等から勲十二等まで、十二の等級がある。これは官位とは別のもので、古代にその人の勲功にもとづいて田地を下賜する際に、この十二の等級によって差をつけたもののようである。これは庶民についてのことで、官人に関することではなかったため、現在までのところ公家の間ではこの勲階の制を用いてはいない。公家で用いていないのは幸いであるから、今、これを武家の方で採用して、これによって武家の格式を秩序づけ、現在のように一役一席ではなく、座席は勲階の順序によると定めて、同じ勲階に相当する役職をいくつもこしらえておくならば、人を役職に任命する際に、その人の能力に応じて使うのに都合がよいであろう。また各種の役職に、頭《かみ》（長官）・助《すけ》（次官）・丞《じよう》（三等官）・目《さかん》（四等官）に当たるものを設けようとする場合にも、便利であろう。この四等官のことは後で述べる。

また、天下の諸大名はみな、将軍様のご家来であるのに、官位については京都から綸旨《りんじ》や位記をもらうことになっているので、大名の中には内心では京都の朝廷を本当の主君と思う者もないとはいえない。幕府に服従しているのは、ただ当分の間、幕府のご威勢を恐れてのことだなどという心情がなくなるのでなければ、世の末になったとき、幕府として安心できないような事態もありうるであろう。

幕府においては、服装も烏帽子《えぼし》・直垂《ひたたれ》だけに限ることにして、これに十二の等級を定めておき、名目上の官位に相応した服装などは、将軍様のご上洛のお供をする際にだけ用いることとする。すなわち宰相・中将・少将・侍従などといった官名は、ただ表面的な飾りとみなして、実際には勲階の方を重んずるようにする。人には習慣というものが大切であって、長年の間このような習慣をつけさせるならば、公家と武家、朝廷と幕府とは、まったく別であるということが明確になろう。すべて幕府のご政務のうえで、何かにつけ京都の公家が邪魔になって、将軍様のお心のままに処理なさりにくい場合があるようであるから、このような私の愚案を申し上げる次第である。

かつまた、朝鮮国からの使節が来朝する際に、三使（使節の代表者である正使・副使・従事官の三人）のお相手を、御三家（尾張・紀伊・水戸の各藩主）が勤めることとなっているが、これは三使がみな朝鮮で三位《さんみ》の位階をもっており、御三家の当主も三位に叙せられるところから、位階がひとしいとみて、こういう風に定められたのであろう。これは五山の長老たち（金地院崇伝らを指す）の考えか、林道春（羅山）あたりの考えによったものであろうが、事情を知らない文盲（ここでは「学問に無知である」の意。以下同じ）な者のしたことである。なぜかといえば、朝鮮の使節が来朝するのは、もっぱら幕府だけに関係があって、朝廷とは無関係なことである。だから将軍と朝鮮の王とを同格として儀式を定めてあり、しかも日本から将軍の使節を派遣するということはなく、朝鮮からばかり使節を送ってきているという点では、朝鮮の方が日本に対して頭を下げた形となっている。これが朝鮮と日本との交際の大原則である。

将軍を朝鮮国王と同格とみるならば、御三家の方々は将軍の親族であるから、向うの宗室や親王の格に相当し、宗室や親王であれば一位よりも高いランクに相当することとなる。その御三家に三使のお相手を勤めさせるのでは、こちら側の格を非常に下げた礼法になる。もし朝鮮から日本の朝廷へ使節を送ってくるのであれば、こちらの三位の人を三使のお相手役に出すのが適当であろうけれども、この点についてもまた日本の古代の制度としては、朝鮮国王を天皇と同格に立てることはしていない。天皇は中国の皇帝に相当し、朝鮮国王はその皇帝の下の王の位だからである。したがって朝鮮は日本に対して臣下と称する礼法になっており、日本は朝鮮をいつも家来として待遇していた。

朝鮮の使節は、その家来である国王の臣であるから、日本からみれば陪臣の格となり、こちらの直臣の三位の人を出しては、やはり合わないことになる。そもそも現在の幕府で朝廷の官位制度をかたく守り、三位と三位とは同格とするようなことをしているのが問題であって、これでは朝鮮を日本の朝廷と同格とみることになるから、幕府はそれよりも一段階だけ格が落ちることになり、外国に対する体面もつぶれて、はなはだよろしくないことである。

将軍家宣公の御代に、新井筑後守（白石）がこの点の不釣合いを憤慨して、三使の相手に御三家を出すことをやめさせたが、三位という名目があるので、朝鮮の側では従来の慣例に反するとして承服しなかった。これもみな制度がよくないために、こういう点で行きづまることとなるのである。幕府で位階の代りに勲階を主にするという制度を定めて、勲三等の人を三使のお相手役にすれば、中国の明《みん》朝や清《しん》朝でも、勲一等をやはり一位と同格にしているから、朝鮮人も納得するであろうし、制度上の体裁もととのって、万事うまくゆくはずであるが、新井なども文盲であるから、こういう点には考えが及ばなかったのである。ともかく何事につけても、朝廷と幕府とは別である、という原則をしっかりと立てたいものである。

頭・助・丞・目のこと

頭《かみ》・助《すけ》・丞《じょう》・目《さかん》という四等官の制度は、古代の聖人の御代をはじめ、中国の歴代の王朝でも、また日本の古代でも、みなこの制度を定めているが、それは役職を編成し、人を使うための方法として、すぐれているからである。ところが現在の幕府の役職では、このような区別がなく、同じ役職に就いた者は二人でも三人、四人でも、すべて同格であるから、互いに相談して、考えの足りないところを助け合うのにはよく、また病気や差支えがあって欠勤したような際に、差支えを生じないためにも都合がよいけれども、同役が互いに同格であるから、互いに気兼ねをして、一人で身を入れて積極的に勤めるということがおのずとなくなり、あるいは同役の者の言いなりになったり、あるいは思い思いに勝手なことを考えていたりして、同役の者の間が離ればなれになりやすい。そのために月番《つきばん》ということを定めて、一人が一ヵ月限りにその役職を担当して事務を処理するようになっているが、これもまた、自分の責任だけを果たして、さしあたり恥をかかないようにし、あとのことは構わないという風になり、前後の関連を見きわめて役職を勤める人はいない。同役の者が何人もいても、一ヵ月交代で一人が担当するのであるから、その月番のところへ全部の事務が集中して非常に忙しくなり、そのため職務を果たすのが粗雑になるのも自然の道理である。

これもみな、頭・助・丞・目という四等官の制度を立てないから、こういう結果になっているのである。どの役職についても、頭役《かしら》・添役《そえ》・下役《した》・留役《とめ》と四段階に区分し、あるいは軽い役職であれば添役を除いた三段階に、さらに軽い役職では添役・下役を除いた二段階にでもしておき、いずれにせよ頭役は一人ということにすれば、その役職の管理が不統一にならず、専心して勤めなければならなくなる。添役は、一人もしくは二人とし、頭役からわずかに一等級だけ下で、能力はあまり劣らない者を任命しておけば、頭役の相談相手にもなり、また頭役に病気や差支えがあるときにも困らない。下役は、添役より一等級ぐらい下の人を、二人か三、四人、役職によっては五、六人でも任命しておけば、その役の職務を分担させて、丁寧に処理させることができる。留役は軽い役で、その役職に関することを帳面に記録させる。このようにすれば、頭役の者は、総括《そうくく》りとなって、重要な事務を司り、また全体の監督をする。下役の者は細かなことにいたるまで区分して仕事を分担するから、それぞれ一身をうち込んで勤務するようになる。これが古代の法である。

諸役人の統属関係や職務分担のこと

老中は大名を支配し、若年寄は旗本を支配することとなっているが、大名や旗本の官位の昇進とか、縁組・養子・家督相続などに関することなどは、一定の慣例があるから、それぞれの月番に当たった者でも処理することができよう。しかし各種の政治上の問題までを一括して月番の者に担当させ、一ヵ月限りで処理させているものであるから、用務が繁多になって、粗雑な処理しかできなくなっているように見える。『周礼』では、中央政府を天官・地官・春官・夏官・秋官・冬官の六官に区分し、また後世の王朝でも、吏・戸・礼・刑・兵・工の六部に分けているが、これが古来の良い制度である。老中や若年寄にも、職務を区分して、それぞれそれを分担させるようにしたいものである。

その区分の仕方は、まず朝廷・公家などの方面があり、これを司る老中には、高家《こうけ》を属官にすべきである。礼儀作法や殿中での儀式に関する部門では、奏者番を属官とすべきである。寺社に関する方面は、これまでどおり寺社奉行を属官とする。町方《まちかた》の方面は、町奉行が属官となる。天領からの年貢の収納に関しては、やはり勘定奉行に事務を担当させる。裁判や刑罰のことは、別に公事《くじ》奉行という役職を設置して、牢屋はその管理下におき、寺社の者についても町人や百姓についても、すべて裁判ならびに刑罰はここで司らせることとする。現在は、たとえば武家の犯罪人でも、刑罰を審理する際には町奉行へ引き渡すこととなっているが、これでは武家と町人との差別が立たず、はなはだよろしくない。

このほか、土木・建築の方面も、一つの部門となろう。軍備に関しては、武器のことは古代には兵部の管轄であった。これも一つの部門となろう。またそのほか各種の器物などを製作する類も、一つの部門となる。古代には工部の役人がこれを管轄していたから、すべての工芸に関して工人が熟練していて、作られた器物はしっかりしていた。現在では職人も町奉行の支配下にあり、これを管轄する役人はいないので、何事も職人まかせになり、ただ値段のことばかりを役人は問題としているようである。学問ならびに各種の技術や芸道の方面も、これまた一つの部門となろう。これら諸部門については、いずれも老中と若年寄の中からそれぞれの部門を統轄する総支配の人を定め、その下にそれぞれ属官として担当の役人がいるという形にすべきである。

現在の幕府の実情を見ると、自分が責任をもって支配下を治めるというようなことは夢にも知らず、何事につけても下から申し出ないことは知っていても関与せず、ただ下から申し出て来た場合にだけ、しかもその申し出たことについてだけ裁決を与えるというのが、老中をはじめ現在の幕府の役人の態度である。申し出ないことについても、その表面や裏面の事情をよく知りぬいていて、そのうえで知らぬ顔をしているというのであれば、それももっともではあるが、実際には下の者から情報を与えられず、何事があるのかも知らずにいて、ただ申し出てきたことだけを処理しようとすれば、先例や先格のあることは何とかなるとしても、先例も先格もないことについては、当座の思いつきの知恵で取りさばくこととなり、それでは必ずどこかで行き詰まるものである。

ことに老中や若年寄は、幕府のご政務をあずかる重い責任を負った役人であるから、今の天下の情勢は、全部知り尽くしていなければならないはずである。そうであれば、何事が起こっても適切な処置をとることができるであろう。たとえば、国境《くにざかい》や郷村の境界にある山の所属に関する争論などでは、権利関係の不明確な場合がしばしばあって、方々で訴訟が絶えることはない。これというのも、以前からその土地を支配している領主や代官が自分の支配地のことを明確に知っていないためである。よく自分の支配地のことを知っていて、問題の起こりそうな場所は訴訟が提起されなくても上に報告して、幕府としての処置を定めておくようにしたいものである。

幕府が何も規定していない場合に、遠国で生じた事件を江戸にいる奉行が裁判しようとしても手がつけられない。そこで身分の低い者を検使（調査官）として派遣すると、その者が賄賂をとったりし、また証拠がなければ裁判ができないので、後北条氏や武田信玄、あるいは織田信長や太閤秀吉などの時代の奉行が作成した書類を証拠として挙げたりするが、これは戦国時代のことで、世の中の姿が今とはすっかり違っているのに、それを証拠とするのは、でたらめなやり方である。あるいは室町幕府や鎌倉幕府の文書とか、また昔の朝廷の綸旨などを証拠に引いたりもするが、これも遠く隔たった古い時代の文書であって、不適当である。これはみな、奉行を勤める者に、とかく何事につけても先例を引きたがる癖があって、引くべからざる先例まで引いている始末であるが、こういうことになるというのも、現在の幕府としての規定がないからである。

幕府の規定がないのは、土地を治める責任者がただ年貢でも取ることだけを自分の役目と思い、治めるということを夢にも知らず、でくのぼうのように暮らしているからである。このような悪弊は、下から申し出ないことには関知しないという姿勢から発しているが、それというのも、上に立つ者は下の者の誤り《とが》を咎めていればよいとばかり考えているからである。そのために世の中では、さまざまの解決しにくい訴訟事件が起こって絶えないのである。

諸役人の才徳を見分けること

執政（老中）の職にある者は、言葉づかいや容姿を慎み、下の者に向かって乱暴な口をきかず、無礼にならないようにすることを第一に考えるべきである。これは聖賢の深い戒めである。おろそかに考えてはならない。世俗の考えでは、才知さえあれば、言葉づかいや容姿には気をつけなくても差支えがないとしているが、そういうものではない。執政というのは、ほかの役職とは違って、古代の大臣の職に当たる。「赫々《かくかく》たる師尹《しいん》、民、具《とも》に爾《なんじ》をみる」（天子の師たる大臣の尹氏よ、民はみな貴方を注目している）という『詩経』の文は、『大学』にも引用されているとおり、聖賢の道ではこういうことをたいへん重んじている。執政は重い職分であるから、その人の言葉や動作を下から万人が常に気をつけて見ているのであるから、一つの言葉、一つの行為でも、世間の評判となり、遠国までも聞き伝えて、天下に隠れがない。だから自分の職責を重んじ、上《かみ》の御為《おんため》を大切に思うのであれば、言葉や表情に気をつけ、慎まなくてはならないのである。

元禄のころまでは、どの執政もみなこの心掛けがあって、言葉づかいや容姿も見事であったのに、正徳のころ（一七一一～一六）からこの風が衰えて、今では重々しい立派な態度の人はいなくなった、と聞いている。そういう風になった原因は、学問のない人の考えとして高遠なことを嫌い、手短に用務を処理しようとし、ことに才知のある人は自分の才知を発揮しようとするところから、容姿や言葉づかいの慎みが崩れるのである。しかし執政の職は、自分の才知を発揮するのではなく、下の者の才知を活用し、下の者を育成して、有用な人物の多く出るようにするのが、その職分の第一である。自分の才知を発揮するのは、諸役人の職務であって、執政の職分ではない。どれほど才知を働かせたところで、下の者の才知を活用しなければ、自分の才知だけで足るものではない。だから自分の才知を発揮しようとするのは、執政としてはかえって職分に反して、結局は上への不忠になることであるのに、それを知らないのは、学問がないための過誤である。

言葉づかいや容姿に気をつけるといえば、自分の態度を重々しくこしらえて外面をつくろうことのように、学問のない人は思うけれども、そうではない。職分が重ければ態度が重々しいのは、そもそも当然なことであって、そのような人を下の者が重んじ敬うのも、これも自然の道理である。人が重んじ敬う人を上に据えて、命令を下せば、下の者はこれに従う。これも自然の道理である。だから役職が重ければ言葉や容姿に気をつけるということは、古代からそうなっているのであって、別に外面を取りつくろうというわけではない。言葉や容姿が粗末で、下の者に向かって無礼なことをするような人は、下の者の才知を見分けることもできず、かえって下の者に煩わしく干渉をするものであるが、そのうえにそういう態度では下の者が心服しないから、必ず政務の停滞をきたし、将軍様のお考えも下の方までは徹底しないことになる。

家康公の御代に、重い地位の役人を任命なさる際には、必ず下の者の評判をお聞きになって、適任との評判のある者を必ず任命されたと聞いている。古い人の話では、下の者から慕われている者を重い役に任命すると、下の者がよく命令に従うからだ、ということである。もっともなことであるが、それればかりではなく、さらにもっと深いお考えのあったことであろうと推察している。というのは、すべて人の善悪は、上の方からは見えにくいものである。誰にせよ、人というものは上の者の意向に従い、それに調子を合わせて、上の者に気に入られようとするのが人情の常であるから、その人の本心は隠れてしまって見えにくい。たとい聖人や賢者のようなすぐれた主君であっても、上からは人の善悪は見えないのが理の当然である。奸知のたけた人には、さらに上手なのがあって、素直に上の者の考えに調子を合わせようとすると、軽薄のように見えるし、また合わせたということが目につきやすいから、表面では調子を合わせないふりをしながら、実際には調子を合わせている者もある。こういうのは格別な悪人である。

そういうわけで聖人の智をもってしても上からは見えないのであるから、聖人の古法では、大臣を登用する際には、「卿士《けいし》（卿・大夫・士）に問い、もろもろの庶民に問い、卜筮《ぼくぜい》によって占ってみる」ということになっている。重要な役人を任命するのには、諸役人に問い、そのうえで下々の民に問い、また祖先の神霊に問うて、それによって定めるという意味である。誰でも上の者に対しては調子を合わせようとするが、下の者に向かって調子を合わせようとは思わない。それればかりではなく、下《しも》万民の見るところは、いかにしても掩い隠すことのできるものではないから、上へは知れにくくても下へはよく知れるものであって、それで聖賢の法では右のように言っているのである。家康公は、学問をお修めになる暇もおありにはならなかったであろうに、聖人の道に合致しておられる点が多いのは、まことに不思議なことで、末代までの模範とすべきである。

ただし、小役人または目付などには、意地が悪くて人に嫌われている者を任命するという場合もある。また遠国に派遣される役人などには、互いに仲の悪い者を組み合わせておいて、相互に監視させるようにすることも、人を使う際の一つの術ではあるけれども、重い地位の役人については、一般の人が憎むものを好んだり、人が好むものを憎んだりするような、偏った考え方をすることは、『大学』の書でもこれを深く戒めてあり、人の好むことを好み、人の憎むことを憎むのこそが、民の父母たる者の心である、と説かれているから、このような人物を選んで登用するのが聖人の道の奥義である。

代官の職のこと

代官という職は、重要な役目である。その昔、平安時代のころに、国司などの官職を京都にいる官人が兼任して、現地の国には名代《みょうだい》を派遣しておいたことから始まって、代官という名称になっているのである。したがって文官であるから、戦国時代にはこれを軽蔑して「腰《こし》抜《ぬけ》役」といったので、賤しい役目のようにみなされ、現在では勘定奉行の支配をうけて、小身の者が任命され、しかもその下役には、手代《てだい》と称して、きわめて賤しい者を付けておき、年貢を取り立てさせる以外には重要な職務はないように考えられているが、これは非常な誤りである。代官に任ぜられた者には、立身の希望もなく、下劣な役目に任ぜられたということになって、しかも小身であるから、私利をはかって悪事を犯すようになるのは自然であって、したがって処罰を受ける者が絶えないのである。

これを文官とみなすのも、もともと国の守《かみ》・介《すけ》・丞《じょう》・目《さかん》などの国司や郡司は、文官とはいえ公家の時代には文武を兼ねていたのであったが、鎌倉時代のころから、武家の側で国ごとに守護を置いたので、武官としての職務は守護の手に渡すこととなり、もっぱら文官のようになってしまったのである。

願わくは、二、三千石以上の大身の人をこの代官の職に任命し、代官という名称も変更して、下役に今の代官ぐらいの人を所属させておけば、武力も自然と備わるであろう。刑罰も軽いことは現地で執行させ、もっぱら人民を治めることを職務の第一として、農業の方面でも、農民の知らないことがあれば教えてやるようにし、水害防止や堤防の工事なども実施させ、盗賊や博奕など、また邪宗・邪法の類なども、代官が取り締まるようにさせたい。すべて百姓が贅沢をすることが盛んになってから、農業を嫌い、商人になろうとする者が近年は多くて、田舎が非常に衰微している。そのために博奕や盗賊があとを絶たない。人殺しなどがあっても、その現地には奉行がいないので、江戸へ報告している間に、日数が経ってしまうと、事情を調べることもできなくなる。しかもおよそ何につけても田舎では出費を嫌うので、江戸へ申し出ることさえもしない。したがって博奕や盗賊の類も、したい放題である。水害防止や堤防の工事の類についても、現在は代官が江戸に居住しているので、実情がわからない。そのため手代任せにするので、手代は江戸の町人と手を結んで、何事につけても江戸風のやり方にならおうとするから、経費がかさむことになる。

また代官を大身にし、武備を兼ね備えさせておくのでなければ、飢饉がつづいて、盗賊が横行するようになったとき、これを鎮めようとしても鎮められない。昔、天草の乱（島原の乱）のときに、肥後の国の川尻という港に、熊本城主細川越中守の米蔵があった。その地の代官は川北九太夫という者であったが、これは思慮のある人物で、平素から国産の鉄砲をたくさん作らせておき、また浜辺の広さを測らせておいた。天草に一揆が起こったと聞くと、直ちに浜辺に一間《けん》に一本ずつ杭を打たせ、一本一本に火縄をはさみ、三間に一挺ずつ鉄砲を配置し、一晩中その鉄砲を打ちつづけた。一揆の者どもは、籠城の準備に川尻の米蔵にある米を奪おうとして、途中まで兵船を乗り出して来たけれども、おびただしい火縄が見え、鉄砲の音がするので、熊本城の軍勢がすでに川尻を固めていると思って、途中から引き返したと、のちに捕虜になった者が語ったという話を聞いている。

もしそのときに川尻の米蔵の米を奪って行ったならば、天草方の兵糧がたくさんになって、城は容易には落ちなかったであろうから、川北のしたことは、主人のためにも天下のためにも、すぐれた勲功である。しかしその当時でも、このようなことは手柄には数えられなかった。川北はのちに城攻めのときに一番乗りをしたので、それにより千石になったのである。右のような場合があるから、代官は武備を備えていなくてはならないのである。租税に関する方面だけは、勘定奉行の命令に従うこととし、役職そのものは老中か若年寄かに直属するようにして、重い役目という風に定めたいものである。

旗本諸役人の人材登用のこと

下級の幕臣である御徒《おかち》や与力は、その組の頭《かしら》の者の判断で自由に任用できることとなっているため、すべて金銭で左右されるようになっていて、町人や百姓、または小普請方《こぶしんかた》の手代のような小役人などの類が、金銭で与力の地位を買っておいて、さらにまた金を出して自分の子を番衆の養子にするというように、旗本たる番衆の地位を獲得するための中継点とする類が、現在ではきわめて多い。これらの役職は、戦場において軍務に服すべきものであるから、このようなことがあってはならないはずのものである。

御徒は、もともと譜代の御家人であって、御徒の身分から立身した者は多い。久世三四郎(38)などは、御徒の出身である。将軍綱吉公の御代に、生計が立たないという理由で、一同が協議して願い出てから、譜代ではないということになり、身許保証人の保証書を取って、御徒の組の一員に採用するという風になっているが、これはよろしくない。幕府で人を採用するのに、保証書を取るというのは、どういうことであろうか。日本国中はみな将軍様の支配領域であって、何事もご命令次第になさってよろしいはずであるのに、あまりにも役人に学問がないために、こういう仕来りが起こったのである。

与力は、昔は幕府に仕えたいと志願する者を、頭役の者の判断で与力の組に入れておき、その能力を見たうえで登用されるというようなことが多かった。その後は、浪人の腰掛所《こしかけどころ》といって、もと高禄を取っていた浪人が、本来の俸禄で就職することができるまでの間、しばらく与力になっているという風であったから、立派な経歴のある武士が多かった。現在では、金を出せば与力になれるのであるから、でたらめである。

昔は、旗本の次男や三男が登用されるということがあったが、近年はまったくなくなっている。そのため次男や三男は、ただ他家へ養子に行く口がないかとねらっているばかりで、その内に年をとれば、でたらめな人間になってしまう類が多いが、このような者を御徒や与力、あるいは勘定（勘定所の平役人）や右筆《ゆうひつ》などに採用して、働かせてみたうえで、能力のある者は立身させるようにしたいものである。人間には生まれつき、文と武との区別がある。身体が強健で武芸を好む者は、御徒や与力の組に入れてやるのがよい。身体が弱く、身体を動かす仕事を好まない性質であれば、書道でも算術でも習得させ、勘定や右筆の職に入れてやるのがよい。そして代官などの下僚として地方へ派遣し、代官所の手代の代りに勤務させるようにして、遠い国々を見させ、山川・地理の知識を持たせ、田舎を走り歩かせるようにすれば、現在のように手もとで大切に育てられて、江戸で成長し、物事について何のわきまえもない阿呆になるのよりは、はるかにましであろう。

すべて天地自然の道理として、古い物はしだいに消え失せ、新しい物が生長してくるのが、当然である。天地の間にある一切の物は、みなこのとおりである。古い物をいつまでも保存しておきたいと思っても、それは不可能である。材木は朽ちて崩壊し、五穀は年ごとに新しく稔り、人間も老いた者は死んでいって、新しい者が交代してゆく。また天地の道理として、下からだんだん昇って行って上になり、昇りつめたものは次第に消え失せて、下から交代してゆくのが、やはり道理の当然である。そういう道理であるのに、政治の方面では、古い功績のあった人の家を非常に大切にして、できる限りその家が存続するようにしているし、また一つの家の中でも、老人である曾祖父母・祖父母・父母などの寿命が、いつまでも長くつづくようにと祈り、早く死ねなどとはかりそめにも思わないのが、人情の常である。しかしながら、天地の道理と、人情の常とは、一致しないものであって、いかに保存しておきたいと思ってみても、とかく古い物は消え失せてゆく。といって、古い物は早くなくなればよいなどというのは、悟りすぎた考え方で、聖人の道には合致しない。また古い物をいつまでも保存しておこうとばかりするのも、愚かすぎる考え方で、これもまた聖人の道には合わない。聖人の道は、人情の常をできる限り大切にして、人の感情と矛盾しないようにし、しかも物事の道理を最初から終りまで明らかに見通して立てられたものであるから、愚かしく人情の常ばかりに拘泥することもない。これが世の中の人々を取り扱う方法の標準である。

右のような道理であるから、古代の中国で聖人であった堯・舜・禹や、殷の湯王、周の文王・武王の子孫も、今では絶えてしまって跡形もない。日本の昔についてみても、源頼朝や足利尊氏の後継者は、今はいない。そのほかの名家も、みな断絶して、いま大名とよばれている人々は、昔はみな軽い身分の人であったのに、軍功によって今は高い地位に上っている。その大名でさえ現在まで正しい血統で相続してきている家系はまれで、血統が絶えたのを養子でつがせている家が多い。そういうわけであるのに、どこまでも上《かみ》は上、下《しも》は下と、家系を定めて、それを闇雲に維持してゆこうとすれば、上の地位にいる大身の家の者は、すでに消え失せるべき時期になっているのを、支えて存続させようとするのであるから、天地の道理に背くことになる。上位の身分の者に才知がなくなれば、世の末になって乱世になり、下の身分の者の中から才知のある者が出て、政権を顚覆《てんぷく》させるであろう。

聖人はこの道理をよく知っておられて、政権が長くつづくようにと、賞罰の制度を定め、下の身分の者で才知のあるのを取り立てて立身させ、反対に上の身分の者で、実子がなくて家系が絶えるとか、悪事を犯して滅亡するようなのは、天のはからいに任せて滅亡させる。このようにしておけば、賢者はいつも上にいて、愚かな者はいつも下にいることになるから、天地の道理に合致して、政権を長く存続させることができる。この兼合いがわからないと、天・地・人の全体の道理に通達しないことになるから、天意に反し、本当の政治ではない、と知るべきである。

また『易経』にも、「下より升《のぼ》る(39)」ということが記されているが、これも抽象的に理法を述べただけのものではない。一年の間にも、春と夏には天の気が下へ降《くだ》り、地の気が上へ昇り、天と地が和合して万物が生長する。秋や冬になると、天の気は昇り、地の気は降って、天と地とが隔たって和合せず、万物が枯れ失せる。人間の世の中も、これと同じである。下にいる才知ある人を取り立てて立身させるならば、上たる君主のお心が下々まで行きわたって、あたかも天の気が下へ降るかのようである。才知ある人が下から立身して重要な役職に就くならば、下情をよく知っている人が上に昇ることになるから、下々の者の苦しみや、世の中の有様が上の方によく知られて、あたかも地の気が上に昇るかのようである。そうすれば上下の間に断絶がなく、意思が疎通するから、天と地とが和合するのと同じようになって、国家がよく治まり、春夏の間に万物が生長するように、世の中が豊かに繁栄するのである。その反対に、下にいる才知ある人を取り立ててやらなければ、上たる君主の心が下々へ行きわたらないから、あたかも天の気が下へ降らないかのようである。そうなれば能力のある人が下から昇ってゆくということもないから、下情が上の方へ伝わらず、あたかも地の気が上へ昇ってゆかないかのようである。上と下との間が断絶して、意思が疎通しないから、天と地とが和合しないのと同じで、国家が衰えるのは、秋冬の間に万物が枯れ失せるがごとくである。

太平の世が久しくつづくと、能力のある人は下にいて、上層の身分の人は愚かになってゆく。どうしてそうなるかといえば、すべて人の才知というものは、さまざまの難儀や困窮を経験することによってできるものである。すべて人の身体は、使っているところがたくましく発達するもので、手を使えば腕が強くなり、足を使えば足が強くなり、弓や鉄砲のねらいをつけることに熟練すれば、目が強くなり、心を使えば、心に才知が生ずる。したがってさまざまの難儀や困窮にあうと、さまざまにもまれて、才知がたくましく発達するのは、自然の道理である。だから『孟子』の書にも、「天が人に大きな任務を課そうとすれば、まずさまざまな苦しみを経験させる」（告子下）という意味のことが述べられている。ことに下で苦労にもまれて発達した才知であるから、下々の事情によく通暁していて、政治にはとくに役立つのである。だから聖人の道にも、「賢才を登用せよ」（『論語』子路）と、下から人材を取り立てるべきことが説かれている。また歴史上の各時代のことを考えてみても、賢才の人はみな低い身分から出ており、世襲の高禄の家からはきわめてまれにしか現われないのは、前に述べたとおりである。

世襲で高禄をとり高官の地位についている人々でも、その先祖は、いずれも戦国の時代に生死をかけた戦場を経験してきて、さまざまの難儀にあったことにより、才知が発達して、その結果として高禄・高官になったわけではあるけれども、その子孫は世襲で高禄・高官になっているのであるから、生まれながらの上流階級で、何の苦労もしないから、才知が発達するわけがない。身分が高くて、下々の者から遠く隔たっているから、下情にうとく、家来たちから賞めそやされて育っているから知恵もない。わずかな知恵を自慢にし、生まれながらに人から敬われて、これが当然だと思っているので、主君のご恩をそれほど有難いと思って感銘をうけるということもない。おのずからわがままになって、下々の者を虫けらのように思っている。これもまた人情というもので、こうなるのが自然の道理であって、上流の身分の人は、たとい生まれつきの才知があったとしても、右のような誤った考え方から免れることはむずかしい。たまたま聡明な人がいても、下々とははるかに距離が隔たっているため、下情には気がつかず、ただ殿中などで目上の者や目下の者に対し、そつなく儀礼的に行動することばかりに熟練しているので、その方面の才知だけが発達し、その目で下々の者をみれば、そのような儀礼的なことには下々の者は慣れていないから、下々の者が非常に愚かに見え、ますます自分の聡明さを自慢するような気持になってゆくのである。

このような人情は、古代も今も変りはないから、聖人の道では、賢才を下から登用することを第一とし、世官といって重要な官職を家系によって世襲させるようなことはしないようにと、深く戒めておられる。もっとも人情として見慣れたことには安心するもので、人々から尊敬されてきた家柄の人を高い地位につければ、下々の者の心にもそれが当然と思われて、命令がよく守られるということもあるので、『孟子』にも、「賤しい身分の人を取り立てて尊貴な人の上に置いたり、もと君主と疎遠であった人と懇意にして、もとから親しい人よりも寵愛したりするようなことは、軽率にしてはならない」（梁恵王下）という趣意の言葉があるが、これは人材登用に際して人情に逆らわないようにとの、一応の注意であって、右に述べたとおり、賢才を登用するのが聖賢の教えに共通の法則であることを、知っておくべきである。

ところが、今の世の利口な人の考えでは、「道理はそうであるとしても、上に立っている人々をみな下へ追い落として、下の方から立身させ、上と下とをひっくり返すようなことは不可能である。かりにそれが実行できたとしても大きな騒ぎになる。それよりもただ、いま上に立っている人々はそのままにしておき、下の者から申し出る善い意見を聞いて採用させるようにすれば、聖人が賢才を登用せよと言われたのと同じ道理になるではないか」と主張されたりする。

しかしこれは、聖人の教えに似せた悪知恵であって、実際には何の役にも立たないことである。下の者に意見を述べさせて、それを採用したとしても、その採用する人が、やはり下々のことを知らない人なのであるから、下の賢才の意見を聞いても、その受け取り方で大きな相違が生じてくる。そのうえ、賢才でも低い地位に置いて意見を言わせられたのでは、言えないものである。また同じ賢才であっても、下の地位にいたときの考えは、まだ本気になって政治と取り組まないときの考えであるから、上に登用されてからの考えとは違っている。上に登用して、役職に就かせてみると、立場が異なるから、その思考力も、下にいたときに比べると格段によく働くものである。だから古代の聖人も、賢才を登用せよとは説かれたが、右のような小ざかしいことはおっしゃっておられないのである。

そのうえ、賢才を登用するといったからとて、何も今まで上に立っていた人々を全部下へ追い落として、上と下とを入れかえるというわけではない。ただ二、三人でも、あるいは一人か二人でも、下から賢才を登用してやれば、今まで家柄だけを重んじてきた風習が破られることになるから、万人の目ざすところが変わって、人々の心に励みができ、誰もがその登用された賢才と同様の気風になって、世の中がにわかに生き返り、よくなるものである。だから『論語』にも、「舜が大勢の臣下の中から皐陶《こうよう》を選び挙げ、湯王が大勢の臣下の中から伊尹《いいん》を選び挙げると、不仁な者は臣下の中にいなくなった」（顔淵）とあるように、賢才を登用するといっても、上と下とを全部入れかえるのではない。重要な役職にただ一人でも二人でも挙げ用いられれば、その勢いによって、残りの者がみなよい人間になる、ということである。

これが人君の掌握する賞罰の権というものであって、あながちに善人には残らず褒賞を与え、悪人は残らず処罰するというわけではない。一人に褒賞を与えてやれば千万人が喜び、一人を処罰すれば千万人が畏怖することになるので、世の中が生きかえって、人々の心に励みができ、世の風俗も君主の思うとおりに矯正されるのである。人並みすぐれた賢才と、とくに悪い人間とは格別であるが、その他の人々はいずれも同様な人間であって、ただ上に立った人の誘導により、世間の風習につれて、善くもなり、悪くもなるものである。

ここに人を生かして使うか、殺して使うかの区別がある。ところが近年は、太平が久しくつづいて、世の中に変化がないので、世の風習が一定して、家柄というものが定まり、幕臣の家でも上級から中級・下級にいたるまで、それぞれ大体の立身の限度も定まっているので、人々の心に励みがなくなって、立身しようとするよりも、失敗をして家を潰したりしないように考えた方がよいということで、何事につけてもいい加減にして世渡りをするという気持になり、人々の心が非常に横着になっている。人々の心がこのようになるのは、人を殺して使うというものである。同じ人でも、生かして使うのと殺して使うのとでは、違った人間のようになるものである。

将軍綱吉公の御代、旗本の家柄のよい者を側近で使ってご覧になると、誰も精を出してご奉公をしようとはせず、お気に入らなかったが、これは人々の家柄が定まって、人の心が寝入っていたためである。そこで能役者など身分の低い人を任用してご覧になると、低い身分から登用されたことを有難く思い、褒賞に心をひかれることも多いので、よく働いて、将軍様のお気に入った者もあり、立身した者も多かった。現在では、幕府のご方針が変わっているので、右のように綱吉公のために精を出して働いた者も、必ずしも報いられていない。けれども、とにかく下から取り立てて使えば、人は精を出し身を入れて勤めるのが人情である。

今のように家柄が定まった世の中では、旗本の平士までが、家柄をかたく守り、ただ自分と同格の旗本の家へ養子に行こうとばかり考えて、御徒・与力・勘定・右筆などになろうとは思ってもみず、ましてかけ離れた高い役職には、どれほど精を出し身を入れて勤めてみても生きている間には決して到達できない、と思っているので、思い切って何かをしてみようという考えはなくなり、ただ一身の安全を求めて、金銭を取って養子になったり嫁を貰ったりするような悪い気風に陥っているのも、すべて人々の心が寝入っているところから起こったことである。

綱吉公の御代に登用された能役者出身の者などは、旗本の籍から削り捨てなければならない、などと考える人もあるが、下賤な身分から出た人は、貴人よりも才知があるものである。ただ使い方が悪いために、その才知が禍いを招いているのである。よく使えば、すぐれた能力のある人も、その中にいるはずである。そのうえ、かれらは将軍様の思し召しによって登用されたのであるから、その家には何の咎《とが》もない。下賤な人が金銭によってひそかに御家人になったりしたのとは、まったく別である。いったん旗本に取り立てられた以上は、もとからの旗本と同様の待遇を与えるべきである。それだのに、もとからの家柄が悪いからといって賤しむのであれば、将軍様のご威光が立たないことになって、はなはだよろしくない。たとい百姓や町人であろうとも、才知のある者を新たに登用して御家人にするのは、将軍様のご威光によることで、国家を治める道として何もご遠慮になることはない。とにかく家柄を重んずる方針と、賢才を登用する方針とは、まったく反対の関係をなしていて、国家が治まるか乱れるかがわかれるのも、この点にかかっているのである。

また、生半可な分別のある人は、御徒や与力に金でなることができ、旗本にも金でなれるけれども、それらの者は下賤な身分の出であって才知があるであろうから、差支えがないなどと言っているが、これもまた考え違いである。そもそも現在の風俗として、金さえあれば何事でもできるというのは、きわめて悪い気風である。そのうえ、小普請方の手代、代官の手代、あるいは御用商人などは、ただの百姓たちとは違って、利欲の方面にはきわめて賢く、計略で物を獲得することに熟練していて、恥を知らない者どもであるから、武士としてははなはだ忌み嫌うべきことである。ただし、頭《かしら》の者の判断で、下賤な者の中でも役に立つ者を選んで、御徒や与力の組に入れるのであれば、何の差支えもないが、右のような悪人の類を見逃しておいてはならない。

こうなったのもみな、根本のところは、太平の世が久しくつづいて、世の風俗として家柄が定まることになったため、もともと与力は戦場において先手《さきて》を勤める武人の役職であり、御徒は将軍のお馬の近くを警固する役職であるということが忘れられて、頭《かしら》の者は組員を自分の下僕のように思っているところから起こったことである。

旗本の頭役《かしら》の者も、高慢になって、自分の支配下にある組の者を軽く見ているところから、そうした弊害が生じている。全体に五、六十年以前とは変わって、旗本たちに対する上の者の態度が悪くなっている。下から申し出た意見に道理のあるのを認めてやろうとする態度が乏しく、お役人たちは今では将軍様のご威光を借りて、下の者を押えつけることを好んでいる。将軍様のご威光とはいえ、実際には重い地位にある役人が高慢になって、自分の威権をふるうためにご威光を借りているばかりである。下の者の廉恥の心を養うというのは、古代よりの道であって、下の者に恥ずかしい目には逢わせないようにすることである。旗本を牢屋に入れて訊問するというようなことは昔はなかったのに、近年は頻繁にそれがあると聞いている。人というものは扱い方で善くも悪くもなるものである。下等な人間として扱えば、下等な人間になる、ということを知らないから、そういうことをするのである。これらもみな、家柄が固定したために、自然とこのように世の風俗につれてなってきたのである。

旗本の次男や三男を、御徒・与力・勘定・右筆などの職に就かせようと私が主張するのは、家柄に対して低い役職に就かせることにはなるが、それは何もかれらを低い身分に押し下げようとするわけではない。ただ家柄が固定している今の風俗を打破するためであって、肝心なことは、かれらに働く機会を与えて、その中から才知があり器量がある者をお取り立てになり、賞罰をもって人をお使いになるようにしていただきたいということである。少々は取立て損いがあっても、それは気にかけず、どんな身分の者でも器量次第で、高官・高禄にも昇ることができるという風な世の中にしたいものである。今のように家柄が固定してしまっていては、中より以下の身分の人は立身の希望をもつことができない。主君との間は遠く隔たっているから、下の者は行状も気風も下等になって、かれらの才知もみな、役に立たないものになってしまうであろう。

諸役人には器量ある者を選ぶべきこと

すべて今の世には、諸役人の中に器量（才能や徳性）のある人がいない。これは国家を治めるのに大いに憂慮すべきことである。一般に、人と法との二つを分けて考える必要がある。法とは、政治の方法（方策・制度）である。人とは実際にそれを取り扱う人のことである。人さえよければ、方法は悪く定められていても、人に器量があるから、よく取り扱って、国は治まる。しかし人がなければ、方法をどれほど検討してよく定めておいても、それを取り扱う人が未熟であるため、その方法の根本のところから間違ってきて、気がつかないうちに悪い結果となり、最初に検討して方法を定めておいたのも、何の役にも立たないこととなるのである。

だから国を治める道は、人を見分けることを第一に大切なこととするのであって、それが古来の聖人の道である。では人を見分けるというのは、いかにして見分けるかといえば、その人を前において一日中眺めていても、その人の器量がわかるものではない。ところが愚かな人は、大将の目鏡《めがね》などといって、名将は一目見ただけでも器量のある人を見分けることができる、という風に思っている。それを本当と思って、自分の眼力で器量のある人を見つけ出そうとしたりする者もあるが、ただ見ただけでは、占いか神通力にでもよるのでなければわかるものではない。

その理由は、人に向かって、「お前の器量はどういう方面に得意であるのか。例えば侍《さむらい》大将になったとして、昔、甲州で武将として有名であった馬場美濃守のような器量であるか、内藤修理のようであるか、山県三郎兵衛のようであるか、それとも高坂《こうさか》弾正左衛門のようであるのか。あるいは中国の漢代における李広[40]のようであるか、程不識[41]のようであるのか」と聞いた場合に、その人が自分自身の器量を判断してみようとしても、完全にはわかるまい。どうしてかといえば、一度も戦争というものをしてみたことがないのであるから、自身でもわからないのである。自分自身にさえわからないことを、外から眺めてわかるというはずがあるものではない。

名将の目鏡というのは、戦場で軍功を立てた器量ある人を多く見たり、使ってみたりして、大体の特徴を覚えていて、その特徴によって人を見分けるのである。それでも古い時代の大将でも、人を見損って失敗をするのは、よくあることである。大体のところはわかるようであっても、自分が覚えている特徴については判別できるにせよ、自分で一度も見た覚えのない特徴についてはわからないから、見損いがあるのである。

したがって、人を見分けるというのは、とにかくその人を使ってみて初めてわかることである。そうでなく自分の眼識だけで人を見分けようとすれば、結局は自分の気に入った人を器量のある人と思うようになるが、これはもっとも愚かしいことである。なぜかといえば、上に立っている人は、もともと貴い身分に生まれ、成長してからも結構な生活を送っているから、一度も難儀や苦労を経験したことがなく、何事につけても思うままになる。人の知恵というものは、さまざまの難儀や苦労を経験することによって発達するものであるのに、そういう経験がないから、知恵の発達しようがない。乱世の名将は、生死をかけた戦場を体験し、さまざまな難儀をしたからこそ、知恵があったのである。

高い地位にいれば、下々の者とははるかに隔絶しているから、下情に通ぜず、日常に親しくしている人々は、みな高位・高禄の人である。高い地位の人は、高い地位にふさわしい生活態度だけに熟練して、物言いも行動も、上の身分の人々とよく合うので、おのずから立派な人に見える。これに反し下々の者は、高い地位の人と交際しないので、行動も物言いも下《へ》手《た》である。また身分が高くないと、上の身分の人々の性格や好みについても知っていない。

貴い身分からはるかに隔絶した賤しい身分の者が、にわかに呼び出されて物を言おうとしても、怖れて小さくなり、物事の事情を十分に説明することもできない。それは上の人の心の中に、襟元《えりもと》を見る（人を差別する）ような気持が、知らず知らずの間にはたらいているからである。富貴な人をよい人と思い、貧賤な人を悪い人と見るのは、もともとは女や子供、また軽い身分の者などにありがちな考え方で、これを「襟元を見る」という。高い身分の人に、そのような考え方があるべきはずではないけれども、世の末になるにつれて、人々の家柄が固定して、上と下とが別々になった世の中であるから、高位・高禄の人をよい人と思い、下々の者を虫けらのように思うのは、上に立っている人でも免れない人情である。そのうえまた、臣下たる者には立身を好む利欲の心があるのは、人情として免れがたいところで、誰でもが主君のご機嫌に調子を合わせ、主君に気に入られようと大いに努力するものである。いかなる名将であろうとも、下の方の者はそのご機嫌をとることに懸命になり、たえず機会をねらっているのであるから、主君の好みの性質が見抜かれないということはありえない。これもまた、人情の免れがたいところである。

以上のようなさまざまの理由により、自分の眼識や自分の才知に頼って、人の器量を見分けようとすれば、必ず失敗をするのは、明瞭である。したがって、人の器量を見分けるためには、その人を実際に使ってみて、その器量を判別するのが、古来の道である。ただし、人を使うというのにも、種々のやり方がある。人を使ってみて、その器量を見分けるのには、上に立つ者が自分の好みにより、こうせよ、ああせよと指図を与えるようなことをせず、その人の考えに任せて、思うままにやらせてみることが必要である。末の世には、利口な大将ほど指図をして人を使うことを好み、その指図によく従う者を自分と心が通ずるなどといって、寵愛したりする。これは出頭人《しゅつとうにん》とか佞巧《ねいこう》の臣というものであって、本当の人材ではない。そのような使い方をして、この男は職務をよく取りさばくと思っていたのでは、人の器量を使ったことにはならない。ただ自分の一身をいくつにも分けて、諸役人にして働いているのと同じことであるから、自分一人の知恵を使っているまでのことにすぎない。

その場合でも、その使われる人の考えが、まったく上に立つ人の心と一致して少しも食い違うことがないとすれば、あまりよいことではないけれども、ともかく上の人の希望とは合致するであろう。しかし実際には、およそ人たる者の素質として、その器量や才知は人ごとに異なっていて、まったく同じ人間というのは天地の間に存在しないものであるから、古語にも、「人の心は、容貌と同じように人ごとに異なっている」（『春秋左氏伝』に見える鄭の子産の言葉）といっている。だから上の人のお考えに少しも違わないように、よく主君のお心を知って、主君の分身として働くような人は、みな自分の器量や才知を表に出さず、無理に自分を押えて主君の考えに合わせているのであって、へつらい、おもねったやり方である。このような人は、身をうち込んで仕事をしようとはせず、本当の忠義の心はまったくない人で、大悪人であることを知っておかなくてはならない。

このことを「君子は和して同《どう》せず、小人は同して和せず」（『論語』子路）と、孔子も言っておられる。和するというのは、甘・酸・鹹・苦・辛の五種の味を調和させるようなものである。五種の味の味加減というのは、それぞれが別の味をもちながら、互いに交じり合って、よい味になることである。だから臣下は、主君と才知のはたらき方が違っている方がよい。主君にどれほどの才知があっても、人の才知というものには、得意な方面と不得手な方面とがあるものである。聖人でさえもそうである。だからいろいろと違った才知を備えた臣下を幾人も寄せ集めなければ、主君の才知の足りないところを補うことはできない。これに反し、同するというのは、甘い味噌に砂糖を加え、そのうえに蜜を入れ、飴《あめ》までも入れたようなもので、主君の心に自分を合わせて、少しも食い違わないようにすることを指して言っているのである。

人の生まれつきの素質は、さまざまであるから、才知のはたらく方面もさまざまで、人により得手・不得手があり、その程度もまたさまざまに異なっている。このように人ごとに違っているのであるから、ある事務を取り扱わせようとする場合に、完全にそれに適合した人材というものは存在せず、能力に少々の過不足があって、少々の失敗が生ずるのは、やむをえないことである。少しの失敗を恐れて、大きな功績を立てることができなければ、非難をうけることはないけれども、また功績もない。功績がなければ、何の役に立とうか。大きなところに功績があれば、少しの失敗は差支えがないのである。

人を見分けて人を使う道は、右のとおりである。ところが、「今の世の中には器量のある人はいないようだ。これは世の末になったためであろうか。器量のある人がいるのであれば、使ってみて見分けることもできるであろうが、実際に器量のある人がいないのであるから、使ってみたいと思っても、どうしようもない」などと言う人がある。これは大いに誤った考え方である。すべて天地は、古代も現代も、同じ天地である。天地の間に生ずる物は、人も食物も衣服も住居も、古代には古代で、また現代には現代で、何の不足もないものである。人材もそれと同様である。今日の天地には、今日生きている人で不足はない。それぞれの時代に相応した器量のある人がいないというのは、道理においてありえないことである。

歴史上の各時代について前例を見ると、亡びた王朝の世には、器量のある人が一人もいなかったかのようである。しかしその王朝を亡ぼして新しく天下を取った側の人々は、やはりその亡びた王朝の時代に生きていた人々である。天から降ってきたわけでもない。外国から渡ってきたわけでもない。やはりその世に生きていた人であるのに、その人に器量があることを認めず、これを登用せずにおいて、他の器量もない愚かな人を登用していたために、その王朝は亡びたのである。その王朝を亡ぼした側では、前の時代に活用されなかった人材をその器量を認めて登用したのであるから、天下を統治するようになったのも当然で、歴代の事実はすべてこのとおりである。

だからいつの時代にも、器量のある人はいるのである。ただそれが社会の上層にいるか下層にいるかの違いで、器量のある人が上にいれば人材があるといい、下にいる場合に人材がないといっている。そのように器量のある人が下にいるのは、どういうわけかといえば、もともと上に立っている支配者に人材を選び挙げようとする心がないからである。人材を選んだつもりでいても、選び方が悪いから、人材を選ぶ気持がないのと同じ結果になっているのである。選び方が悪いというのは、前に述べたとおり、主君の好みによって人を選ぶために、すぐれた知恵のある人は主君と気が合わなくて、用いられないことになり、主君と気の合った人ばかりを登用するので、幾人取り立ててみても、ただ主君の分身のようなもので、幾人いても一人と同じである。こういう状況を、人がいない、というのである。

これに加えてさまざまの悪弊があり、それに妨げられて、下位にいる善人はますます認められないことになる。活用すれば善人になるべき素質のある人も、みな悪くなってしまうから、ますます人がいなくなる。そのさまざまの悪弊というのは、人が身を踏み込んで仕事をすることができないようにさせているのが、第一の悪弊である。現在の政治のやり方は、あまりにも人を押えつけすぎている。まるで子供の守《も》りをするように、下の者の世話をやいて、悪事をさせないようにし、勤務の仕方については一々に指図をしているので、下の者は何事につけても上の者の意向をうかがって仕事をし、自分の知恵を出す必要がない。世の中がこういう風になっていると、人々は自分の才知を出さず、才知のない人は他人の才知をかりて仕事をするから、才知が伸びることはない。人材を選ぶ際には、ただ小利口に立ちまわって、上の者の意に反しないようにと、物事によく念を入れて上の意向をうかがうような人が、どんな役職でも無難に勤めることができる人として、選び挙げられる。こういう風では、下の者は何事につけても上の者にもたれかかっていることになり、身を踏み込んで自己の職責を立派に果たそうとするようなことは決してできない。才知のある人は、才知を発揮すべき場面がないから、ただ上の人の意向に合わせようと才知をめぐらす以外にはすることがない。あるいは失敗をしないようにと用心をするばかりである。聖人にさえ過ちはあるのであるから、失敗は誰にでもあることである。

悪事をはたらくようなことは、上から押えつけておかなくても、なかなかしないものである。上から押えつけておかなければ悪事をはたらくような者であれば、召し抱えておいても何の役にも立たない。そういう人間は放置しておいて、悪事をはたらかせて処分した方がよい。役にも立たない者に知行を浪費させておくよりも、そういう者を処分して、善人を取り立てた方が、賞罰の道にもかなうであろう。

一般に下の者に指図をして使うのは、もっとも悪いやり方である。無事な時代に聡明な大将が下の者に指図をして使えば、世間の目にはよいように見えるけれども、下の者に才知を出させつけていないから、下々の者はみな阿呆になってしまう。だからその大将が生きている間はよいようでも、その大将が死ぬと、急に火が消えたようになるものである。ことに乱世の時代には、家臣を一日も二日も、あるいは十日も二十日もかかるような遠方へ派遣しておくのであるから、いちいち指図をするわけにはいかない。とくに軍事上の変事は思いがけないことが起こるものであるから、遠方から指図をするようなことはとうていできない。ところが右のように人を使いつけていると、下の者は主君の指図をうける癖がついて、才知がはたらかないようになっているから、一般に平和な時代から乱世に移行するようなときには、乱を起こした側が必ず勝つことになるのが、歴史上の事実である。これもすべて、平和な時代にはとかく上の者の好みに従って人を使いたくなるのが、古代も現代も同様であるから、下の者に悪い癖がついて、こういう結果になるのである。

さてまた、今の時代には、何事につけても道理の筋道を通すことが乏しくなっている。これもまた人々の器量を発揮させないようにする悪弊である。一般に下の者が上の者へ意見を言う際には、言いたいことが十あったとすれば、一つか二つしか言えないものである。昔は下の者が申し出た意見は、道理のあることであれば、少しは礼を失した点があっても、もっともな意見であると賞めてやっていたのが世の風俗であった。ところが近年は、老中や若年寄・番頭《ばんがしら》らが、下の者の筋道の通った意見を聞いて、もっともであるとは思っても、機嫌の悪い顔をして、粗末にあしらっている。その者が理屈を通そうとして、押えにくい場合には、知恵をめぐらせて他の方面から押えつけようとし、下の者に物を言わせないようにする。こういう風であるから、下の者はとかく、何事につけても黙っている方がよい、上の者の機嫌に逆らわない方がよい、という風になる。この風俗が今では十分に行きわたって、世間一般に、へつらいとおもねりが横行しているのである。

すべて下から上へは、物を言いにくいものである。それでも道理にさとい人は、道理をよりどころにして意見を申し立てることもある。また主君のお役に立つようにと職務を真剣に考えて申し出る者もある。また一度は主君に賞められて、それを有難く思って申し出ることもあるが、意見を申し出たあとでは、夜中に目を覚まして、「さてさて今日は役にも立たぬ意見を申し上げたものだ、主君のお咎めをうけるかもしれぬ、御老中やお頭《かしら》の気にさわって、今後の身の上によくないことがあるかもしれない」などと思えば、いつも後悔をするのが人情である。こうして後悔ばかりすることが重なって、やがて物を言わないようになってしまうのである。

加藤清正の家来に飯田覚兵衛という武功の者があった。はじめは角兵衛と、「角」の字を書いていたのを、太閤秀吉の上意で、「覚の字に書け」と言われて書き改めたほど、武功の覚えがある人物であった。その覚兵衛の話では、

「わが一生は、清正にだまされたようなものだ。最初に武功を立てたとき、その戦場を離れてみると、同輩たちはみな鉄砲にあたったり、矢にあたったりして死んでいた。さてさて危いことである、もうこれぎりで武士の奉公はやめようと思ったが、帰るや否や、清正は機を失せず、さても今日の汝の働きはすばらしかった、賞める言葉もない、と言って刀を褒美に賜わる。このようにいつも戦いが終わるたびに後悔したけれども、清正はそのたびに機を失

せず、あるいは陣羽織、あるいは感状（賞状）を与え、同輩たちもみなこれを羨んで賛嘆するものだから、それにひきずられてやめることができなかった。軍配を手に持って侍大将とよばれるほどの地位に昇ったのも、清正にだまされて、本意でもないのに働かされた結果だ」

と語ったという。この人物は、加藤家が没落したのち、京都に退隠して二度と武家奉公をせず、安楽に暮らしていたが、そのころに語ったことであると故老から聞いている。

これは戦場の話であるから、特別な場合のことのようであるが、平和な時代でも、上の者へ物を言うのは、下の者の身にとっては、虎口に臨むのと同様で、自分の身を危ぶむものである。このような気持は、下の者の身になってみなければわかるものではない。このことを兵書の『三略』では、「主将の法は、務めて英雄の心を取る（主将たる者は、部下の英《ひい》でた者たちの心をとらえることに努力する）」と言っている。昔、北条早雲は七書（七種の兵書）についての講義を聞こうとして、最初に右の個所を聞き、「それでよくわかった、七書を全部聞く必要はない」と言って、あとの講義は聞かなかったという。これはあまりに気が早すぎるようであるが、名将は理解力がすぐれ、人を使い、人を見分ける方法以外には兵法は必要がないということを、明らかに見抜いたからである。

だから下から申し出た意見が道理に当たっていたならば、少し足りない点があっても、それには構わず、賞めてやるべきである。愚かな人は度量が狭く、下の者と競争する気持があるから、「それくらいのことは誰にでもわかっている」などと言って、下の者と知恵比べをしようとする。名将はそうではなく、「下の者でありながら、よくぞ申し出た」と言って、その申し出たことだけでも賞めてやろうとする。この心構えがまったく違っている。これを「英雄の心を取る」というのである。もっぱらこのような態度で下に臨めば、下の者の心に励みが出て、賤しい身分の者の意見を聞き届けてもらえて、非常に有難いと感じ、これによって職務に勉励する心もできてくるものである。ところが少し学問をして、聖賢の教えをよく会得していない者は、下の者の言うことが少しでも間違っていると、すぐに上から教えてやろうとし、その意見を半ば認めて、半ば押えつけようとするが、これははなはだよろしくない。

また、「下の者に意見を述べさせると、上下の区別がなくなるから、下の者は勝手な意見を述べない方がよい」などという者もあるが、これはもってのほかの悪い考え方である。すべて幕府のご政務に関することは、将軍様の私事ではない。天から将軍様に命ぜられたご職分である。まして老中や番頭は、将軍様から命ぜられた職分である。下の地位の者でも、ご政務に関する意見を申し立てる場合には、そのことに関する限り、将軍様とご同役である。老中や諸役人たちも、その限りでは同役であるから、下の者も遠慮をする必要はないのであるけれども、下の者の心の浅ましさで、上のご威光に押えられて、意見を言いにくいのが人情である。だから上の者の側から、言わせるようにしなくてはならないのに、逆に下の者に物を言わせないようにするのは、天道に対して恐れ多いことである。そのうえ、人を使う道を知らないことにもなる。人を見分けることが、老中や番頭以上の高い地位にある者にとっては、第一の重要な職分であって、そのことをわきまえていなければ尸位素餐《しいそさん》（職務を果たさずに俸禄をもらっている）の罪をまぬがれないのに、この職分を知らず、ただ自分の才知を発揮するばかりを職分と思っている。上の者が才知を出せば、下の者の才知は出ないものである。上の者が下の者と才知を比べて争おうとするのは、上の者が若輩で未熟だからである。

上の者が自分の意見を押えて、下の者を立ててやるのは、上の者に知恵がないからではない。すべて瑣細なことに才知を発揮するのは役人の職務で、大臣たる者の職務ではない。大臣の職というものは、『大学』に引用された『書経』の秦誓篇の語に、「他の技なく、其の心、休々焉として容るる事あり（特別な技能はなく、心が寛大で、包容力がある）」と説かれている。これはむやみに温和な人柄であればよい、という意味ではない。人を使う道をよく会得して、才知ある人を選び出すのが大臣の職分であるから、人の意見を聞き、道理のある点はうけ入れてやるのを、よいこととしているのである。「他の技なし」というのは、人を選び出すことだけが上手で、それ以外の才知はない、という意味である。だから大臣たる者が自分の才知を出して下の者と競争しようとするのは、非常に間違ったことである。すべて上に立つ人には、得意な方面があることさえも好ましくない。なぜかといえば、得意な方面には熟達しているから、あながちにそれを自慢にはしなくても、人情の常として、この方面についての他人の意見は決して聞き入れようとはしないものである。だから「他の技なし」というのである。

右に述べたとおり、下から申し出た意見の理屈が通っていたならば、不十分な点には構わず、その理屈の通っているところを賞めてやり、時機をみて、「先日の汝の意見はもっともである。しかしこのような点で行きづまる。ここはどうすればよいか」と、時日が経ったのちに言うべきである。こういう風にすれば、道理にかなった点を賞めるということが主になって、下の者の心を畏縮させることがない。ところがその場で、意見の半ばは認めてやり、半ばは押えつけるようなことをすれば、下の者の心では、どうしても上の人のお考えに比べると自分の方が劣っていると思い、二度と意見を言わなくなるものである。その半ば押えつけられた点を、自分の方が正しいと思っていても、それはなおさら言わない。だから、半分でも認めてやったのはよいことのようであるけれども、下の者の心を畏縮させた点では、まったく押えつけたのと同じ結果になる。このようなことを孟子は、「五十歩百歩の違い」（『孟子』梁恵王上）と言っている。

さて、右のようにして下の者をうまく使い、その職務に勉励させると、賢才の人が目立ってくるものである。普通の人の才知はいつでも同じことであると思うのは、道理を知らないからである。同じ人に急に才知が生ずるわけはないけれども、ある仕事に全身を打ち込んでみれば、才知が非常によく湧き出るものである。聖人の教えに、「忠信」「忠恕」といって、「忠（まこと）」ということを大切にするのは、そのためである。「忠」というのは、物事に身を打ち込んですることである。そうすれば人の才知が本当に現われてくるから、聖人の道では「忠」を貴ぶのである。ただ忠実であるからといって賞めるような、通り一遍のことではない。聖賢の教えは、何事もみな、治国平天下の上に役立つようになっているのである。

およそ剣術でも馬術でも、全身を打ち込んで行なうところに、霊妙な作用が現われる。敵が打ちおろす太刀の下に入って、真二つになるかという瞬間に、敵に勝つというのが、それである。私は幼少のころから好んで文章を書くが、昔書いた文章を後になって見ると、「さてさて我ながら見事に書いたものだ、どうしてこのように書けたのか」と思うことがある。これが全身を打ち込んでいるか、いないかの違いである。人の才知はいつも同じであっても、物事に打ち込まなければ、その人の才知の全体が働くのではないから、その才知が十分には発揮されないことになるのである。打ち込んでやってみれば、才知の全体が現われてくる。この微妙なところは、実際にやってみた者でなくてはわからない。

こういう道理であるから、人の能力を見分ける方法は、やはりその人を使ってみることにある。自分の使い方がよければ、その人に才知が生ずるというわけでは決してない。古来の歴史を考察してみると、善い人がある時期から変化して悪くなることがあり、その反対に、何の才知もないかのようであった人が、使いようで才知が現われたという事例もきわめて多い。大将たる人の職分は、まったくこの点に尽きているのである。

さてまた、人を見分けるための手がかりがあるというのは、一般に癖のある人の中には勝れた人がいるからである。癖のある人が、全部優秀な人であるというわけではないが、一癖《ひとくせ》ある者にすぐれた人が多いものである。面魂《つらだましい》に一癖あるなどといって、そういう人を名将が珍重したことが多いのも、そのためである。聖賢の書では、これを「器《き》（うつわ）」と言う。器というものは、例えば槍であれば、突くはたらきばかりで、切るはたらきはない。刀であれば、切るはたらきばかりで、突くのにはあまり適しない。錐《きり》は尖っていて、金鎚《かなづち》の役目は果たさない。金鎚は尖っていないから、錐の役目は果たせない。すべて刃物は鞘に入れておかなければ、大きな怪我をすることがあるが、そういう危険性のあるところが、すなわちその物の「癖」である。鞘がなくても怪我をしない刀とか、先端が当たっても疵《きず》をつけない錐とかは、みな「癖」のないもので、その代りに何の役にも立たない。その「癖」というものが、すなわち「器」である。

だから癖のあるものでなければ、器とはいえない。器でなければ役には立たないものである。人間もそれと同じであるから、人の才能や知恵が一人一人異なっているのを、器という。人物を評価するのに「器量」というのも、同じ文字である。これは人の才知がさまざまに異なっているのを、それぞれの方面に活用して役に立たせるという意味のことであって、右に述べた「和して同せず」という道理にも合致するのである。

けれども世の末になるにつれて、上に立つ人の器量が小さくなっているので、何かと不安がるような小心な考え方が強くなっていて、一癖ある人の中から才知ある人を選び出すことを知らず、ただ毒にも薬にもならないような人を好んでいる。あるいは万病に利く薬のような万能な人こそが、本当の賢才であると思い込んで、そういう人を探したりするが、そういう万能な賢才は昔から実際にはいないものであるから、今の世の中にも見当たらず、結局よい人はいないということになっているのである。万能丸《ばんのうがん》のようだといわれる人は、いずれも底の浅い人物で、しかも誰に対してもよく調子を合わせ、誰からも善人と思われるような人であるから、まさに孔子が「郷愿《きょうげん》」（『論語』陽貨）と呼んでおられる者に相当し、何の役にも立たないものであることを知っておかなくてはならない。それゆえに、賢才というのは、一《ひと》器量ある人のことで、そういう人物は一癖ある人の中に多くいるものだということを知っておいて、そのような人が職務に打ち込んで働けるように使ってやれば、本当の賢才が現れてくるであろう。

老中や番頭以上の地位にある人々は、ただ人材を見つけ出すのを自己の第一の職分と心得て、そのことを昼も夜も心にかけているべきである。殷の高宗は、賢人を欲しいと思って、夢の中で見た賢人の姿を画かせ、それを探させたところ、傅説《ふえつ》という人物を見出だすことができた、と伝えられている。上に立っている人が、本心から人材を得たいとお考えになっておられるのであれば、人材は必ず出現するものである。これは心の誠が天に感通し、天道が

傅説

助けてくださるからであって、決して疑ってはならない。要するに人材を得たいと思う心がないから、よい人が現われないのである。人材を見つけ出したいと思う心がないというのは、上の人に学問がなく、下情や実務にうとく、また生まれながらにして人の上に立っているので、知らず知らずの間に内心に自己の才知を自慢する気持がはたらいていて、ただ自分と同じ考え方をする人ばかりを求め、自分の才知だけで事足りると思っているものであるから、人材を求めたいという心が真実には起こってこないのである。

さてまた、人々が職務に身を打ち込もうとしない理由には、上と下との間が、近年は昔に比べると非常に隔絶しているので、下の者は、上の者に親しむ心がうすくなっているという事情もある。将軍家康公や秀忠公の御代は申すまでもなく、家光公の御代までは、城中で番衆の詰めている部屋などへも、ときどきはお出でになって、しばらくお坐りになり、お話などをなさることもあったと承っている。家綱公はご幼少で天下を治める地位にお就きになったので、まだご関心もおありにならない間に、あまり下々のことをご存じになると、かえって下の者の難儀になるとでも、当時の老中が考えたのであろうか。もっぱら将軍様のご態度を威厳あるようにとした風習が伝わって、現在では上と下との区別がはなはだ厳格になっているので、旗本の面々も将軍様との距離がはなはだ遠くなり、おのずから主君と親しむような心がうすくなっているのである。

それればかりではなく、老中・若年寄・番頭たちも、非常に権威ぶるようになっている。昔は老中や若年寄も、親類の者や由緒ある知人とは、顔を合わせて気軽に話をしたりもしていた。番頭は支配下の組の者と平素から親しくして、組の者の家へ突然訪ねてゆくようなこともしばしばあったと聞いている。ところが今では、老中も若年寄も、偉そうに身構えをして、人にも会おうとしない。ただ早朝に対客といって、自宅へ来た者に面会するだけになっている。また番頭は、組の者と直接にはほとんど口も利かず、組頭に取次をさせて、殿様のような態度で組の者と対面するという風になっている。

旗本の人々も、朝出《あさで》ということを第一の仕事のように考えて、夜の明けないうちから老中や若年寄の宅に詰め、「ご息災で結構でございます」などと挨拶の言葉を述べただけで帰ってくる。どうしてそういうことをするのかと聞けば、老中や若年寄に見知ってもらうためであるという。たとい神のようにすぐれた才知の人であろうとも、対客で会っただけでは、その人の才知や器量がわかるはずはないのである。すべて人を見分けるのには、よくその人を知っている者の推薦によらなければならない。昔の老中や若年寄が、親類や知人にもときどきは会って、話を聞き、それによって下の者の欠点を知り、また人の人品や器量を知るようにしていたのは、個人的な狭い見聞に頼っていたように見えるが、どうにかしてよい人物を見つけ出したいという気持が、そのころの人にはあったからなのである。これは孔子が「お前の知っている賢才をまず登用せよ」（『論語』子路）と言っておられるのにも合致しており、器量のある人物がこの方法によって世に出たことも多い。

しかし世の末になるにつれて、親類や知人の推薦で人材を見出だすのは、依怙《えこ》ひいきのようになるといって嫌う気風にもなってきた。また老中の職掌としては、細かな事務を処理するはずのものではないのに、今では自分の職掌に暗く、下にいる役人たちが処理すべき瑣細なことまでも裁決するのが、ご奉公に精を出すことになると考えるような風俗になっており、そのうえに威厳ある態度を保とうとすることも加わって、城中から退出すると疲れてしまい、邸内で休息していて、親類や知人にも会わず、朝になれば、無意味な対客を役目のように思ってしている。こうなるのも、人材を見出だすのが自分の職掌であることをわきまえていないからである。番頭も、組の者と心やすくつき合っていなければ、どうしてその器量や人品を知ることができようか。

旗本の人々も、ただ老中や若年寄の家を訪ねて歩き、ちょっと顔を見せたばかりでは、不安であるから、その老中らの家来に縁故を求めたり、その夫人の方に取り入ったりなどする。たしかに、対客にたびたび来ていた人や、夫人の方から推薦のあった人には、老中ら自身は無意識のうちに、ひいきする気持になるものだからである。

旗本の人々は、番頭とは遠く離れ、老中や若年寄とはいっそう遠く離れ、将軍様とはさらに遠く隔絶しているのであるから、下の者の気持として、上の者から隔たっていると、お互

い の間で仲間を結ぶのが、人情の常である。老中・若年寄・番頭らの権威は強く、たまたま意見を申し出てみても取り上げられず、何事につけても上の人の指図で使われ、自己の才知を発揮する機会がないのであるから、武士たちの気風が、みな寝入ってしまって、気持に励みが出ず、一身の安全だけをはかろうとするようになり、現在では下の者は下の者だけで団結して、武士たちの心が一般に非常に横着になっている。

すべて上に立つ人が一言でも言葉をかけてやれば、下の者はそれに感激して、命を捨てたり、職務に精励したりするのが、人情の常であるのに、上に立つ人のやり方が世の風俗につれて悪くなったものだから、武士の間に競争心がなくなり、今では器量のある人がいなくなってしまったが、これも上に立つ者の人の使い方が悪いからである。その原因は、老中や若年寄を家柄ばかりによって任命して、上と下との差別を明確にしたため、自然に上の役人が高慢になって、こういう結果を招いたのである。

老中や若年寄は、もっぱら衷心より人材を見出だすことをご奉公の第一と信じ、下の者に指図をしたり押えつけたりはせず、話しかけて人を使い、少々の失敗は咎めず、功績のある者は賞めてやり、推薦して立身させるようにしていれば、器量のある人物が幾人でも現われてくるはずである。諸役人の中に器量のある人が出てくれば、ご政務は将軍様のお考えどおりに運営されるであろう。その反対に、上に立つ者の指図で人を使っていれば、人材はしだいに消え失せるであろう。

さてまた、職務に身を打ち込んで働く者がいたならば、その者に上のご威光を加えてやらないと、同僚のそねみや、上役の干渉が、これまた人情としてかならずあるものであるから、精励しようとした者も中途でくじけることが多い。家康公は、大久保石見守(42)という者を、能役者から登用してお使いになり、大名にまでお取り立てになったが、のちに悪事が露顕して滅亡したのを、家康公のご失敗のように言う人があるが、私などは、家康公のお考えはさすがに格別と感嘆している。その者に一器量があったからこそ、過分にお取り立てになって、その器量を自由に働かせるようになさったのは、人を使う道をよく会得しておられるというものである。出頭人であるから、さまざまの悪事をしても見逃しておかれたなどと、事情を知らない人は言うけれども、そうではない。小さい過失を許してやらなければ、人の器量は伸びないものであるから、見逃しておかれたのである。その者がのちに大悪事を犯したのは、また別のことである。ただ、人をお使いになる方法は、後世までの模範となるもので、これは小さいことではなく、万世の手本とすべきである。のちの世になると、瑣細なことに気をつかう傾向が強くなって、大きな利益のあることが忘れられている。この点で、家康公のご器量とは格段に違っておられるのである。

　申すまでもないことではあるが、家康公のご事蹟には感銘をうけることが多い。すべて人を御前《ごぜん》にお呼び出しになるのにも、老中の方々から番頭・物頭《ものがしら》や諸役人までもお呼び出しになり、また軽い身分の番衆たちまで、みな不時にお呼び出しになって、あるいはご政務に関する必要なことを相談なさることもあり、あるいはその者の先祖のことなどについてお話しになることもあり、あるいは御酒を賜わったり、またはお庭の石を持ち上げさせてご覧になるということもあり、あるいはおからかいになっただけで退出させる者もあり、何ともきまりがなくて、でたらめのようであったと承っている。「最初は小身の大名でおありになったのが、天下を支配するようになられたので、お行儀はよく知っておられないのだ」などと、小ざかしく批評する者もあったが、私などはただただお考えの奥深いことに感嘆するばかりである。

高い地位の役人だけをお呼び出しになって、政務の御用だけをお話しになれば、それですむはずのことではあるけれども、もし御前へ出る人がきまってしまうと、将軍様ご自身ではご存じないような方面のことについて命令を下された場合に、これは誰それが申し上げたのであろうということが、およそ見当がつくようになるので、右のようになさっておられたことと拝察するのである。そのうえ、旗本の人々が低い身分の者まで、家康公によく馴《なつ》いていたのも、このように平民的なお態度であったからこそ、いっそうそうなったのであろうと思われるのである。

諸役人の勤務に間暇《ひま》があるようにすべきこと

すべて役人は、間暇があるようにしなくてはならないものである。ことに人の上に立って責任の重い人ほど、間暇があるようにしなくてはならない。老中や若年寄などは、ご政務の全体にわたる大役であるから、世の中の全体に気を配っていなければ、職務に抜けたところが生ずるであろう。間暇があって、いろいろと考え、またときどきは学問もすべきである。現在では大役に就いている人ほど、毎日登城して、間暇がないのを自慢にし、仕事がかたづいても退出もしないでいる。同役が大勢いれば、交代で出仕しても仕事は処理できるであろうに、全員が顔をそろえて出仕し、仕事がなくても、仕事があるような顔をしているのが、現代の風俗である。これはみな、自分の職分に本気で打ち込んでいないからである。職務が果たせるようにし、上にご奉公するという真実の心があれば、他人の目にどう映るかを気にかける必要はないのである。

昔、京都所司代を勤めていた板倉周防守(43)が江戸に下向した際に、松平伊豆守(44)が、「将軍様もようやくご政務に心を注がれるようになっておられる。上方《かみがた》のことも詳しくお聞きになりたいと思っておられるので、今後は私どもに送ってこられる書状を、もう少し丁寧に書いて、上方の情勢を将軍様がご存じになるようにしてほしい」と言ったところ、周防守はそれに答えて、「百二十里も隔たった遠方のことであるから、将軍様がいかにご聡明でいらっしゃったとしても、到底おわかりになるものではありません。そのために私が派遣されているのでありますから、何も申し上げる必要はありません」と言ったということを、将軍様がお聞きになって、「さてこそ周防守は身を打ち込んで勤めている者である」と仰せられ、たいへんお悦びになったということである。周防守から送ってくる書状には、いつも将軍様のご機嫌を伺ったうえで、「さて朝廷の方面には何も変わったことはありません」とだけ書いて、「恐惶謹言」と結び、何事も知らせてはこなかった、と聞いている。今の世でも、大役に就いている人には、せめて周防守の半分の器量でもあったならば、その気風が世間の人々にも移って、よいことなのだが、と思われる。

今の時代の役人たちは、老中をはじめとして、ただ下の者から申し出たことに裁決を下すだけを自分の仕事と思っており、「治め」ということを夢にも考えたことがないようである。この人々を職務に身を打ち込ませ、そのうえで閒暇があるようにしておくならば、自然に考えも深まり、「治め」ということも理解できるようになるはずである。

老中・若年寄・物頭・寺社奉行・町奉行・勘定奉行・代官は、いずれも下を治めるための役人である。下から申し出たことだけを裁決したり、上へ取り次いだりするのが、職務ではない。自分の支配する領域や、配下の組の者の中に、悪人が多く現われて、風俗が悪くなっているとすれば、それはすべて管理者の側の責任である。知行所を与えられている旗本も、農民から年貢を取るばかりが仕事ではなく、その知行所を治めることが、職務である。治めるというのは、下の者が法規に背いているのを取り締まるだけのことではない。下の者を教え育て、訓練して、悪人が現われないようにし、風俗もよくなるようにすることである。た

である。

下の者を他人のように見ているわけであるから、それでは職務に身を打ち込んだやり方にはならない。また下の者の法規違反を取り締まることだけを治めと思っているのは、下の者を敵と見て対抗するような気持であるから、それでは人の頭となり、人の支配をする道に反することになるのである。

本当の「治め」というのは、自分の支配領域や配下の組の者は、主君からお預けになっているのであるから、末々の者まで一人も見捨てることはできない、と思いこんで、その人々のことを心にかけ、世話をしてやることである。これを聖人の道では、「民の父母」といい、また「仁の道」であるといっている。「仁」といっても、朱子学の儒者などが言うように、ただ下の者を憐れみ、慈悲をほどこす、ということばかりではない。あるいは下の者に対して信義を守り、道理のままに物事を処理することだなどと説明されてもいるが、そういうことでもない。父母が子を育てる際には、叩くこともあれば、きびしく折檻することもあり、だますこともある。それと同じように、下の者を処罰したり、だましたりすることもあるが、要するに面倒をよく見て、心にかけ、世話をしてやり、とにかく下の者の生活が成り立ってゆくようにしてやることが、「仁」である。だから「治め」を実行しているかどうかは、上の者にも外の者にも目には見えないものである。ただ年月を経たのちに、その治め方がよかったということがわかるのである。したがって職務に身を入れて、外見や外聞は顧慮しない気持にならなければできないことである。

右の板倉周防守は、よく職務に身を入れた人であったから、「治め」ということにも気がついていた人であったように聞いている。京都の住民が、ただそれぞれ自分勝手に職分を果たしていさえすれば、京都の町は治まる、といつも言い、公家は和歌を詠み、学問をしていれば、少々の悪いことがあっても許してやり、医者は療治をよくし、職人はその家の職業を勤めていれば、少しの過失は許してやった、と聞いている。

ある時、周防守が京都の中の田舎へ行ったところが、古い神社で、建物も壊れているのに、神主は古びた装束を着て、拝殿で本を読んでいた。周防守が、「何の本か」と聞くと、「神道の本であります」と答えた。その後、一年ばかり過ぎて、周防守がまた行ってみると、神主は前と同じようにしていた。周防守は大いに感心して、「この神社の修復は、幕府から出費してもらうことは困難であるから、自分の力で修復してあげよう」と言って、修復してやったという。これも神主が家業たる神道の学問を大切にしていたのを、賞めてのことで、京都を治めるということに、一身を打ち込んでいたからである。今でも右の神社は、板倉家の費用で修復することになっているという。これを世間によくある慣例と同じように思い込んで、後任の神主も当然のように願い出し、板倉家の子孫も周防守の本来の意図を知らずに、ただ先祖がこの神社を信仰したためだと思っているのは、残念なことである。一体に世間でも、周防守といえば名裁判官とだけ語り伝えているのは、今の世の人々に本当に人物を知る目もなく耳もないことを示すものであろう。

役職に文武の区別があるべきこと

現在は、役職に文と武との区別のあることが忘れられている。大坂城代・番頭・物頭・船手などは、武官である。そのほかの役人は、老中以下みな文官である。それを現在ではいずれも武家であるといって、文官でも学問を修めようとはしない。そのくせ武士でも武士くさいのはよくない、といって、武官も上臈《じょうろう》（身分の高い公家）のようになってしまっている。せめて文武の区別だけでもわきまえるようにしたいものである。

巻四

番衆の行動に対する制約のこと

番衆は城中で警固すべき部屋だけを守り、敷居の外で何事が起こっても、関与してはならないと規定されているのは、何よりもわけのわからないことである。家康公が甲斐の国へ進出なさったとき、乱心した者が刀を抜いて多くの人を殺したことがあったが、それを番衆が組みついて捕えたという実例がある。また秀忠公の御代であったか、井上主計頭《かずえのかみ》(正就《まさなり》)が突き殺されたとき、その犯人を小十人番所の後の廊下で小十人組の者が組みついて捕えたこともある。(45)このように、敷居の外で何事が起こっても関知せずに放置しておくというようなことは、昔はなかったのである。今は敷居の外のできごとには関知せず、事件があれば、目《め》付《つけ》が処理することとなっているが、これは考えの足りない制度である。

番衆は城中の警衛を職務としているのであるから、いくつもの部屋を担当し、お庭までも時には見廻って、警固すべきである。儀式などの際には、廊下に詰めていて、警固すべきである。日本の古代でも中国でも、大きな儀式の時にはこのように警衛の役人が列席しているのが、古法であって、理由のあることである。孔子が魯の定公に仕えて夾谷《きょうこく》(46)の会に臨んだとき、危険に備えて武官を随行させたというのが、その実例である。

もともと番衆は、三河以来の譜代の旗本であって、それが江戸で勤務するようになった際に、無骨《ぶこつ》者であったため、行儀よくさせようとお考えになって、右のように命ぜられたのが、定まった規則のようになっているのであろう。現在では行儀ばかりに拘泥して、番衆を屋敷の敷居の中にかしこまらせ、でくのぼうのようにただ並ばせておいているが、これでは何の役に立とうか。

先年（享保十年）、水野隼人正が城中で毛利主水《もんど》に斬りかかったとき(47)、毛利の次の席にいたのが南部氏で、当主が幼少のため、その家来が三人随行していた。万一、隼人正が南部氏に斬りかかるようなことがあったならば、その家来三人もその場で刀を抜いて立ち合ったであろう。そういう事態になれば、目付の手におえるものではない。このような事件が起こらないとはいえないから、あらかじめ考えておくべきである。

要するに番衆は警衛の役人であるということを忘れて、行儀さえよくすればよいと思い込んでいるために、武士が武士としてのはたらきを忘れて、公家のようになっているのであるが、これも上に立つ人がそうさせたのである。警衛が職務であることをわきまえていたならば、上から催促されなくても、自分の身を守るために必要であるから、剣術や人を逮捕する術の訓練を怠らないようになるはずである。

法令を統一すべきこと

幕府から公布された法令は、家康公が関東にお移りになって（天正十八＝一五九〇年）以来、現在までには幾十幾百ものおびただしい数になり、その中には旗本・御家人に対する法令も、農村に対する法令も、また町方に対する法令もあって、すべてを記憶しているということはできなくなっている。そのうちには、昔の法令の趣旨に反した法令が出されることもあって、どの法令は守らなくてもよいものか、どの法令は守らなくてはならないものであるかが、紛らわしくなって、下の者に疑惑を抱かせることが多い。幕府でも、中間の時期に出された法令の趣旨を認めず、遠く数十年も以前の法令を取り出して、下の者を処罰なさったこともあるように聞いている。要するに、あまり法規が多すぎるために、下々の者を迷わせる結果となっているのである。昔から公布された法規の趣旨を調査し、検討してみて、守る必要のない法規は省き、守るべき法規だけを選び出すようにしたいものである。法規は少ない方がよいとするのは、古えの道である。法規の数が多いと、下々の者は覚えていることが困難で、守らなくなるものである。

こういう状態になっているのも、幕府の役人たちの勤務が、老中をはじめとして、職務分担が一定しておらず、月番制により、月番に当たった者が何もかも一人で背負い込んで、その一ヵ月の間だけ全部の政務を処理するような制度になっているために、忙しすぎるのと、また月番が交代すれば、前の者と後の者とで方針が違ってくるようなことになっているためであると思われる。またそのうえに、法令の文言が近年は悪くなっている。正徳年間（一七一一〜一一六）のころから、文言がまわりくどくて、理解しにくい(48)。下々への命令は、下々の者がよく理解できるようにすることが肝要である。これは瑣末なことのようではあるが、法令というものは、諸大名も写し伝え、遠国の者にまで伝達されるのであるから、文言が悪いと、必ず下々の間で悪く批評されるものである。したがって幕府の役人がお粗末であることを天下に知らせる結果になるのであるから、注意しなければならない。『易経』では、法令のことを「観」の卦で説いているが、「観」は「しめす」と訓読する字である。つまり人に見せて知らせる意味である。だから法令は天下に知らせ、その文言も天下の人々に示すものであるから、気をつけて作成するのが、古えの道である。

養子のこと

養子について、他姓の者を養子や婿養子にするのは、古代にはなかったことである。鎌倉幕府の執権北条氏の時代に、所領を女子に相続させることが認められたので、それ以来、他姓の者に相続させることが始まった。これは要するに、源氏の頼朝卿のあとを摂家将軍の藤原氏に継承させて、天下の実権が北条氏の手に入ってくるようにするための謀計として作られた制度というべきである[49]。その後、戦国時代には、他人の領国を奪い取るための計策として、他家へわが子を養子にやり、その家中の家来たちを手なずけるために、他姓を名乗らせるようなことが行なわれたので、それが世の風俗となり、他姓の養子や婿養子を許さないわけにはゆかなくなっている。しかしこれは古えの道に反しているから、禁止すべきことである。

こうなって以来、筋目もない者が金で他人の家の後継者の地位を買い、町人・小普請手代・座頭《ざとう》の子などで、旗本の仲間に混入してきているような者が、数知れずある。旗本の知行は先祖の奉公によって主君から賜わったものであるのに、それを他人に譲ってよいはずはない。そもそも婿養子になるということは、男として一人前の考えのある者のすべきことではない。武家の妻で不行跡をはたらく者があるのも、婿養子をとった家によくあることである。ただし、主君に登用されて立身した者で、子供がなく、同姓の親類もないような場合には、主君の思し召しにより、他姓の者を養子に定められても、それは差支えがないであろう。その場合には、古代の慣例により、苗字《みょうじ》だけは養父の苗字を名乗らせ、姓は本姓のままとする[50]のがよい。すべて他姓の者の相続を許さないのは、聖人の法であって、深い意味のあることである。国家の政治の上でも重要であることは、文章では書き尽くせない。

潰れ大名の家来は郷士とすべきこと

大名の家が、謀反を企てたというわけでもなく、また幕府の処罰をうけたわけでもなくて、ただ跡継ぎがないというようなことで断絶した場合には、その家来たちには何も罪はない。そうであるのに、大名の家が断絶となれば、家来も禄を失って流浪するというのが、当世の風習となっており、仕方がないとはいいながら、気の毒なことである。もともと武士であるから、町人や百姓の仕事をするわけにもゆかず、生計を立ててゆく方法がないので、ついにはさまざまの悪事を犯す者も出てくる。これはその本人に咎《とが》があるとはいえ、つきつめてみれば幕府の政道に欠陥があるとも言えそうである。そのため幕府でも、跡継ぎのない大名には、娘婿や養子を迎えさせて家系を相続させるように取り計らっておられる。これは社会不安を防止するという目的にはかなっているけれども、跡継ぎの子がないというのは天意によることでもあるから、これを人為的に操作して相続させるというのは、これもまた天道のはからいに背くものとして憚らなければならない。

外様《とざま》大名は、その初め、家来の力で一国一郡を斬り従え、その力によって現在に至るまで一地方の領主となっているのである。また譜代の大名も、その初めには家来の力で徳川家への奉公を果たして、領地を賜わっている。このようにして大名となったのは、主人一人だけの力ではなく、まったく家来の功績である。とすれば、譜代や外様の大名の家来であっても、幕府に対し、すなわち天下に対して、まったく奉公を尽くしていないというわけではない。

古代の郡県制の社会では、大名というものがなかったから、大将の下に属している家来でも、一人一人みな天子から功田を賜わり、それを永久に子孫に伝えて、大将の家とは別個に家系を存続させることができた。しかし今は封建制度の世の中であるから、主人である大名一人に領地が与えられるだけで、その家来に対しては、主人に与えられた中から配分して、その功績に報いるという風になっている。だから主人の家が潰《つぶ》れた場合には、家来たちが流浪するのを、誰しもやむをえないことと思って、幕府を恨むという人もない。しかし時代の変遷につれて、この後どういう事態が発生するかは、予測しがたいのであるから、対策を講じておくべきである。

一般に罪なくして潰れた大名があった場合には、その家中の武士で百石以上の者は、たとい上は何千石まであろうとも、一律に知行地を五十石ずつ与えて、やはりその土地に居住を許し、郷士とすべきである。そうすればたとえば十万石の大名の家が潰れた場合に、幕府へ十万石全部を返上するところを、八万石ほど返上して、残りの二万石は右の郷士の領地にしてやるということになる。五十石では不足と思って、他所へ立ち去ろうとする者には、自由にそうさせればよい。これはただ武士たちが流浪するのを哀れとお思いになっての処置であって、その意味では非常に大きなご仁徳になろう。そうしておけば大名の家が潰れても、流浪する者は少なくなるし、またその土地を治めてゆくうえにも都合がよい。潰れた大名の城を幕府で管理するような際に、家来の少ない小身の旗本を派遣しておいても、右の郷士を加えれば城の番人に不足することはない。またその城を別の大名に与えられる場合にも、右の郷士を城付《しろつき》（城に付属した人員）としておいて、新しい城主の気に入った者があれば登用してもよいし、罪があれば処刑してもよく、すべて元からの家来の者と変りなく、主人の思うとおりに取り扱ってよいという規定にする。こういう風にしておけば、大名の家中の武士たちが、大名の家が潰れることを恐れて、主人の悪事に協力する、というようなことは、永久になくなるであろう。つまり、幕府に対する謀反の企てなどに協力する心配がなくなるのである。

さらにまた、仙台藩の家臣の片倉氏(51)や、長州藩の吉川《きっかわ》氏(52)、肥前藩の諫早《いさはや》氏(53)、阿波藩の稲田氏(54)のように、大名の家臣でも大身の者には、ときどき江戸への参勤を命じて、特別に将軍様へ拝謁させたり、幕府のための仕事を命じたりしておくようにして、もし主家が潰れるというような事態になった時には、以前からの幕府に対する奉仕に報いるという形で、それらの者を知行地を半分に減らしてでも存続させ、幕府の旗本や譜代大名に取り立ててやるがよい。あらかじめそういう風に手を打っておけば、外様の大きな大名を取り潰すことも容易になろう。といってもこれは、何も大名を潰しやすくするための策略というわけではない。日本国中は将軍様のお考え次第で自由になるようにしておくのでないと、場合によっては幕府の政治に差支えを生ずることもありうるので、以上のように私見として考えてみた次第である。

大きな大名は分割すべきこと

大名が家中の武士に対する処置が悪かったり、または領地で百姓の騒動が起こったりしたために、家が潰れるのは当然のことである。しかし相続に関する問題で、家中の者が二派に分かれて対立したような場合に、これを取り潰しておられるのは、いかがであろうか。すべて四、五十万から百万石以上の大名は、日本のような小国には大きすぎる。古代の制度と比較してみるのに、夏・殷・周の三代のころ、公・侯・伯・子・男の五等の爵位があったが、公・侯の国というのは、今の百万石に相当し、伯の国は今の五十万石、子・男の国は二十五万石ぐらいに相当する。三代のころの公・侯・伯・子・男の制度に相当するものが、全部今の日本のような小国にあるのは、「尾大にして掉《ふる》わず（獣の尾が大きすぎて振り動かすことができないように、支配者に対して下の者の力が強すぎることの比喩）」（『春秋左氏伝』昭公十一年）という古語に似ている。したがって右のような問題が生じた場合には、これを幸いとして、その大名の家を二つに分け、双方とも存立させるようになさるのがよい。他姓の家へ養子に行くことを禁止したうえで、こういう慣例ができると、末子で父に愛されている子があれば、父としてはおのずから所領を二つに分割したくなって、そのように幕府へ願い出ることもあるであろう。その願いに任せて家を分けさせれば、きわめて好都合な結果になる。大名の家は、三十万石を限度にしたいものである。

結婚した女は夫の家風に従うべきこと

妻は夫に従うのが、道であり、礼である。ところが今の世の風俗では、夫の家の格式にかかわらず、その妻となった女の家の格式を夫の家へ持って行って、贅沢三昧をするという風になっているが、これはもってのほかである。天子の姫宮でさえ、人臣に嫁するときは、降嫁といって、天子を実家の親元とせず、同姓の諸侯を親代りに立てて、天子の礼式を捨て、諸侯の礼式を用いることになっている。諸侯の娘がその家臣のところへ嫁入りする場合にも、父の諸侯を親元とせず、同姓の家来を親代りにして、諸侯の礼式を捨て、大夫《たいふ》の礼式を用いる。したがって天子の姫宮を「公主」というのは、諸侯を親元とするからであり、諸侯の娘を「翁主《おうしゅ》」というのは、大夫を親元とするからである。これが古代の聖人の法である。後世になるとこの礼法が廃れて、「公主を尚《しょう》する」(55)ということが起こり、夫は妻を主君のように待遇して、万事につけ格式を非常に超えた生活をさせ、そのためさまざまの悪事が生じたことは、中国の歴代の王朝に例が多い。

現在の有様は、右の中国の後世の事例と同じようで、弊害がはなはだしく、夫の家の家法を破り、経費は莫大にかかり、夫の家計はきわめて苦しくなる。公家の娘が大名へ嫁入りし、大名の娘が旗本へ嫁入りし、あるいは家臣の家へ嫁入りするといった場合にも、みなこれが風習のようになっていて、夫がやめさせようとしてもどうすることもできない。これは将軍様の方から制度をお立てにならなければ改革できないことである。

貴賤ともに女の仕事のこと

大名の妻ほど、でたらめなものはない。女の第一の仕事とされる裁縫もできず、三味線を弾くのを平常の娯楽とし、たいていは夜じゅう寝ないでいて、昼の十時、十二時ごろまで寝ている。古代には天子の皇后でも宮中で蚕を飼って、天子が天を祭る時に着用する冠の上につける紞《たん》というものを、ご自身でお織りになるのが、古い礼法である。諸侯の夫人は、それに紘綖《こうえん》（冠の紐と、冠を覆う布）を加えて織り、卿の妻は大帯《おおおび》（祭服の帯）を加えて織り、大夫の妻は祭服を織る。また士の妻は夫の祭服や朝服（朝廷へ出仕する服）まで織り、庶人の妻は夫の衣服をすべて織る、というのが聖人の定めである。このような定めは、奢侈をおさえて夫に仕える道をお教えになったものである。

また上総の国の百姓の風俗では、女が嫁入りして二十日ばかり過ぎると、里（実家）へ帰って、三十日ほど里にいる。その里へ帰る時に、木綿の布一反を織ることのできるくらいの棉《わた》を夫の家でもらって持って行き、三十日の間に糸に紡ぎ、木綿布一反に織って夫の家へ持ち帰り、これを夫に着せるというのが、きまりになっていて、誰でもがそうしている。百姓の家などには、このように古い礼法が残っていて、感心なことであるのに、大名や武家には何一つとしてもっともな古礼が残っていないというのでは、百姓に比べてまったく劣っていることになるのではあるまいか。

妾を御部屋と称すること

子を生んだ妾《めかけ》を「御部屋《おへや》」と呼んで、主人の同僚や親類の人々とも交際させ、家来からは「様《さま》」づけで呼ばせ、その妾の召使いの女房をはじめ諸事の格式などを、本妻とあまり違わないようにするのは、よくないことである。今から五、六十年以前までは、そういうことはなかったのに、綱吉公の御代のころから始まって、今では世間の通例のようになっている。

古代に、「母は子を以て貴し（子の身分に応じて母の身分も貴くなる）」（『春秋公羊伝』隠公元年）と言ったのは、その子の代になってからのことである。綱吉公がまだ将軍となられる以前に、幕府の老中が桂昌院様（綱吉の生母、もと家光の側室）に対し、ご登城なさるように、と申し上げたところ、「どういう身分の者として登城すればよろしいのでしょう。家光公の召使いと名乗りましょうか、それとも館林殿《たてばやしどの》（綱吉は当時館林藩主）の母と名乗りましょうか。どのように名乗りましても、家光公にも館林殿にも不名誉になりましょう」とおっしゃって、ついに一度もご登城なさらなかったという話を、私は幼少の時に聞いている。この時代までは、女の人でもこのような物事の道理を知っておられたのに、今ではそうした道理が絶え果ててしまった。

右のように御部屋などと呼ばれる者の多くは、遊女風情《ふぜい》の者である。それを寵愛する男も、学問がなく、知恵もないので、今ではきまった風習のようになっている。また大名は一年おきに江戸の本妻と離れて領地で暮らすので、近年は公家の娘などをひそかに呼びよせて領地に居住させ、本妻と同様に待遇している者が多いという。これも妾を重く待遇する風習から起こったことである。したがってはっきりと制度を立てて、長男を生んだ妾は、本妻同等ではなく家老と同格として、この家に仕える女の中では高い身分と定め、その召使いとなる女中から衣服・器物・住居にいたるまで、微細に制限を加えるようにするのでなくては、この悪い風習をやめさせることはできない。

家康公のお妾に七人衆というのがあって、駿府《すんぷ》から毎年鷹狩のため東金《とうがね》（千葉県）へいらっしゃる時には、七人衆がお供をした。その場合には召使いの女中一人も連れず、単身で馬に乗ってお供をするのであるから、途中の江戸でしばらくご滞在になる間には、私の曾祖母の家へそのお妾衆が女中を借りに来られて、貸して上げたり、曾祖母の方からもときどき七人衆のお部屋へ行って、泊まったりして、家康公のお姿を見たこともあった、と父や祖母の話で聞いている。この七人衆とよばれた中には、御三家の先祖の実母もおられて、重い身分の人々であったのに、その時代には右のように簡素な生活をしておられたのである。

妾を妻とすること

妾を妻とするのは、よくないことである。自分の気に入った女であれば、家来に尊敬させようとするのは、非法ではあるが、理解はできる。しかし親類や同輩にまで「奥様」と呼ばせて尊敬させるというのは、たいへん失礼なことで、どうしてこういう厚かましいことができるのであろうか。それでも世間の風習になっていると、当然のことのように考えられている。これもみな、礼法ということがなくて、ただ周囲を見比べて、他人のすることであれば、何をしても構わない、と考えるような世間の気風になっているからである。

妾を妻とするようになれば、遊女などのような者をも思慮なく妻とし、こういうことからその家の風儀が悪くなって、武士らしさを失い、子供の育て方も悪くなり、さまざまの悪いことが起こってくる。第一、本来の妻は夫と同格の身分の人の娘で、婚礼の準備として諸道具を取り揃えて来ているのに対し、妾は召使いで、何も持っていない者をにわかに妻にするのであるから、妻にふさわしくいろいろの物を新規に揃えようとすれば、夫の財産を失わせることになる。大身でも小身でも同様である。また、その妾の親類の下賤な者を取り立てて、高い地位につけたために、藩の政治を乱すというようなことも多い。

妾を妻とするのは、たいていは言うことを聞かない女を、本妻にしてやると約束して、言うことを聞かせるような場合が多い。これも妾を妻としてはならないという法がないために、こうした約束をすることにもなる。何につけても礼法というものがないのは、悲しいことである。

妾を隠し者とすること

妾というものは、なくてはすまないものである。ところが現在では、妾を隠し者のようにしているが、これは風習が悪いからである。古代には天子・諸侯ともに、「一娶九女(56)」といって、妻をめとれば姪娣《てってい》として八人がつき随って来る。みな妾である。いずれもその后の親類で、しかも家来の者の娘である。卿や大夫については、そういうことは記されていない。古代には卿大夫以下の官職は世襲ではなかったから、そういう制度もなかったのであろう。しかし卿大夫以下でも、妻に子がなければ妾を置くのは、普通のきまりである。ところが現在の世の中では、身分の高下によらず、表向きは一妻ということになっているので、妾は隠し者のようになって、かえっていろいろの悪いことが生じてくるのである。

唐律を調べてみると、妻の次に媵《よう》という者がある。これは賤しい者ではなく、妻とあまり違わない家系の人である。日本の律には、この部分が欠けていて、わからないけれども、大体のところ日本の古代の法制は唐朝の模倣であるから、大差はないであろう。この媵が、すなわち古制の姪娣に相当する。あらかじめこうした人を妾の役に当てて、婚礼の時から連れて行くようにすれば、この風習に慣れて、本妻も妾に嫉妬する心が少なくなる道理である。また本妻の親類で家来の女を妾にするのであるから、人の心はさまざまではあるが、まずは妾も悪いことをしなくなる道理である。あらかじめ多くの妾を設けておけば、非常に好色の人は別として、たいていは男の心もこれで満足するであろう。古代の聖人は人情を察して、男女の間にもめごとを少なくするため、このような礼法をお定めになったのである。現在の大名の家に、上臈《じょうろう》の御方《おかた》とよばれる身分の高い女中がいるが、これが古代の媵に当たるものであったと思われる。ただ本妻の嫉妬心のために、夫に直接には仕えさせないように今ではなっているのであろう。

備前岡山藩主の松平伊予守（池田綱政）の家では奥向《おくむき》の風儀がよい、と私の妻の母が語っている。若いころに松平家に仕えて、よく知っているのである。妾で子を生んだ女も、やはり召使いとして奥方に仕え、他の女中と同列で、何の区別もない。ただ俸給が少し多いのと、仕事が楽なだけである。伊予守の奥方は賢良な婦人で、そういう妾にはとくに丁寧にしておられた。奥向での遊びは、管絃と習字までで、三味線や筑紫琴などは、大名のするものではないと言って、決してなさらなかったということである。

密告のこと

丸橋忠弥の陰謀(57)を密告した者に、いまだに出仕をお許しにならないというのは、つまらぬことである。すべて武家の風習として、密告することを非常な臆病としている。どうしてかといえば、自分が恨みを抱いている人と勝負して討ち果たすのには命が惜しいので、その人の悪事を密告して、お上《かみ》の手で殺してもらうようなことをするのを、臆病者とするのである。お上に忠節を尽くすために密告した者は、これと混同してはならない。しかし愚かな風習で、何の区別もなく、とにかく密告は臆病者のすることと考えられているので、武家に限らず、町人や百姓でも密告はしないものと思い込んでいる。そういうわけで、丸橋忠弥の事件の当時は、誇り高い武士が多かったから、密告者とは刀を一緒のところに置かないというようなことになり、喧嘩になる恐れもあったので、当時の老中が命じて、今にいたるまで幕府への出仕を許さないということになっているのであろう。

一般に密告を臆病というのは、私的な道徳の問題である。これに対し右の場合の密告は、幕府への大きな忠節である。戦国時代にはこういうことをした人は幾人もあり、みな主君に忠節を尽くした者と認められて、大名や旗本に取り立てられ、その子孫が今もつづいているはずである。すべて私的な道徳と、公けの道徳や忠節とは、食い違うものである。一国の政治の上では私的な道徳を重んじなくてはならない方面もあるけれども、公的な支配関係と矛盾し、支配に害を及ぼすようなことに関しては、私的な道徳を無視するものである。丸橋忠弥のようなことは、今後とも決して起こらないとはいえないのであるから、よくお調べになったうえで、密告者にも出仕を許すようにしていただきたいものである。

喧嘩両成敗のこと

喧嘩両成敗は、今の時代の定まった法となっていて、聖人の道にも合致している。ただし聖人の法では、両成敗にはせず、罪の有無をただして、加害者に罪がない場合には、被害者の子を四方の辺境の夷《い》狄《てき》の住む地方に移住させて、敵討をさせないようにするのである。これは「父の讐《かたき》には共に天を戴《いただ》かず」（『礼記』）という言葉があるが、四方の夷

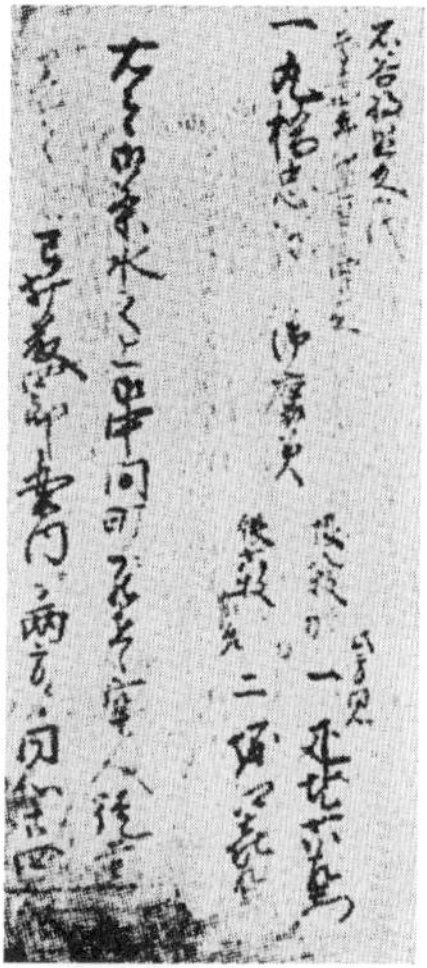
丸橋忠弥召捕りの褒状

狄の地は、天子の支配領域から外《はず》れた、天下の外の地であって、そこに移せば「共に天を戴かない」ことになるからである。だから喧嘩両成敗ではないけれども、五倫の道徳を重んじて、敵討を許すのを原則としておいて、しかも実際には敵討をさせないようにするため、こういう細かな注意が払われていたのである。今の日本で両成敗というのは、喧嘩をした一方の者を生かしておけば、敵討が絶えないことになるので、こういう定法となっているのであるが、これもやはり五倫の道徳を重んじて、敵討を許すことを前提としているわけであるから、聖人の道にかなうのである。

中国でも日本でも、律（刑法）にもとづいて処断が行なわれたときには、敵討などということは認められない。その理由は、人を殺した者は政府の方でこれを処刑して殺すから、敵討をする必要はない。しかし加害者の罪の有無を調べたうえで、死刑にせずに許しておく場合もあるが、これは政府が許しておいたのであるから、この者を敵として討てば、普通の人殺しと同じことになって、その敵討をした者がかえって死罪に処せられることになる。こういう風に定めるのは、公的な法制を確立して、五倫の道徳にかかわらず、私的に人を殺すことはきびしく禁止するというやり方であって、郡県制度の時代の政治はこのように行なわれる。しかし現在は封建制度になっていて、全国を幕府が統一的に支配するのではなく、諸大名がそれぞれ独立に政治を行なっており、五倫の道徳を重んずるようにしなければ社会の秩序が成り立たない仕組みになっているので、郡県制の法律による方法は、現在の社会には不適当である。

このことに関し、喧嘩で相手を殺した場合に、その殺した者が切腹して、両成敗の結果になるのは当然のことであるが、双方が負傷した場合に、第三者が取りおさえて仲裁するという現在の風習は、いかがなものであろうか。場所が御殿の中であれば、取りおさえて、双方とも切腹に処すべきである。私宅であれば、取りおさえずに闘わせて、生き残った一方の者を切腹させればよい。生き残った者がその場を立ち去ろうとしたならば、駈けつけた者が搦《から》め捕るなり、討ち捨てるなりすべきである。ただし口論だけで、まだ刀を抜き放さない以前であれば、取りおさえて仲直りをさせるのが当然である。喧嘩両成敗という法を立てておくからには、負傷した者を生かしておいて事情を問いただしたりする必要はない。罪の有無を調べるのは、理非を明らかにするやり方である。しかし両成敗というのは、理非を無視するやり方であって、原則が違っている。また武士ともあろう者が、喧嘩して負傷したうえで、おめおめ生きておられるものではない。現在でも薩摩の島津家や肥前の鍋島家などの家中では、すでに刀を抜き放した以上は、傍の者は手を出さないで、存分に闘わせるという。もっともなことである。

さてまた、人から斬りかかられた場合に、その場をはずして相手にならない者を、武家の風習として臆病者というのは、いかがなものであろうか。これは元来は戦場で士卒が逃げると戦いは負けになるので、逃げることを臆病とみなし、平常でも逃げることを臆病というようになったのである。けれどもこれは、下っ端の葉武者《はむしゃ》を戦場で逃亡させないようにと大将が仕込んで、このように癖をつけたまでのことで、それが社会の風習となっているのである。戦場で戦うのは、公けの忠義をつくすことであるが、喧嘩は私的な闘争であって、場面が違っている。

そのうえに、大きな望みを抱いている人や、主君のために役に立ちたいと思っている人は、喧嘩の相手などにはなるまい。韓信が人の股をくぐったという例もある。木村長門守(58)が茶坊主に頭を叩かれても我慢したり、仙台藩主の伊達政宗が兼松又四郎(59)に頭を叩かれたりしたのは、いずれも臆病とはいえない。もっとも本当に臆病で喧嘩の場をはずす者もないとはいえないが、そこまで調べるということも困難である。

要するに私的な闘争をするのは、公けの禄を食《は》んでいる者の立場としては、大義を忘れたことになるので、賞めるべきことではない。大切な戦場においても、逃げる必要のある場合もある。軍事用語で「引く」というのは、逃げるというのを嫌って、表現を変えたまでのことで、要するに逃げるのである。

博奕打のこと

博奕打を処断するのに、中国の律は適用しにくい。今の博奕打に、通り者というのがある。およそ強盗と同様なもので、仲間をつくり、企んで人々の金銀をだまし取るようにし、博奕で勝った者は殺してしまう。このごろ捨物《すてもの》といって、誰が殺したかわからない死体が捨ててあるのは、たいてい右の通り者がしたことであって、田舎にきわめて多い。幕府の捜査があると、田舎へ逃げて行き、捜査がやむと江戸へ帰って来る。その仲間は遠国と通じて団結しており、見知らぬ人でも仲間の者であれば保護する。任侠の風を第一とし、強盗のしわざと変りがない。律において兇徒とよばれるものに当たるから、死罪を免除することはできない。その通り者にだまされて博奕を打った者には、律による処断（杖一百）が適当である。現在は罰金を科しているが、これは非常な間違いで、金銀を豊かに持っている者から罰金を取るのは、博奕を許して税金を取るようなものである。

博奕打の行衛が知れにくいのは、宿賃を気前よく払うからであり、またかくまわないと報復するからである。このため町人らは一面では恐れ、一面では悦んでかくまっているということを知っておかなければならない。また浅草の蔵前や日本橋小田原町の魚河岸《うおがし》には、競《きお》い組と称する者があって、徒党を組み、乱暴をして歩いている。仲間の者が負けると、仕返しをするので、普通の人は恐れて、奉行所へ申し出ることをしない。これらも律にいうところの兇徒であって、重く処罰すべきである。

強盗のこと

夜討・辻斬・追剝はみな強盗である。古代から律の規定で、謀反・反逆の次に重い罪として必ず強盗をおくことになっているが、これは強盗から一揆に発展した実例が、中国歴代の史上に多いからである。今の役人は文盲で、古今の事実にうといため、強盗が非常に重い罪であることを知らず、捜査がおろそかになっているのである。律の規定では、強盗の罪は、首魁《しゅかい》と追随者とを区別せず、すべて斬罪である。聖人の法でも、財産を奪うために人を殺した者には、死刑を免除しない。

吉利支丹のこと

吉利支丹《キリシタン》というものは、今では日本国中にいるはずがないのに、いまだに類族調べといって、信者であった者の一族親類を監視しているのは、無意味なことである。幕府の旗本になった人々については、類族調べを行なっていない。大友宗麟《そうりん》[60]や竹中筑後守[61]の子孫などが旗本にいるのは、その一例である。祖先の恩沢は、君子でも小人でも、五代目の子孫までで絶える（『孟子』離婁下に見える）というのであるから、最初に棄教した者から五代を経過したならば、普通の人と同じにすべきである。

また、吉利支丹の書籍を読む人がいないために、その教えがいかなるものかを知っている人がいなくなった。儒教や仏教・神道でも、悪い説き方をすれば、吉利支丹と紛らわしいものとならないとは限らない。したがって吉利支丹の書籍で幕府の書庫にあるものを、儒者らに読ませておいて、邪宗門かどうかを調べさせるようにしたいものである。

田地売買のこと

田地を売買することは、家康公が禁止されたといわれている。これは百姓が田地を売って町人になることをおさえようとなさったのであろうか。さもなければ古代の口分田《くぶんでん》のことと混同して、当時の学者が主張したことなのであろう。田宅（田地と屋敷）や家財・奴婢は、売買を認めるのが、古法である。田宅も奴婢も家財であるから、貧しくなれば、売らないわけにはゆかない。口分田というのは、古代の令《りょう》の規定で、男子が二十歳になると口分田を受けて、六十一歳でこれを返上する。口分田は政府へ返すべきものであるから、売買することはできない。

これに対し永業田《えいぎょうでん》というのは、長くその家で持ち伝えてきた田のことで、これは政府から賜わった田でも売買ができる、という。このような規定からみると、百姓の田地は、それぞれが金を出して買ったものであるから、これを売るのは当然の道理である。それを売らせないというのは、非常な無理である。無理な法規を維持しようとするために、あるいは譲ったなどという名目にし、あるいは借金証文を作って、借金の担保に入れた形にするなど、種々の偽りが生じている。奉行も偽りと知りながら、法規を維持するためにそれを容認しているが、結局は民に偽りを教えることになるのである。

御文庫の書籍のこと

すべて幕府の書庫に所蔵されている書籍は、儒者たちに希望に応じて貸し出していただきたいものである。書籍はほかの物と異なり、あらかじめ読んでおかなくては、急場の役には立たないものである。書庫に集めておかれても、読む人がなければ、反古《ほご》をつめておいたのと同じことで、虫に食わせて捨てるのは非常に惜しい。ほかの物は、武具でも何でも、取り出してくれればすぐに役に立つけれども、書籍はそうはいかない。

学問のこと

学問について、将軍（吉宗）様がお世話なさって、昌平坂の聖堂(62)や高倉屋敷(63)で儒者が講釈をしているけれども、旗本の武士でそれを聴講する者は一人もいない。ただ諸大名の家来や医者・町人などが少数聞いているだけである。この連中のためだけに幕府でお世話なさるのは、無意味なことである。これはやり方がよくないため、将軍様のお考えどおりになっていないのである。

そもそも稽古事というものは、お役目で教えられても、やる気にならないものである。これは諸藩でもよくあることで、私はその実例をいつも見ている。その理由は、問い返して聞くこともできず、親切に教えてもらうことができないからである。自分が信頼している先生があれば、付け届けに費用がかかっても、自分で稽古する気があるから、稽古になる。これは人情としてどうしてもそうなるのである。

そのうえ、先生は尊く、弟子は卑しいという風に、先生の方に権威がなければ、教育は成り立たない。ところが右のように講釈所に出てお役目で講釈をするのでは、先生の方に権威がない。これもまた道理に反したことであるから、教育の効果がないのである。

昌平坂や高倉屋敷は、場所も悪い。むしろ儒者を江戸じゅうの所々に配置しておいて、人々が勝手に聴講に行くようにした方がよい。そうすれば教える人にも学ぶ人にも便利である。学問は役人の職務とは違って、要するに内証事《ないしょごと》（私的な仕事）であるから、便利にしておかなくてはうまくゆかない。岡山藩主の新太郎少将（池田光政）は、備前一国だけを領していながら、学校を三ヵ所にも設立させたが、これも遠方へ通っては学ぶ者に不便だからである。当面のところは、はっきり学校というほどのことではなくとも、儒者たちの自宅に幕府の稽古所を設け、屋敷地を広く与えて、弟子を多くとらせるようにする。幕府の公務として書籍を筆写するような仕事も、手当を支給してその弟子たちにさせるようにすれば、学者のすることであるから、文字も正確で、校正もよくなるであろう。儒者の自宅に書生が多勢集まっていれば、おのずから学問を怠ることもなくなる。近所の旗本の家へ、希望に応じて弟子たちを指導に派遣したり、また旗本の方から勉強に来たりするのにも、便利であろう。

また最近は官板《かんぱん》（幕府で出版する書籍）をしきりに命じておられるが、板木を収納する場所がないために、町人に出費させて出版し、その利益も町人のものとなってしまい、官板というのも名ばかりである。中国では監本（国子監出版の本）というものがあって、その板木を学校で保存し、それで印刷した本を売り、代価を学校の経費に宛てている。したがって官板とすべき書籍は、幕府から金を貸して板木を刻ませ、その板木を右の稽古所に置いて、本を印刷して売るようにすれば、二、三年の間には借りた金は返納できるであろうし、それ以後は稽古所の修理や書生たちの宿舎も、幕府に依存しないでやってゆけよう。それが発展して学校のようになることも、その儒者の器量によっては可能なことである。

そうして、旗本で学問の教養がある者を、その近所の儒者たちから、若年寄や番頭へ上申させるようにする。もっとも学問は大してできないのに、ひいきで虚偽の上申をするような場合もあるかもしれないが、とにかく学問技芸の方面は、その専門家の推薦に頼らなければ知るすべがない。それにより学問のできる人を選んで役人に登用するという風になれば、学問は流行《はや》るはずである。学問はなくても、ただ家柄と知行高とだけで役人になれると、今の武士たちは考えているため、面倒な学問などはしようとしないが、それが道理である。

詩などは無益なものだなどと朱子学者が言うので、素人は本当にそう思うかもしれないが、漢字を自由に使いこなせるのでなくては、漢詩は作れないし、漢字が自由に使えれば、自然と経書や史書も読めることになるので、日本の古代に四道（紀伝道・明経道・明法道・算道）の学者を置かれた際にも、詩や文章の学問（紀伝道）を経学（明経道）よりも上位においている。将軍綱吉公が学問をたいへんお好みになって、そのおかげで学問も世間に流行るようになったけれども、その学問は講釈を主とし、詩や文章は流行らなかったので、漢字を自由に使いこなせず、何の役にも立たない。それ以来、幕府の儒者もみな不勉強になっている。だから将軍様が詩の会などをお催しになれば、綱吉公が経書の講釈をなさったのよりも、はるかに優ったことになろう。

さてまた、日本国中は持ちつ持たれつの道理で、諸大名の家で学問が流行れば、学者の就職口があることになるので、よい学者が多く育ち、幕府の儒者も自然と学問にはげむようになるであろうから、十万石以上の大名には、その領地に学校のようなものを設けさせたいものである。およそ五百石ほどの経費で、学校はできる。長州藩主の松平（毛利）氏は、萩に学校のようなものを作り、(64)孔子を祭る釈菜《せきさい》を行ない、職員の手当などの費用に五百石を宛てておき、毎年書籍を購入する費用にまた五百石、合わせて千石ほどの経費で家来に学問をさせているので、今ではその家中に学者が多く生まれてきた。しかし西国大名の習いとして、幕府を憚って深く隠しているのである。十万石以上の大名であれば、右の程度の経費は気楽に出せる。将軍様のご命令があれば、どの藩にもできるであろう。またご命令なさらなくても、幕府の方針しだいで、おのずからどの藩でも設けるようになるかもしれない。とにかく世に久しく絶えている学問を再興しようとするのであるから、よほどのご努力がなくては、思うようには成功しにくいであろう。

儒者のこと

幕府に仕えている儒者たちは、考え方が間違っているために、みな学問を怠っていて、役に立たない者が多い。以前に林内記（信篤。号は鳳岡。大学頭）の父の春斎（鵞峰）に、人見友元が忠告をしたことがある。「林家の学者は経学におろそかで、どの人も講釈が下手です。お気をおつけになった方がよろしいでしょう」と言ったので、春斎は非常に立腹して、「私の家では、道春（羅山）以来、幕府の御用に役立つことを第一とし、弟子たちにも広く学問をさせることになっていて、嘉右衛門《かえもん》（山崎闇斎）などのように講釈を専門にしないのが家風です。お前の忠告のとおりにすれば、わが家の学問はたちまち駄目になってしまう」

と言ったという。

春斎はそのころ、上野にある下屋敷に居住し、屋敷の内に学寮を建てて、弟子たちが三十人ばかり住んでいた。その教育方式は、五科十等という区分を立てる。五科というのは、経学科・読書科・文科・詩科・和学科である。これは人によって学問の分野に得手《えて》不得手があるので、およそ五科に分けて得意な方面に進ませたのである。十等というのは、十段階に等級を分けて、五科ともに、学問が進むのにつれて等級を上げて賞めてやり、幕府から下賜されている九十人分の扶持米を、一人半扶持から七人半扶持まで、等級に応じて弟子たちに与え、はげみをつけるとともに、貧しい学生の生活扶助にもした。このころまでは、全体として日本の学問はまだあまり発達していなかったが、林家では道春以来の伝統を守っていて、よいやり方である。

ところが綱吉公の御代に講釈を主な仕事となさって以来、儒者たちは他の学問をしないで、講釈することだけを職務と思うようになり、今ではどの儒者も無学になって、役に立たなくなってしまった。そのうえ、林内記父子ばかりに学問上の御用を命ぜられて、特別に高い身分を与えられたので、それ以外の儒者たちはおのずから用務がなくなり、学問をしなくなったという事情もあるようだ。

すべて聖人の道は、もともと治国平天下のための政治の道であるから、政務の上に役立つことを主眼とするのは、古代以来同じである。そのうえ、人の能力には得手不得手があって、一人で万事を兼ねるということはできないし、また低い身分の者では大局には力が及ばないということもあって、日本の古代でも四道の学者というものを置いた。第一に紀伝道というのは、歴史の書物を博く読んで、詩文を作ることを専門とする。中国との外交の任にも当たる晴れがましい職務であるから、これを第一とする。菅原氏と大江氏が、この紀伝道の家である。次に明経道というのは、十三経《けい》を研究することを家業とする。清原氏と中原氏が、それである。次は明法道で、律令格式《きやくしき》など法制を専門とする。坂上《さかのうえ》氏と中原氏が、これである。次は算道で、算数の術と暦学・天文学を兼務する。小槻《おづき》氏と安倍氏が、これである。このほかに兵学は大江氏の家に伝来し、八幡太郎義家公も大江匡房《まさふさ》から兵学の伝授をお受けになった。

現在でも、詩・文章・歴史・法律・和学・兵学・数学・書学（書道）と、八種類ほどに区分し、幕府に仕えている儒者たちに、めいめいの希望により、この中の一種類を担当させ、弟子を教育するとともに、幕府の用務に役立つように心掛けよ、と命じていただきたいものである。経学は儒者たる者の家業であるから、専門と定めて要求する必要はない。さて、その専門専門の担当に応じて、御文庫の書籍を貸し与え、一つの専門の学問を成しとげて、実務にも役立つようになったならば、その専門の学芸に対する報酬も与えて、名誉となるようにしてやれば、全員が努力して役に立つようになるであろう。学者以外の素人の学問も、それにつれて実用的になるであろう。いずれにしても現在行なわれているような、何の役にも立たない抽象的な心のあり方についての論議や、道徳上の理非についての議論などは、無用の学問というべきである。

医者のこと

幕府に仕えているお医者の子供が多勢いるが、二代目からはたいてい役に立たず、無益に幕府の経費を費やしている。親たちは患者の診療に忙しいので、子供の教育をしている暇はない。俸禄も少ないので、学問をさせに通わせるためには、供の者の費用がかかるのに困り、かれこれして結局は無学になる。教育をうけなければ、診療に熟達するはずはない。たまたま生まれつき診療の上手な人もあるけれども、無学であるために、肝腎な時には失敗をするものである。

一般に人の生まれつきの素質として、学問はよくできても、実地の診療は不得手な者もいる。そういう人を医学の教師に任命し、学寮を設けて、医者たちの子供をそこへ送って学問させ、だいたい要領を覚えたときに、田舎へ派遣して診療の練習をさせるようにしたならば、誰でもたいてい役に立つぐらいにはなるであろう。こういうことも将軍様がお世話をなさるのでなくては、どうしても役に立たぬ者ばかりが多くなるであろう。

以上四巻の物語に、些細《ささい》なことまでも記述したのは、今の幕府の法の立て方が未熟で、大局的なところに法が立っておらず、枝葉末節のところばかりに法が立っているので、世の中に締りがなく、風習はどんどん変わってゆき、今では法は法として立てたまで、下々の実情は別になって、法が役に立たなくなってしまっているということを、お知らせしようとしたためである。現在の世の中のことなどを、自分の見聞した範囲で少し書いてみたが、それにはきっと間違いもあるであろう。また、私の考え誤りもあろう。

ただ、政治の道というものは、一つ一つが独立したものではなくて、世の中の推移や社会の全体を見通しておられることが肝要である。肝腎なところは、世の中が旅宿の境遇であることと、万事につけて礼法の制度がないこととの、二つに帰着する。このために、戸籍を作り、万民を居住地に結びつけることと、町人や百姓と武家との間に礼法上の差別を立てることと、大名の家の生活に礼法の制度を立てることと、お買上げということがないようにすることと、だいたいこれらで世の中はまともになって、豊かになるであろう。その他のことは、これにつれておのずからよくなるであろう。将軍様だけがご倹約なさって、幕府の財政がもち直しても、万民が困窮していたのでは、よろしくない。上下ともに富み豊かになって、ご治世が長久につづくことを願うものである。

さて、巻三に記した役職のことや、人の使い方も、これまた聖人の道の奥義である。法の立て方をどれほどよくしてみても、その法を取り扱う人がなくては、無益のものになってしまう。

全巻の大意は右のとおりである。「機事、密ならざれば、則ち害生ず」（『易経』繫辞上伝）ということがあって、幕府の政治上の機密は明白に人に語るべきものではないから、この物語は弟子にも書かせず、私自身の老眼と悪筆で認《したた》めたことである。将軍様の上覧に入れたのちは、焼却していただきたい。

物部茂卿《もののべのもけい》　敬　識《つつしんでしるす》

補注

（1）町家の建築　家屋を不燃化するために、それまで板葺きや茅葺きであった屋根に土などを塗らせ、さらには家全体を土蔵造りにさせる幕府の方針は、享保五年（一七二〇）の法令で初めて示され、同八年ごろから江戸の中心地域に対してこれを強制するようになった。

（2）死体を捨て　原文には、ただ「棄物《すてもの》」とあるが、巻四の「博奕打のこと」（二三二〜二三三ページ）に見える「捨物」と同一の語と考えられるので、死体遺棄の意味に解釈する。

（3）中山勘解由　名は直守。天和三年（一六八三）から貞享三年（一六八六）まで盗賊改の役を勤めた。

（4）大番　江戸幕府の職制。軍事的な任務を担当する組織の一つで、平時は大坂城と京都の二条城の警備を主要な職務とした。十二組に分かれ、各組は番頭《ばんがしら》一人、組頭四人、番士五十人、与力十人、同心二十人で構成される。番士以上が旗本である。

（5）三笠付　博奕の一種。俳諧の中に冠付《かむりづけ》とよばれるものがあり、発句の上の五字を出して、中の七字、下の五字をつけさせて優劣を競ったが、その上の五字を一題につき三組出した場合に、三笠付とよばれた。後には、ただ数字の組合せをあてさせるだけの純然たる博奕となり、江戸幕府ではこれに対する禁令をくり返し発している。

（6）出替り奉公人　一年契約の奉公人で、毎年三月五日が契約更新の日と定められていた。

（7）付送り　奉公人と保証人らが共謀して、取逃《とりにげ》した金品などの弁償責任を家主らに転嫁すること。

（8）路引　旅行証明書。「路引のこと」（四六ページ）参照。

（9）五島淡路守　肥前福江藩主。

（10）「七年の疾に三年の艾」　七年もかかる大病には、早くから薬を用意しておかなくてはならないのに、三年間も乾燥させた良質の艾を急に求めようとしても間に合わない、の意。『孟子』離婁上に見える語。

(11) 覚彦比丘　真言宗の僧、覚彦浄厳（一六三九〜一七〇二）。河内の人。戒律の復興に努力し、将軍綱吉から江戸湯島の地を賜わって霊雲寺を建てた。柳沢吉保も浄厳を篤く尊信した。

(12) 弾左衛門　江戸の浅草に住み、幕府から公認されて、「長吏《ちょうり》」「非人」「猿廻し」などを支配する権限を世襲した。「弾左衛門由緒書」と称する文書によれば、源頼朝から長吏・座頭・猿楽・陰陽師・鋳物師・石切・獅子舞・傀儡師・傾城屋など、二十八種の職業を支配する権限を与えられた、と記されており、その文書は信じがたいが、弾左衛門側ではこれにもとづき、遊女（傾城屋）や俳優（猿楽・傀儡師）なども、本来は自己の支配下にあったと主張していた。

(13) 車善七　江戸の浅草に住み、非人頭として江戸の非人を支配する権限を世襲した。一時弾左衛門と対立したが、幕府の裁決により、弾左衛門の手下と定められた。

(14) 穢多　えたとよばれる身分が古代から存在したとし、これを生活上で差別するのが古来の風習であったとするのは、歴史事実としては根拠がないが、ここでは当時の社会通念にもとづき、また前記の「弾左衛門由緒書」などを信用する立場から、記述されているのである。なお、本節ではえたに限らず、遊女や河原者と一般の平民との間の区別などについても、厳格にすることが必要であると説かれているが、このように差別的な人間観は徂徠の思想の一つの特色をなすもので、これは徂徠が人の生き方を、平等なる個人としてよりも、主として社会的職分の側面からとらえていたことと関連がある（解説「国家主義の祖型としての徂徠」参照）。

(15) 松右衛門　江戸の品川に住み、車善七と並んで江戸の非人を支配した。

(16) 盛切り　盛相《もっそう》（飯を盛って計量する木型）で計って米飯を支給すること。もっそう飯。

(17) 新門徒　日蓮宗不受不施派の一派を指すか。不受不施派はキリシタンと同様に禁制の宗門とされていたが、享保三年（一七一八）には上総の夷隅《いすみ》郡（現千葉県いすみ市）行川《なめかわ》村付近で二百余人の信者があり、檀那寺に参詣や付届けをしなくなったため、寺から告発されて、処罰されたという事件が起こっている。

(18) 児島助左衛門　幕府の旗本。姓は小嶋とも書き、名は正朝。大番組頭・船手頭などを歴任したが、貞享元年（一六八四）に長男の殺人事件に連座して、八丈島へ流罪になり、一家は断絶した。その養女が方庵の妻で、徂徠の母に当たる。

(19) 「損益する所」『論語』為政に、「殷は夏の礼に因る、損益する所知るべきなり。周は殷の礼に因る、損益する所知るべきなり」とあり、損は減、益は増の意味で、殷は夏の礼を、周は殷の礼を、基本的には継承しながら、ただ部分的に修正を加えた、の意。

(20) 朽木土佐守　名は稙治《たねはる》。その父の伊予守稙昌は、はじめ常陸の土浦二万七千石の藩主、のち四代将軍家綱の治世に丹波の福知山三万二千石に転封となった。稙昌の父の代には土浦藩は三万石であったが、本文に二万石余りとあるのは、のちの観念にもとづいた記述であろう。

(21) 謡初　江戸城中で正月三日に行なわれる演能の儀式。

(22) 東山道と東海道との……　東海道の宮（熱田）の宿付近と、東山道の木曾谷ならびに岐阜町は、いずれも尾張藩領であった。

(23) 駿河と甲斐の両国を……　三代将軍家光の弟である徳川忠長が、駿府城主として甲斐・駿河両国五十万石の領主となったことを指す。忠長は寛永九年（一六三二）に除封された。

(24) 水野和泉守　三河の国岡崎藩主、五万石。

(25) 平岩主計頭　名は親吉（一五四二〜一六一一）。尾張藩の成立当初、幼少の藩主義直を補佐して藩政を司った。

(26) 坊主　城中で雑用を勤める下級の職員。僧形をしていたので坊主という。

(27) 御徒　幕府の役職の一。徒歩の兵士で、平常は城内の玄関・廊下などの警備に当たる。

(28) 御徒目付　目付を補佐する下級の役人。

(29) 伊賀者　伊賀の国出身の家柄の下級の役人で、戦時には間諜などの任務を与えられたが、平常は城中の雑用に服務した。

(30) 金貨の数量　元禄年間から幕府は金銀貨の品質を悪くして、数量を増大させる政策をとった。これが元禄金で、次の六代将軍家宣の治世の初期に発行された乾字金も、品質は良好であるが、小型で慶長金の半分の量目しかなく、同様に物価暴騰を招く結果となった。このため幕府では、新井白石の建議にもとづき、正徳四年（一七一四）から慶長金と同質の正徳金を鋳造し、貨幣流通量の収縮をはかった。この方針は享保年間に入っても継承されていた。

(31) 四ツ宝銀　正徳元年（一七一一）に発行された品質の劣悪な銀貨。銀貨も金貨と同様に、元禄年間以来、品質が低下していたが、この四ツ宝銀がもっとも品質が悪く、この後、正徳四年からは金貨と同様に良質の正徳銀が発行されるようになった。

(32) 伊丹播磨守　名は勝長。慶安三年（一六五〇）から寛文二年（一六六二）まで勘定奉行に在職。

(33) 荻原近江守重秀　当時は勘定吟味役。のち勘定奉行となり、元禄・宝永年間の幕府財政の実権をにぎった。

(34) 方広寺の大仏　豊臣氏によって造立されたもの。ここでは幕府が寛文二年（一六六二）にこれを鋳つぶして銅銭を造ったと前提して書かれている。ただし現在では、そのような事実はなかったと考えられている。

(35) 相対済し　享保四年（一七一九）に幕府が下した相対済し令を指す。金銀の貸借に関する訴訟が多いことを理由として、今後は、借金銀の訴訟を受けつけないことに定めた。

(36) 社倉の制度　地域社会で共同扶助のため、穀物を供出して倉庫に貯蔵し、飢民の救済などにあてる制度。

(37) 座席　役職に対応した身分の等級。ただし次のページに「現在は座席に名がついておらず」とあるとおり、役職相応の等級という観念があり、また儀式などの際の席次が定まっているだけで、とくに座席だけを表現する位階のようなものはなかった。

(38) 久世三四郎　名は広宣（一五六一〜一六二六）。家康のもとで各地の戦闘に武名を挙げ、五千石の旗本に立身した。

(39) 「下より升る」『易経』の謙の卦の彖伝に「天道は下済して光明に、地道は卑《ひく》くして上行す」とある。

(40) 李広　前漢の武帝時代の将軍。射術にすぐれ、匈奴は飛将軍と称して恐れた。李陵の祖父。

(41) 程不識　李広と並び称せられた名将であるが、謹直清廉な性格で、その点では李広と対蹠的であったと伝えられる。

(42) 大久保石見守　名は長安（一五四五〜一六一三）。もと甲州の能役者の子といわれ、徳川家の重臣大久保忠隣《ただちか》に寵愛されて、大久保の姓を名乗り、またその推挙で徳川家康に仕えるようになった。各地の検地や農政、佐渡金山・石見銀山および伊豆の金山の開発などに従事し、才腕を振って、巨財を積んだが、没後、生前に不正があったとして幕府の処罰をうけ、子は死罪に処せられた。

(43) 板倉周防守　名は重宗。元和六年（一六二〇）から父伊賀守勝重のあとをうけて京都所司代に任ぜられ、承応三年（一六五四）まで足かけ三十五年この地位にあった。父子二代にわたり幕政初期の京都の行政を司って、名裁判官としての逸話が多く伝えられている。

(44) 松平伊豆守　名は信綱。寛永十年（一六三三）から寛文二年（一六六二）まで老中に在任。知恵伊豆と称せられた敏腕家。ここの記述は、事実とすれば、三代将軍家光（元和九年＝一六二三から慶安四年＝一六五一まで在任）の治世か、または四代将軍家綱（慶安四年に十一歳で将軍に就任）の初世のことであろう。

(45) 井上主計頭が突き殺された……　主計頭正就は二代将軍秀忠の近臣で、老中に取り立てられたが、寛永五年（一六二八）に江戸城西ノ丸で目付の豊島正次に刺殺された。

(46) 夾谷の会　魯の定公と斉の景公とがこの地で会見した時、定公に仕えていた孔子が武備に注意した話が、『史記』の孔子世家に伝えられている。

(47) 水野隼人正が城中で……　水野隼人正忠恒は信濃松本藩主、七万石。毛利主水正師就《もろなり》は長門長府藩世子、のちに長府藩主、四万七千石。南部氏は陸中盛岡藩主、十万石。南部氏の当主は利視で、このとき十八歳であったから、幼少のため家来が随行していたのではなく、南部家の格式として将軍謁見の際に家来の随行が認められていたのである。

(48) 正徳年間のころから、……　正徳年間の法令には、新井白石の起草にかかるものが多く、それらは懇切に事理を説明する文体になっていて、それ以前の慣習的で簡潔な法令の文体とは異なっている。

(49) 他姓の者を……　異姓（他姓）の者を養子とすることは、中国の慣習ならびに法制において古来禁止されているが、日本の社会にはそのような慣習はなかった。古代の大宝令や養老令では異姓の養子を禁じており、ここで徂徠が「古代にはなかった」と述べているのも、そのことを指すのであろう。しかし古代の令の制度は、唐の令制を模倣したものであるから、実際に当時の社会で異姓の養子が行なわれていなかったかどうかは疑問である。したがって鎌倉時代に定められた貞永式目（御成敗式目）で、女子の所領相続が認められ、また異姓養子も容認されているのは、むしろ日本社会に固有の慣習法が明文化されたものとみるべきで、本文の記述のように執権北条氏の謀計とみることは、必ずしも歴史事実には当たらない。

(50) 苗字だけは…… 苗字は名字とも書き、例えば源氏の一族がその所領の地名に従って、新田氏・足利氏などと称したのを指す。この場合に「源」が姓で、「新田」「足利」などが苗字（名字）である。

(51) 片倉氏 仙台藩伊達氏の家老であるが、その所領は白石城一万六千石で、大名にひとしい規模をそなえていた。原則として大名とは一万石以上の領主で将軍に直属する者であるが、この場合のように将軍とは間接の主従関係しか結んでいない者に対しても、大名と同様の格式を与えて、幕府への忠誠心を確保しようとするのが、ここの論旨である。

(52) 吉川氏 毛利氏の一族で、周防の岩国城主、六万石。

(53) 諫早氏 佐賀藩主鍋島氏の家老で、肥前の諫早城一万石の領主。

(54) 稲田氏 阿波（徳島）藩主蜂須賀氏の家老で、淡路の洲本城一万四千五百石の領主。

(55) 「公主を尚する」『漢書』の王吉伝に「天子の女を娶るを、公主を尚すと曰う」とあり、「尚」はたっとぶの意。

(56) 「一娶九女」『白虎通』の嫁娶に、「天子諸侯、一娶九女とは何ぞ、国に継嗣を伝うるを重んずればなり」とある。

(57) 丸橋忠弥の陰謀 三代将軍家光の没後、新将軍家綱が幼少であるのに乗じ、由井正雪・丸橋忠弥らが反乱を企てたが、一味の中から密告者が出たため露顕し、慶安四年（一六五一）に処刑された。ところで陰謀を密告したのは、林知古・田代信久・奥村幸忠らで、事件が落着したのち、林は五百石、田代と奥村はそれぞれ三百石で幕府に登用されたが、役職には任命されず、非職のまま小普請組に編入されていた。本文で「出仕をお許しにならない」といっているのは、役職を与えて勤務させることをしないままで放置している、の意であろう。この後、享保十九年（一七三四）に、その子孫である林知弘と奥村幸知とが小十人組に編入されたのは、徂徠没後ではあるが、この『政談』の意見にもとづいて行なわれたことであったかもしれない。

(58) 木村長門守　名は重成。豊臣秀頼の部将となった木村重成の大度を物語る逸話は、『窓のすさみ』などに記されている。

(59) 兼松又四郎　名は正吉。尾張出身の侍で、信長・秀吉に歴仕した。伊達政宗の無礼を咎めた逸話は『翁草』に見える。

(60) 大友宗麟　名は義鎮《よししげ》(一五三〇〜八七)。戦国時代の豊後臼杵《うすき》城主で、キリシタン大名として有名。その子義統《よしむね》の代に、文禄の役に戦わずして退却したため、豊臣秀吉の処罰を受けて領地を没収されたが、のちに子孫は江戸幕府の高家として存続した。

(61) 竹中筑後守　未詳。豊臣秀吉の部将であった竹中重治の子孫は、幕府の高家として家系を存続したが、キリシタンとの関係は明らかでない。

(62) 聖堂　湯島の聖堂。孔子廟として元禄四年(一六九一)に建てられたが、吉宗の代になり、享保二年(一七一七)からここで儒官に公開の講義を行なわせ、偶数日には幕臣に、奇数日には身分を問わず武士・庶民に聴講させた。これにより聖堂は教育機関としての性格をおびることとなった。

(63) 高倉屋敷　享保四年から幕府は八重洲河岸の高倉屋敷で儒官に公開の講義を行なわせた。

(64) 萩に学校のようなものを作り　長州藩の藩校明倫館は享保三年に設立された。

国家主義の祖型としての徂徠

1　白石と徂徠

海保青陵の批評

「凡ソ近来ノ儒者、白石ト徂徠トハ真ノモノヲ前ニヲキテ論ジタル人、世ノ儒者ノ云《い》ヒゴトハ、ハルカニチガウテヲル也」とは、江戸時代後期の経世家海保青陵《かいほせいりょう》（一七五五〜一八一七）が、その著『稽古談』の中に記している評価である。稀代のリアリストとして、当時の深刻化した藩財政の窮乏を救うためには、人民から貨幣を「マキアゲ」ることが必要であり、とくに直接の収奪ではなく、間接税などの形を通じて「イツノマニマキアゲタルカ、一向ニ民ニハ見エヌトイフガ上手ナル」方法である、というような現実主義的な政策論を得意としていた青陵の目には、世の儒学者たちの大部分は、何の役にも立たぬ「天下ノ喰ツブシ、天下ノ邪民」としか映らなかったが、その中での例外として、右の白石と徂徠との名が挙げられていたのである。その際に「真ノモノ」といっているのは、社会の真実ないし真相の意味であって、白石や徂徠は必ずしも青陵と同一の現実主義的な考え方をしていたわけではなく、とくに白石はこの種の欺瞞的な策略とはおよそ縁の遠い人物であったけれども、ただ白石と徂徠の二人が、それぞれ江戸幕府の政治に参画して、現実の政治的課題と取り組んだことを指して「真ノモノ」を前に置いたといい、そのことによってこの両者の学問や思想が、単なる机上の空論ではない、人生の真実にふれたものとなっていることを、青陵は高く評価しているのである。

学者と政治

まことに白石と徂徠とは、学者でありながら、江戸幕府の政治の中枢に接触する機会をもつことができたという点で、幕府の長い歴史の中でも珍しい例外であった。徂徠はその書簡の一つの中で、「此方《このほう》の儒は、国家の政に与《あずか》らず、身を終うるまで官を遷《うつ》らず、贅旒《ぜいりゅう》の如く然り」(『徂徠集』巻二七「屈景山に答う」)と述べている。「此方」とは中国に対して日本を指しており、中国では宋代以来、「科挙」とよばれる官吏登用試験があって、儒学の教養を身につけた知識人が政府に登用され、官職を歴任して出世してゆくことができるようになっていたのに反し、日本では学者は幕府や諸藩に登用された場合でも、「儒者」という特殊なポストしか与えられず、実際の政治には口出しを許されない。そのことを、せっかくの儒学の知識が無駄になっているという意味で、「贅旒」すなわち飾りものの旗のようだ、と徂徠はいっているのである。もちろん白石や徂徠といえども、この制限から自由であったわけではない。たまたま、白石の場合には六代将軍徳川家宣、徂徠ははじめ五代将軍綱吉の寵臣柳沢吉保、のちに八代将軍吉宗という、かれらの識見を認めてくれる主君にめぐりあうことのできた幸運により、例外的な活動の機会を与えられたまでのことである。しかしそのめぐりあわせを生んだものは、単なる偶然ではなかったかもしれない。かれらの活躍した元禄（一六八八〜一七〇四）から享保（一七一六〜三六）にかけての時代は、商品経済のめざましい発展などにより、社会の様相が変化して、江戸幕府の政治の流れの上でも、大きな曲り角となった時期であった。その転換期に直面した為政者らの間には、従来の慣例にとらわれることなく、新しい政治の方向を模索しようとする動きがあり、これまで無視されてきた学者の意見が求められるようになったのも、そのことの一つの現われであった。また白石や徂徠のようにすぐれた識見をそなえた学者が育ってきたのも、やはりこの時代にかれらが生まれあわせたことと無関係ではなかったに違いない。

ライバルとしての二人

新井白石が生まれたのは、明暦《めいれき》三年（一六五七）であるから、寛文《かんぶん》六年（一六六六）に生まれた徂徠に対しては、九歳の年長に当たる。ともに江戸で、そしていずれも二月の生まれであるのは、偶然の一致としても、上総《かずさ》の国（千葉県）久留里《くるり》藩主の土屋家に仕えていた白石の父が、白石が二十一歳のときに主家から追放されて牢人となり、この後約十五年間にわたり一家が貧窮な生活を送らなくてはならなかったことと、徂徠が後に述べるとおり十四歳から二十七歳までの間を、父の流罪にともなって上総の国の本納《ほんのう》村（現在、千葉県茂原《もばら》市本納）という片田舎で不自由な生活を過ごしたこととの間にも、人生体験のあり方として似ている面がある。青少年期にこのような社会的な不遇を経験したことが、かれらのものの考え方を、足が地に着いたものとするのに大きく役立ったと考えられるからである。そして年齢の差はあれ、白石が元禄六年（一六九三）に当時は甲府藩主であった徳川綱豊（のちの将軍家宣）に仕え、また徂徠は元禄九年から柳沢吉保に仕えて、ようやくそれぞれの順調な人生コースに乗りはじめたのも、ほぼ同じ時期であった。やがて白石は享保十年（一七二五）に、ついで同十三年に徂徠が、それぞれ世を去ることとなる。

このように同時代人であった二人は、しかし親しい交わりを結ぶどころか、互いにはげしい敵対意識を燃やしあっていたライバルであった。二人の間にこのような対立関係が生じたのは、一つには当時の政界の事情に原因があり、また一つにはもっと根本的に両者の性格や思想にも、それを生む原因があったと考えられる。まず、その政界の事情の方から眺めてみることとしよう。

将軍継嗣問題

白石と徂徠とが幕府政治の中枢に接近していった過程をその背景をなす政治勢力の交代と結びつけてみると、そこには一篇の壮大なドラマが浮かび上がる。江戸幕府の将軍の血統は、徳川家康から秀忠・家光・家綱と、四代までは順調に父から子へとうけつがれてきたが、その後に不安定な状況が生じた。家綱には子がなく、二人の弟のうち、甲府城主となっ

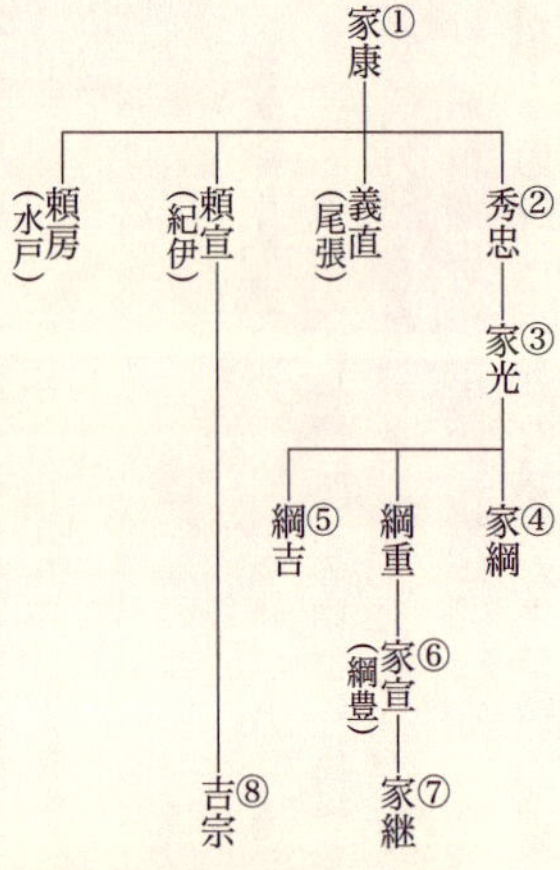

徳川将軍家略系図
（数字は将軍の代数を示す）

ていた綱重も早く世を去ったので、延宝八年（一六八〇）に家綱が病死すると、末弟の綱吉が館林《たてばやし》城主から立って五代将軍となった。綱吉も子宝に恵まれず、その祈願のために「生類憐みの令」を下して、天下の士民を苦しめたりしたことはよく知られているとおりである。結局綱吉はあとつぎの子がないままに宝永六年（一七〇九）に没し、後継者となった六代家宣は、綱重の子で、綱吉には甥に当たる。しかしこの家宣も三年後の正徳二年（一七一二）には、四歳の男の子一人を残して世を去り、七代将軍となって家継と名乗ったその子も、四年後の享保元年（一七一六）に病死して、ここに秀忠以来の直系の血統は完全に絶えた。そのあとには秀忠の弟の系統に当たる御三家の一つ、紀州藩主の吉宗が迎えられて、八代将軍の地位につくこととなる。

この複雑な継承関係は、幕府政治の上に多彩な変化をもたらした。綱吉にしても、また家宣や吉宗にしても、生まれながらにして将軍となることを約束されていた人々ではなかった。いわば傍系から入って将軍の地位に立ったかれらが、すでに百年に近い伝統をもつ幕府の機構を動かし、譜代大名や旗本の大きな集団を統率してゆくことは、決して容易ではなかったであろう。その困難を乗り切ろうとする努力が、気まぐれな専制君主の綱吉、謹直に道徳政治を実行した家宣、また計画的に幕政の改革を遂行した吉宗というように、それぞれの個性を発揮させ、その将軍の個性が、この時期の幕府政治の上につよく刻みつけられる結果となったのである。また、綱吉の側用人となった柳沢吉保や、家宣の側用人間部詮房《まなべあきふさ》のように、将軍に就任する以前から近臣であった人々が、幕府に乗り込んだ将軍にとって、もっとも信頼のできる相談相手となるのも自然であったから、かれら近臣の手に幕政の実権が集中され、いわゆる側用人政治の出現をみたのも、この時期における幕府政治の一つの特色であった。白石が低い身分の学者でありながら、幕政の枢機に参画することができたのも、まさにこの家宣政権の近臣グループの一人としてであったことは、よく知られているとおりである。柳沢吉保に仕えた徂徠にしても、実現はみなかったけれども、同様なチャンスを待望する意識を抱いていたと推測される。

政界への進出

白石に甲府藩（三十五万石）への就職の交渉があった時には、提示された俸禄が四十人扶持《ぶち》であって、あまりに低すぎると考えられたため、師の木下順庵が断わろうとしたのを、白石は進んで「当時、彼《かの》藩邸の事、他家の事に准ずべからず」といい、「ただ知るべからざる所の事は、我命《めい》の厚薄いかにや候べき」と述べて、受諾する方向に話を進めてもらったことを、のちに自叙伝『折焚く柴の記』の中で記している（『新井白石』日本の名著15、八一ページ参照）。それは一つの賭《かけ》であったに違いない。元禄六年という時点ではまだ家宣が将軍のあとつぎとなる確実な見通しが立っていたわけではない。しかしその可能性に白石は自己の運命をかけようとしたのであろう。これに対し、元禄九年に徂徠が柳沢家に就職した時には、吉保はすでに七万二千石の川越《かわごえ》城主であり、側用人のまま老中の格式を与えられて、将軍側近の第一人者として大きな権勢をにぎっていた。当初の俸禄が、白石の場合の四十人扶持（約二百石の禄高に相当する）に対し、徂徠が十五人扶持（約七十五石に相当）であったのは、藩の規模や当人の年齢にもよることであったであろうが、やがて徂徠はその学識を吉保に認められて、赤穂浪士の討入りがあった元禄十五年には、白石が二百俵二十人扶持（約三百石に相当）を受けたのに対し、徂徠は正式に三百石の知行取りになっている。実質は同額でも、俵高《ひょうだか》の俸禄や扶持をもらうよりも、石高《こくだか》で表示された知行を与えられた方が、武士としての格式は上である。のち徂徠は五百石にまで加増され、またこの間に将軍綱吉の御前に出て講義や議論を命ぜられる機会も多くなっていたが、綱吉の死とともに、一朝にして吉保の幕府における権勢は失われ、徂徠の希望も絶たれた。これに対し、将軍家宣のもとで幕府の旗本に登用された白石は、いわゆる正徳の治を実現することに努力し、とくに朝鮮使節の応接などに活躍したことにより千石の知行を与えられて、筑後守と称するにいたる。この時期の徂徠は、もっぱら学問に沈潜しつつ、友人や弟子に宛てた書簡の中では、しばしば白石に対する批判や軽蔑の気持をもらしていた。しかしこの形勢をふたたび逆転させたのが、幼い将軍家継の死による吉宗の登場である。

吉宗の方針は、綱吉や家宣の場合とはやや異なっていた。側近政治に対する反感が旗本や譜代大名らの間にわだかまっていることを見て取った吉宗は、これまでの側用人らを排除し、幕府政治本来の伝統に復帰するポーズをとることにより、幕臣たちの人心収攬をはかろうとしたのである（辻達也著『享保改革の研究』参照）。その際に、直接に攻撃の目標とされたのは、当面の反感の対象であった家宣政権の側近グループであったから、白石らは失意の境遇に陥れられたが、例えば白石の苦心の作に成った家宣の時の武家諸法度を廃棄させて、綱吉が天和三年（一六八三）に下した武家諸法度にもどしたという事実が何よりもよく物語っているとおり、綱吉の政治はむしろ肯定的に評価され、綱吉のもとで小姓などの役を勤めた旗本らで家宣・家継時代には冷遇されていた人々が、ふたたび日の当たる場所に置かれるようになった。こうして徂徠もまた新しい将軍に接近する機会をもつことができるようになり、幕府への登用をみるには至らなかったけれども、吉宗から政治に関する意見を求められて、体系的な政治論である『政談』を上呈し、この書に示された政治改革論は、その後における幕府や諸藩の政治の動きの上に大きな影響を及ぼしてゆくこととなる。

思想上の対立

白石も徂徠も、自己の抱く政治上の理想を実現するためにこそ、幕府の中枢部へ近づこうとしたのであって、単なる栄達を求めたのでなかったことは改めていうまでもない。しかし実際の政治の世界の中で生じた浮き沈みが、両者の間の対立感情を激化させたことも、また事実であろう。『政談』の中には、「新井ナドモ文盲ナル故、是等ノコトニ了簡《りょうけん》ツカヌ也」（二五八ページ参照）といったきびしい口調で白石に言及している個所がいくつか見出だされる。しかし博識をもって知られた白石を、「文盲」とか「無学」などと批評しているのには、徂徠の感情的な反撥が作用していたことを無視はできないとしても、やはり根本の理由としては、両者の学問観の間に大きな相違のあったことが注目されなくてはならないであろう。そのことはまた、両者の抱いていた人間観や政治観の相違にもつながっている。朱子学者として道徳政治の実現をめざし、「神は人なり」（『古史通』）という合理主義的な人間観にもとづいて、人間社会の歴史を統一的に把握しようとした白石に対し、徂徠は同じ朱子学を出発点としながら、やがてそれを捨てて独自の学問体系を樹立し、政治を道徳から切り離して、政治に固有の論理とでもいうべきものを追求するとともに、「理屈」を嫌い、人間社会の非合理性を前提として、自己の思想を組み立てようとした。そこには極端なまでに対立した二つの人間観や政治観が示されており、私たちはそこに、日本の知識人が現実社会に対処した際にとる態度の、いわば二つの典型を見出だすとともに、その担い手であった二人の個性が、まさにこの江戸幕府政治の直面した最初の大きな社会的変動の時期に花開いたことを興味深く思うのである。このように重要な思想史上の役割を、二人の登場人物が担っていたという点を考慮に入れるのでなければ、日本の十七世紀から十八世紀への替り目に演ぜられた右のドラマも、ただ政局の定めない変動に翻弄された知識人の悲喜劇としてしか、観客の目には映らないこととなろう。

近代精神の起点

江戸時代の封建社会の胎内から、近代的なものの考え方がどのように生長してきたかを問題とする場合にも、もっとも多くの関心が集中されるのは、この白石と徂徠との二人であって、しかもその「近代的」という概念の内容を、いかなるものと考えるかによって、白石を重視するか、それとも徂徠の方を重くみるかの二つの立場が分かれてくるのが面白い。近代的なものの考え方といっても、単なる萌芽《めばえ》だけであれば、数多くの思想家の言辞の中に、断片的な形でいくらでも見出だすことができよう。しかしその人の行動や学問思想を全体として眺めた場合に、それが近代への方向を指示していた、と評価することのできる思想家は、決して多くない。白石の名をその代表的な思想家として挙げるのは、私たちにはすでになじみの深い考え方である。「わが近代思想の父また先駆者としての新井白石の苦闘は諸君を打たねばやまないであろう」と、羽仁五郎氏が『折たく柴の記』（岩波文庫本）の解題に記したのは、昭和十四年（一九三九）のことであったが、このような評価は早くはすでに明治時代からあり、最近では桑原武夫氏の「日本の百科全書家 新井白石」（『新井白石』日本の名著15解説、一九六九年）において、白石のラディカルな合理主義の精神が、西欧の近代思想と共通の性格を具えたものとして高く評価されている。この場合には、白石の合理主義的思考や、個我の自覚、また他者に対するヒューマニスティックな寛容の精神などが、その思想の近代的性格を証明するものとみなされているのである。またこのような白石観、とくに右の羽仁氏の解題の文章や、同氏の著『白石・諭吉』（一九三七年）に描かれたような、封建的蒙昧《もうまい》さと闘う白石の姿が、合理主義や個人主義が抑圧されていた戦時下の日本では、若い人々の心につよくアピールする力をもっていたことも忘れがたい。

丸山真男氏の徂徠研究

これに対し、徂徠を日本における近代思想の出発点に位置づけたのは、政治学者の丸山真男氏がやはり戦時下の昭和十五年から十七年にかけて雑誌に発表した二つの論文、「近世儒教の発展における徂徠学の特質並にその国学との関聯」と「近世日本政治思想における『自然』と『作為』――制度観の対立としての――」であった。発表されたのが専門的な学術雑誌であったため、当時は一部の人々の注目をひいた程度にとどまったが、やがて戦後にいたり、昭和二十七年には右の二つの論文を収めた著書『日本政治思想史研究』が刊行されたこともあって、学界に大きな影響を及ぼし、この方面の研究分野ではほとんど定説とみなされるようになった。

徂徠についての丸山氏の立論は、前記の白石論の多くが、ともすれば白石一人だけをクローズアップする傾きがあったのに対して、徂徠個人の思想に視野を限定せず、朱子学から古学へ、という近世前期の思想界の特色をなす大きな流れに着目し、その潮流の中に徂徠を位置づけている点に特色があった。江戸時代初期の思想界は、朱子学一色にぬりつぶされた観を呈したが、やがて十七世紀の半ばを過ぎると、山鹿素行（一六二二〜八五）や伊藤仁斎（一六二七〜一七〇五）が現われて、朱子学に対する批判を唱え、それぞれ素行は聖学、仁斎は古義学と称する新しい独自の思想体系を樹立するにいたった。この二人に少し遅れて出たのが荻生徂徠であって、同様に朱子学を批判して独自の古文辞学を創始したが、この素行・仁斎・徂徠の三者は、いずれも朱子学のような後世の解釈を捨てて、古代中国の儒教の古典を直接に読み、その本来の精神を把握することをめざした点で共通しており、学派としては三者それぞれが独立していたけれども、これを総称して一般に古学ないし古学派とよんでいる。この三者の中でも、徂徠はもっとも遅れて出ただけに、朱子学批判に関しても、また思想の独創性においても、もっとも徹底していたとみられるが、丸山氏はこの朱子学から素行・仁斎を経て徂徠にいたるまでの思想の歩みを、封建的な思惟様式（ものの考え方）が解体し、それに代わる近代的な思惟様式の成立してくる過程とみて、その完成形態である徂徠の思想には、明確に近代思想としての性格が認められることを、論証しようとしている。

朱子学の合理主義的な世界観を否定し、「天」や「聖人」の不可知性を主張した徂徠の非合理主義の立場に、どうして近代的性格が認められるのであろうか。丸山氏の論点は多岐にわたっているが、これを集約していえば、第一に、朱子学の合理主義とは、道徳の理法が自然界と人間社会とのすべてを支配しているとみる「道学的合理主義」であり、したがって主観的・形而上学的な説明によって万事を割り切ってしまう傾向がつよいが、これは客観的・自然科学的な法則性を追求する近代的合理主義とは異質なものであって、西欧の思想史の上にあてはめてみれば、中世のスコラ哲学に代表されるような性格の合理主義に相当すると考えられる。西欧におけるこの中世的な合理主義から近代的合理主義への発展の過程は、直線的に進行したのではなく、いったん前者が否定されることにより、経験的・実証的認識への道が開かれるという段階を経過しなければならなかった。

日本の思想史上における徂徠ら古学派の出現は、まさにこの段階に相当するものと考えられるのであって、とくに徂徠が道徳と政治とを分離し、政治の世界に固有の論理とでもいうべきものを客観的に認識する方法を確立したのは、『君主論』の著者マキアヴェリの場合と同様な、「政治の発見」という点での大きな功績とされる。また第二に、制度観という側面から考察した場合にも、社会の秩序は人間の道徳的本性にもとづいて「自然」に形成されてきたものとみる朱子学の立場が、西欧中世の自然法思想に近似した性格を具えていたのに対し、社会秩序の起源を聖人の「作為」に求める徂徠の立場は、その聖人のはたらきを、一般の人々の合理的判断では測り知ることのできないものとした限りでは、たしかに非合理主義であったけれども、人間が主体的に社会秩序を作為し変革することができるという考え方を導入した点において、社会契約説などに代表される近代的な制度観への道を開いたものとして、やはり画期的であったと評価されるのである。

以上に要約した丸山氏の徂徠論は、非合理主義とか権威主義といった、通念では近代思想の特性に反すると考えられるものが、実際には近代思想の生成期に際して重要な役割を果したとみる、いわばパラドクシカルな歴史の構図を描いて、その中に徂徠の思想を位置づけている点で、私たちにつよい興味を覚えさせる。それによって私たちは、近代とは何か、という問題を改めて考えさせられるからである。また、鎖国体制下の閉ざされた日本社会の内部で、西欧における封建思想から近代思想への発展とほぼパラレルな動きがみられたとする丸山氏の構想は、世界史に共通の法則性を重視した、戦後の歴史学や社会科学の潮流ともよく合致していた。この論文が学界に大きな影響力をもった理由も、主としてその点にあったのであろう。

これと比べてみると、白石の思想の中に近代的性格を認めようとした議論の多くが、現代と過去とを直結させているという意味で、ややロマンティックであり、科学的というよりも文学的な色彩をおびていたことは、否定しがたいといえよう。しかし歴史の発展を、たとえば合理主義の生長というように、ただ直線的な進化の過程としてとらえることが単純にすぎるとしても、それと反対に、その過程にみられる断絶の側面や逆説的な現象ばかりに注目することも、やはり歴史の認識を一面化する危険性をはらんでいるように思われる。合理主義と非合理主義、個我の自覚と権威への随順、という風に並べてみれば、両者の立場はまったく相容れないものとしか考えられない。その場合には、もし徂徠を近代思想の出発点におく考え方が採用されるとすれば、白石の思想の近代性は否認されなくてはならないこととなろう。しかしこの二つの考え方は、はたしてそのようにまったく調和しえないものであろうか。その点はのちに、徂徠の思想の性格を検討したあとで、改めて考えてみることとしたい。

2　徂徠の生涯と著書

家系と父祖

徂徠が生まれたのは、四代将軍家綱の治世、寛文六年（一六六六）のことで、父の方庵《ほうあん》（名は景明。一六二六〜一七〇六）は、当時館林の城主であった徳川綱吉の侍医を勤めていた。綱吉は将軍の弟として、江戸の神田の邸に居住しており、方庵の家は麴町の近くの二番町にあった。方庵の父も玄甫《げんぽ》と号した医師で、江戸の市中で開業して名医の評判が高く、方

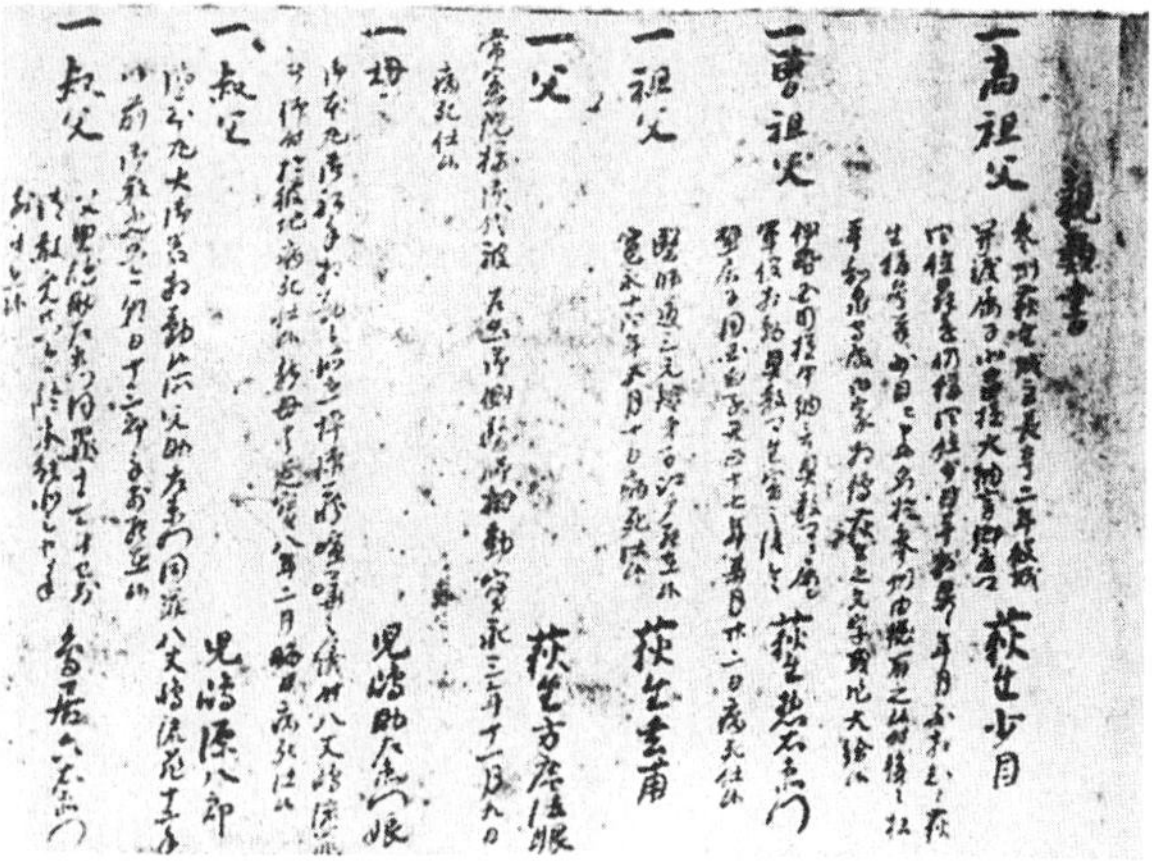

徂徠自筆の『先祖書及由緒書』

庵もはじめは町医師であったのが、取り立てられて綱吉の邸に勤務するようになっていたのである。

このように徂徠の父と祖父との二代は医師であったが、さらに祖先に遡ると武士的な系譜につながることを、のちに徂徠は兵学の著『鈐録《けんろく》外書』などの中で、誇りとして記している。徂徠自筆の『先祖書及由緒《せんぞがきおよびゆいしょ》書《がき》』によれば、荻生家はもと三河の国大給《おぎゅう》の城主であったが、戦国時代に伊勢に移って国司の北畠氏に仕え、北畠氏が織田信長に亡ぼされたのちは、同国の白子《しらこ》に居住し、玄甫の代になってから、大坂の陣より以前に江戸に出たという。三河の大給の出身とする点は、疑えば疑う余地があるが、伊勢の戦国大名北畠家の牢人であったことは事実であろう。牢人やその子孫が、医者や学者として身を立てようとした事例は、江戸時代の前期に多いが、荻生家の場合もその一つであったと思われる。

上総へ流謫《るたく》

徂徠は方庵の二男で、兄の春竹（医師）と弟の観《たすく》（字《あざな》は叔達、号北渓、通称惣七郎。幕府の儒官）との二人の兄弟があった。徂徠というのは号で、幼名を雙松《なべまつ》、字を茂卿《もけい》（諱《いみな》としても用い、その場合には茂卿《しげのり》と読んだらしい）、通称を惣右衛門という。また荻生家は物部氏《もののべ》の系譜をひくという伝承にもとづき、物《ぶつ》茂卿とも称した。方庵は医師として漢籍にも通じていたから、幼時の徂徠は父から漢文の手ほどきを受けたのであろう。後年の回想の中で徂徠は、七、八歳のころ、父の口述に従って毎日の家の中の出来事を筆記し、そのため十一、二歳のころには独りで本を読むことができるようになっていた、と記している（『徂徠集』『訳文筌蹄《せんてい》』題言」）。読み方を教わらなかった（「未だ曾て句読を受けず」）、とそこで述べているのは、父以外の先生について学ぶことはしなかったという意味であろうか。

十四歳の延宝七年（一六七九）にいたり、方庵は綱吉から処罰を受けて、上総の国の長柄《ながら》郡本納村に流罪となり、一家もそこへ移った。処罰の理由は明らかでない。この後およそ十三年間を片田舎で送り、生活の不自由を体験するとともに、農民や漁夫らの生活の実状を見聞したことが、現実に目を開かれるという意味で、自己形成にとってきわめて有意義であったことを、後年の徂徠は『政談』の中などでしばしば記している。学問上の師や友人もなく、書物も乏しかったが、祖父玄甫の蔵書であった『大学諺解《げんかい》』という本を父が所持していたので、この一冊を長年にわたって研究している間に、どんな本でも理解できるようになった、という（『徂徠集』「『訳文筌蹄』題言」）。これは経書の『大学』を平易な俗語で解説した書物と思われるが、これ一冊だけというのはおそらく誇張であって、ほかにも宇都宮遯庵《とんあん》（三近）が漢籍に標注を加えた本を入手して勉強したことを記している（『徂徠集』「宇都宮三近に与える書」）場合などがあり、要するに少ない書物をくり返して読み、ほとんど自学自修で学力を伸ばしたことを言おうとしているのであろう。

学界への登場

徂徠の一家が江戸へ帰ったのが、どの年であったかははっきりしない。徂徠自身は『徂徠集』などで二十五歳の時と記している（「『訳文筌蹄』題言」）が、それでは『政談』などに「十三年の間」田舎にいたと記した（六三ページ）のと合わないし、またのちに幕府で編纂された『寛政重修諸家譜』の中の荻生家の系譜では、方庵の赦免は元禄五年（一六九二）六月二日と記されており、徂徠二十七歳の年に当たる。これにもとづき江戸へ帰ったのが元禄五年のこととみるのは、辻達也氏の説であるが、ただ徂徠自身が何度も二十五歳と明記している点が不審である。ともかくこの際に、兄の春竹は本納村にとどまって開業医となり、現地に荻生の家系を後世まで残すこととなった。

江戸へ帰った徂徠は、芝の増上寺の近辺に私塾を開いたが、生活はきわめて貧しかったので、豆腐屋の世話になって豆腐のからを食べ、のちに出世してからその恩に報いるために二人扶持（年に米三石六斗ほど）を贈った話が伝えられており、「徂徠豆腐」という講談の題材にもなって、よく知られている。このころ門人に口述して筆記させた『訳文筌蹄』六巻は、徂徠の処女作であるが、漢文の中に現われる同訓異義の文字について、それぞれの意味や用法の違いを、微妙なニュアンスにわたって平易に説明したもので、きわめて便利な本であったため、学者の間に珍重されて、多くの写本が作られたことを、後年（正徳元＝一七一一年）同書が出版された時に加えた「題言」の中で記している。同書により徂徠の才能は一躍して学界に知られるようになった。この点からみても、上総にいた間の徂徠が、独学であるだけに、かえって漢文を精密に読解する能力を身につけるにいたっていたことがうかがわれる。

なお、父の方庵は、赦免後まもなく元禄九年五月には幕府に登用されて、翌年には奥医師に任ぜられ、将軍となっていた綱吉に再び近侍することとなった。さらに同年の年末には、医師としての高い格式を意味する法眼《ほうげん》の位に叙せられており、綱吉の信任を完全に取りもどしていたことが知られる。流罪の理由もおそらく大したことではなかったのであろう。やがて方庵は宝永元年に隠退し、同三年に八十一歳で世を去った。その俸禄二百俵は、徂徠の弟の観が相続したが、観は医師ではなく、儒者として勤務し、のちに幕府の命により『七経孟子攷文《こうぶん》補遺』を著わしたことなどで知られている。

柳沢家へ出仕

元禄九年八月、三十一歳の徂徠が柳沢吉保に仕えるようになったのは、その学力の評判が知られたためであろう。最初の身分は馬廻《うままわり》役で俸禄十五人扶持、翌月大近習《おおきんじゅ》という役に転じ、翌十年になって正式に儒者を命ぜられている（十人扶持加増）が、『由緒書』に「学術を以《もつて》」召し抱えられたと記しているとおり、もともと学者としての登用であった。

出仕した翌月の九月十八日に綱吉が柳沢邸を訪れた際には、徂徠も拝謁を許され、将軍自身が経書を講義するのを拝聴させられたばかりではなく、幕府の儒官を代表する大学頭《だいがくのかみ》林信《のぶ》篤《あつ》と将軍の面前で対論するよう命ぜられて、褒美を賜わったりしているのをみても、綱吉の周辺で徂徠の学識がすでに高く評価されていたことがうかがわれる。同じ九月二十六日には、江戸城中に呼び出されて、綱吉が『周易《しゅうえき》』（『易経』）を講義するのを拝聴し、これ以後、月に三度ずつ登城することとなり、また年に二、三回は綱吉が能を舞うのを拝見するために登城することがあった。綱吉が柳沢邸を訪れるたびに陪席したことはいうまでもない。

しかし将軍みずからが儒書を講義して聞かせたり、学者らに面前で議論をさせたりして喜んでいたのは、学問を愛好する心の現われではあったとしても、それだけではたして実践の学問である儒学を本当に尊重したことになるかどうかは疑わしい。あるとき城中で綱吉の講義を一同で拝聴していた際に、徂徠一人が納得のゆかない顔をしたため、綱吉に見とがめられたが、進み出て説明すると、かえって感心され、褒美として印籠《いんろう》を頂戴したことがあった、と徂徠は自己の『由緒書』の中に記している。それがいかに特別なことであったか。旗本で国学の先駆者としても知られる戸田茂睡《もすい》が、当時の世相を記録した『御当代記』には、綱吉の近臣らが、わずかな失策のために主君の怒りにふれ、厳罰に処せられた事例が多く載せられているが、それらを想起してみると、このとき徂徠がどれほどの危険を冒したのであったかが理解できるようである。この逸話は、将軍の講書が儀礼的で非学問的な雰囲気の中で行なわれたことを物語るとともに、やはり吉保や徂徠らに対しては綱吉が特別な偏愛を傾けていたことをうかがわせる。

また徂徠は、『政談』の中で、柳沢家の領地である川越付近の百姓が、貧困のため流浪している間に、やむをえず病気の母親を途中に残しておいたことから親捨ての刑罰に問われそうになったのを、これは本人の責任ではなく、貧窮に陥らせた為政者の方にこそ責任があるのではないか、と主張して、吉保を承服させた話を記している（六一〜六二ページ）。この場合に、親捨てとして処罰することに固執したのは、吉保自身であったが、この点にも綱吉や吉保らの抱いていた道徳観があらわれている。

綱吉の治世のはじめ、天和二年（一六八二）に全国の街道に建てさせた高札は、その第一条の文言が「忠孝をはげまし」で始まっているため、忠孝札《さつ》とよばれるが、このように庶民に対してまで忠孝の道徳を励行させるとともに、「若《も》し不忠不孝の者あらば、重罪たるべき事《こと》」と明示して、その違反者に対しては厳罰で臨もうとしていた。これでは道徳も法とひとしく、社会秩序を維持するための手段として、為政者から人民に強制されるものとなってしまうが、強制される人民の立場になって考えてみようなどとはしなかったのが、綱吉や吉保らの道徳感覚であった。右の逸話の中でも、他の儒者たちの唱えた議論が、本人の立場からする道徳論としては筋が通っているのに、吉保には理解されなかったという事実が、そのことをよく示している。

徂徠の不本意

徂徠はこの場合には、政治的責任という新しい視角から、いわば吉保の思考の盲点をつき、もし本人を親捨てとして処罰したりすれば、かえって他領に対し藩当局の恥をさらす結果になるであろうことを言外ににおわせて、説得に成功したのであった。いずれにせよ綱吉や吉保による学問愛好の実態がこの程度のものであったとすれば、この時期の徂徠がいかに政界の中枢に接近し、綱吉と吉保に信任されたとはいっても、結局は「国家の政に与ら」ざる「贅旒」の域を脱することはできなかったであろう。

柳沢家における徂徠の職務としては、吉保の侍講を勤めたり、漢詩文の代作をしたりすることのほかに、図書を訳読したり編修したりする仕事があった。藩の蔵版として中国の正史のうち『晋書《しんじょ》』『宋書』『南斉書《なんせいしょ》』『梁書』『陳書』の五史が出版されたのは、元禄十四年（一七〇一）から宝永三年（一七〇六）にかけてであったが、これまで和刻本のなかったこれらの史書に訓点を付け、校注を加える作業をしたのは、徂徠と同僚の志村楨幹との二人であった。元禄十三年に、それまで二十五人扶持（約百二十五石に当たる）を与えられていた徂徠が、一躍二百石の知行取りに昇格したのは、右の仕事の着手と関連があったのかもしれない。ついで『柳沢家譜』の編修に従事し、それが完成した元禄十五年には三百石に加増された。同様にして主君吉保と中国人の禅僧との筆談を集録した『勅序護法常応録』を編修したことにより、宝永三年には四百石となり、さらに綱吉の没後には、その一代の記録の編修を命ぜられて、正徳四年（一七一四）に『常憲院殿贈大相国公御実記』（通称『憲廟実録』。常憲院殿とは綱吉の諡号《しごう》で、憲廟はその略称）として完成し、五百石に加増された。このようにみると、徂徠が柳沢家で五百石もの俸禄を与えられたのは、儒者として異例の優遇であったに違いはないが、それは実際の政治とは無関係な、もっぱら学事の方面での業績によるものであり、しかも学事とはいっても、『晋書』以下の五史の加点の場合を除くと、徂徠自身にとってみればあまり情熱の湧く仕事ではなかったと思われる。宝永元年に家宣が将軍の後継者と定められて、江戸城の西の丸に移ったあと、甲府十五万石は柳沢家の領地となったが、同三年に徂徠が藩命を受けて甲州へ旅行した時の紀行文「峡中紀行」（『徂徠集』）の中では、「十数年来、鳥籠の中にちぢこまっていた」ようだ、との感慨を洩らし、また自分が家中では「文人」として「閑職におかれて」いたと記しているのをみても、柳沢家での徂徠の生活が、かなり不本意なものであったことがうかがわれるようである。

藩邸を出る

宝永六年の正月に綱吉が没してまもなく、三月に徂徠は吉保の特別のはからいにより、藩邸を出て江戸の市中に居住することを許され、学者としての活動に専念することができるようになった。時に四十四歳である。『由緒書』によれば、吉保は徂徠に、「日本無双《むそう》之名儒之聞《きこえ》モ相立《あいたち》、総而《そうじて》世上之為ニモ相成《あいなり》候様《よう》」にせよ、と励まし、時々は暇を見て藩邸にも出勤するようにせよ、俸禄は従来どおり支給する、と申し渡したという。もはや自分のもとでは徂徠の大きな才能を活用する機会がないのを悟って、吉保は徂徠を藩邸生活の拘束から解放し、その能力を自由に発揮させようとしたのであろう。前記の『憲廟実録』編修のような仕事を命ぜられることがこの後にもあり、家臣としての身分に変化はなかったが、常時の勤務を免除されたのは、格別の優遇であった。なおこの後にも徂徠は、毎月一回は定期的に藩邸へ講義のため出勤していた。

徂徠自身としても、政界の情勢が一変した今、これまで充たされないままで抱きつづけてきた政治への参加の意欲をいったん放棄して、学問の世界に没入しようとする気持があったのであろう。このころ門人の山県周南に宛てた書簡の中では、返信を出すのが遅れた理由を述べて、春になり病気は少しよくなったけれども、「鼎湖《ていこ》丹成の日」すなわち天子の死に際会したために、「則ち不佞（私）は陪臣と雖《いえ》ども、亦《ま》た嘗《かつ》て叨《みだり》に恩沢を辱《かたじけな》くし、僭《みだり》に朝廷侍従の臣の後に厠《まじ》わり、時々天威に咫尺《しせき》し、芸を講じ賚《たまもの》を拝し、日月の末光に沐浴《もくよく》する者《こと》、十四年なり。一旦竜髯《りゅうぜん》を抱きて号《なきさけ》べば、是れ詎《なん》ぞ其の它《た》をこれ問うに遑《いとま》あらんや」（『徂徠集』巻二一「県次公に与う」）と述べている。この文章が綱吉の死に際しての悲しみを表現していることは、説明するまでもないが、文中で用いている「鼎湖」「朝廷」「天威」「日月」「竜髯」などの語は、いずれも中国では天子に関してのみ用いられる語であるところから、これを徂徠が天皇ではなく将軍に適用したのは、「名分を紊《みだ》り、僭乱を煽《あお》る」（中井竹山『閑距余筆』）ものであるとして、のちに批難を招くこととなる。この点は近代に入ってからも皇国史観の立場から徂徠の思想が排撃される主要な理由となる（小野寿人「徂徠学弁析」『史学雑誌』四七―一二、一九三六年）のであるが、名分論的な批判はともかくとし、徂徠が将軍を国家の主権者とみなしていたことは事実であり、したがってまた、その将軍の地位にあった綱吉の血統が絶えて、新将軍家宣の就任をみたことは、中国の王朝交代にも似た一種の革命であるとみなされて、徂徠はこれを「鼎革」（『徂徠集』巻二五「朽土州に与う」）の語で表現していた。とすれば、陪臣ではあっても前王朝の君主の恩顧を受けた者は、政治から隠退するのが当然と考えられることになる。もっとも逆にいえば、隠退を余儀なくされるような状況があったために、徂徠がことさらに、綱吉の死を大げさな言葉で表現したとも考えられるわけである。

藩邸を出た徂徠は、まもなく日本橋の近くの茅場《かやば》町に住居を定めた。「茅」と「蘐」とは、もとの字の意味は異なるが、和訓ではともに「かや」と読まれるところから、徂徠はこの邸宅を「蘐園《けんえん》」と号し、やがてここに集まる同人らも「蘐園社中」（「社」は結社・同人団体の意味）などとよばれるようになった。徂徠の門流を蘐園学派と称するのも、これに由来する。

俳人其角《きかく》の句と伝えられる「梅が香や隣りは荻生惣右衛門」は、この茅場町にいたころのことを詠んだものとされるが、其角はすでに宝永四年に没しているから、別人の作であろう。句意は、梅の香りが高いように高名な学者である徂徠が、町人らの家と隣り合った町の中で暮らしている様子をうたったものと解される。徂徠の住居は、こののち正徳三年のころに牛込に移り、さらに享保五年（一七二〇）には赤城《あかぎ》（神楽坂の付近）へ移転、後にその家が類焼したため市ヶ谷大住町へと移ったが、「蘐園」の称は定着して、自他ともに用いられつづけた。

古文辞学の成立

徂徠の学派が、また古文辞学派ともよばれるのは、その学問の性格にもとづく命名であるが、その独特の古文辞学の立場が確立されたのも、このころであった。古文辞学については、別項の前野直彬氏の解説（編集部注――本書原本『荻生徂徠』日本の名著16収録「徂徠と中国語および中国文学」）にゆずるが、学界一般の風潮に従って前半生には朱子学を奉じていた徂徠が、古文辞学に転向するに至ったのは、偶然の機会に李攀竜《はんりよう》（于鱗）・王世貞（元美）という明《みん》代の二人の文人の著書（詩文集）を入手したのが、その始まりであるという。

『蘐園雑話』によれば、あるとき庫にいっぱいの蔵書を売る者があるとの話を聞いて、徂徠は自分の家の中の畳まで売り払うほどにして百六十両の金を工面し、それを買い取ったが、その中に右の本が含まれていたとし、それは徂徠が三十九か四十歳のころであったと記している。このめぐり合わせを、徂徠はのちにしばしば「天の寵霊」すなわち「霊妙な天のめぐみ」（『弁道』一など）であったとして感謝の気持を表明している。三十九か四十歳といえば、柳沢藩邸にいた宝永元年か二年に当たるが、本を入手してからでも、読みにくい古文辞に習熟し、さらにそこに自己の新しい学問の方法を見出だすまでには、当然ながら数年を費やさなくてはならなかった。そのことは、「安積澹泊に答える書」（『徂徠集』）などに記されている。

しかし藩邸を出る前後になれば、すでに文学ないし語学の理論としての古文辞学の立場はほぼ確立されていたことを、その二年後の正徳元年に出版された『訳文筌蹄』の「題言」が物語っている。古文辞は古代中国の文体に習熟するためのすぐれた方法であるとするのが、徂徠の新しい主張であったが、それとともに現代中国の俗語を学ぶことも、同様に中国文の学習法として重んぜられるべきであるとし、むしろ最初はそこから入門するのが理想であるとの主張も、この「題言」の中で説かれている。中国の口語すなわち「唐音」の学習は、徂徠が早くから関心を抱いていたところであった。同じ正徳元年には、長崎の唐通事《とうつうじ》（通訳）である岡島冠山から中国語を学ぶため、「訳社」と称する会を作り、その規約を定めている（『徂徠集』「訳社規約」）。

徂徠の門人としては、柳沢藩邸時代に入門して、同藩の藩士になった安藤東野と、長州藩の学者の家に生まれて同じころ入門した山県周南との二人がもっとも早く、ついで正徳元年には太宰春台、同年ごろに服部南郭が入門している。のちに春台は経学、南郭は詩文の学によって、それぞれ徂徠の門流を代表する存在と目されるにいたる。そのほかにも、徂徠の斬新な学風や、「徠翁（徂徠）ハ極メテ才ヲ愛スル人」（『蘐園雑話』）と評せられたような包容力のある人柄を慕って、多くの俊才がその門下に集まり、蘐園塾の同人たちはしだいに学界での一大勢力をなすにいたった。

仁斎に対する批判

この時期の徂徠が文学ないし語学の方面に主として力を傾けていたのは、前記のように現実の政治の世界に対する諦めの意識があったことにもよるが、また一つの理由として、徂徠よりも早く朱子学の理論を批判し、古義学と呼ばれる新しい思想体系を樹立していた京都の伊藤仁斎に対して、徂徠があきたりない気持を抱いていたがために、かえって朱子学を捨てる決断がつかず、容易には新しい立場にふみ切ることができなかった、という事情もあったようである。

仁斎の名声を徂徠はすでに上総の田舎にいたころから耳にしていたが、そののちに仁斎の著書を読んだり、京都から来た同僚にその学説を聞いたりして、ますますその見識に敬服し、教示を仰ぎたいと考えて、書簡（『徂徠集』「伊藤仁斎に与える書」）を宝永元年のころに仁斎に送った。しかし仁斎はまもなく宝永二年に病死したので、仁斎からの返信はなかった。このことが原因となって徂徠が仁斎に対して反感を抱くようになったというのは有名な逸話であるが、反感を抱いたのは徂徠自身も明記している（『蘐園随筆』巻二その他）から事実としても、右の書簡の中で、仁斎の学説について「完全には納得できないところがあ」ると述べているとおり、思想上も必ずしも全面的に一致していたわけではなかったことが忘れられてはならないと思われる。

徂徠はやがて正徳四年に『蘐園随筆』五巻を公刊したが、その中では、朱子学の立場から伊藤仁斎の学説を攻撃することに大きな力が注がれている。同書は『訳文筌蹄』に次いで徂徠の文名を高めた著述であったが、その公刊からわずか三年後の享保二年に、徂徠が『弁道』などを著わし、仁斎と同様に朱子学を批判する立場をとったことは、誰の目にもいかにも異様な印象を与える。徂徠自身も後年には、同書を公刊したことを後悔しているとの旨を述べたり（『徂徠集』「安積澹泊に答える書」）、未熟なときの作品であるから読まないでほしいと記したり（『答問書』下）しており、その点からみても右の反感が主たる動機となって徂徠が同書を著述したと考えられがちであるが、しかし単に個人的ないし一時的な感情の産物であるにしては、同書が読書界によび起こした反響はあまりに大きかった。「徂徠ハ初メサノミ聞エザリシガ、蘐園随筆刊行後、俄《にわか》ニ世上ニ名高クナリシナリト」（湯浅常山『文会雑記』）といわれ、後年の徂徠が同書に関して弁解をくり返さなければならないほど世間に流布したのは、何故であったか。それはやはり、世人の注目を惹くに値いするだけの斬新な主張が、その中に盛られていたからであろう。朱子学を擁護するとはいっても、それは徂徠が朱子学に独自の新しい解釈を加えることにより、仁斎の朱子学批判が必ずしも当たっていないことを指摘している場合が多く、その徂徠の加えた新解釈は、むしろ後年の徂徠の主張に連続する性格をおびていたとともに、朱子学の立場からすれば、いわばその伝統的な解釈に新生面を開くものであった。そのことにより、陳腐な朱子学解釈に飽きていた読書人たちは、目を開かれる思いをしたのであろう。

一例を挙げれば、巻一の初めの方で、中国古代の聖人の政治には現実から遊離しない「忠厚」の風があったことを述べて、「蓋《けだ》し聖人の道は、便《すなわ》ち王者の道。王者の道は、大心に非ざれば安《いずくん》ぞ能《よ》く窺《うかが》うを得んや。仲尼（孔子）の其の位《くらい》を得ざりしより、其の平生、門弟子と講論する所は、率《おおむ》ね自修之言多し。後の大儒君子に及びても亦《ま》た多くは内を詳らかにして外を略にす。則ち流風の弊《やぶ》るる所、後の学者陋隘《ろうあい》の見《けん》、徒《いたず》らに聖人も適《まさ》に人意と殊《こと》ならずと謂いて、王者の道は天地と其の流を同じくすることは、能く之を識ること鮮《すくな》し。善いかな晦《かい》庵《あん》（朱子の号）先生の曰く、周礼の一書は、皆な広大の心中より流出すと。予も又《また》是に由りて仏老に処する所以《ゆえん》を知るなり」とした一文があるが、ここにみられる徂徠の主張は、為政者に必要とされる視野の広い社会的な見識（「大心」）を重んじている点で、後年のかれの思想とほとんど変わらず、ただそれが「晦庵先生」の説に結びつけられているのが異なるばかりである。この文章では仁斎には言及されていないけれども、後年の徂徠であれば、「内を詳らかにして外を略にす」る、すなわち個人の内面的な徳性ばかりを重んずる点で、「仏老」に類した思想として、仁斎を朱子学と並べて排撃することとなるであろう。

このようにみれば、『蘐園随筆』から、三年後の『弁道』や『弁名』へという急速な立場の変換を、無節操な転向のように考えるのは、事実に当たらず、むしろ徂徠としては、同書のような立場を経由することなしに、最終的な思想の結実には到達することができなかったとみるべきであろう。同書を著述することを通じて、徂徠は仁斎とは異なった角度から朱子学を克服する道を模索していた、と考えられるのである。

徂徠学の完成

八代将軍吉宗の治世が始まった享保元年に、徂徠は五十一歳であった。政権交代の影響が今回は直ちに徂徠の身に及んでくることはなかったが、その翌年の享保二年に『弁道』などが著述されたことにより、この前後の一、二年は、やはり徂徠の生涯の上で大きな区切り目をなしている。『弁道』一巻の末尾には「享保丁酉秋七月望」と記され、享保二年七月の満月の日、すなわち十五日に脱稿したことが知られるが、この日に現在の形にまで完成されたのではなかったらしく、その後にも補訂が加えられて、徂徠の没後、元文《げんぶん》二年（一七三七）に、『弁名』とともに初めて刊行されるにいたる。しかし基本的な骨組みはこの初稿の段階で固まっていたに違いない。『弁道』と並べて二弁と称せられる『弁名』二巻も、年代は明記されていないが、ほぼ同時か少し遅れて成稿したと思われる。

なお『学則』一巻も、内容の一部はもっと早い時期に執筆されていたようであるが、全体がまとめ上げられたのは、やはりこの前後であろうと推測される。『学則』が刊行されたのは右の二書よりも早く、徂徠生前の享保十二年である。この『弁道』『弁名』ならびに『学則』の三書には、徂徠の独特な思想の体系がもっともよく整理された形で叙述されており、この後に著述された『論語』の注釈書『論語徴』十巻とともに、徂徠の主著とみなされるものであるが、その三書がこの時期に成立したことは、徂徠の思想が大きな飛躍を遂げて、ようやく完成の域に達したことを示している。なお『弁道』という書名は、道とは何か、を弁析・解明するの意味であり、『弁名』は、「道」「徳」「仁」「智」など各種の「名」すなわち概念についてそれぞれの意味内容を解明したもの、また『学則』は、学問をする際の心構えや方法を七項目に分けて門人に教えたものである。

このようにして成立した徂徠の新しい立場は、やはり古文辞学とよばれるが、それ以前の、徂徠が四十歳代に唱えてきた古文辞学と比べると、やや性格を異にしていた。以前の古文辞学が、詩文を制作したり、古文の文体に習熟したりするための、いわば文学ないし語学の方面に関する方法論であり、その内容においても、明代の中国に流行した古文辞論の直輸入という傾きをおびていたのに対し、新しく樹立された古文辞学では、右の方法を儒学の古典である経書の解釈の上に適用し、経学すなわち経書にもとづく哲学ないし道徳や政治の学問の方面に、独自の理論体系を構成した点に大きな特色がある。このように古文辞の方法を経学の分野にまで拡張するのは、中国では試みられなかったことであり、徂徠自身もその独創性を誇りとしていた。

堀景山に宛てた書簡の中では、「不佞、幼より宋儒の伝注を守り、崇奉すること年あり。積習の錮する所、亦た自《みずか》ら其の非を覚えず。天の寵霊に藉《よ》り、中年に曁《およ》びて二公（李攀竜・王世貞）の業を得て、以て之を読む」といい、「李・王の二公は世を没するまで其の力を文章の業に用いて、経術に及ぶに遑《いとま》あらず。然れども不佞は其の学を藉《か》りて、以て経術の一斑を窺《うかが》うを得たり」（『徂徠集』巻二七「屈景山に答う」）と述べている。もとよりこの時期にはいってからも、文学・語学の方面での活動は継続され、学者の間では古文辞がもてはやされて、徂徠の名声は高まるばかりであった。江戸時代から近代にいたるまで、多くの日本人に愛読された『唐詩選』は、もと李攀竜が編集したもので、服部南郭が享保九年に覆刻してから、広く世に普及し、古文辞学流行の遺産の一つとされる。

吉宗と接近

幕府政治とふたたび交渉をもつようになったのは、享保六年に『六諭衍義《りくゆえんぎ》』に訓点を付けることを命ぜられたのが最初である。これは明の太祖が人民に下した「六諭」すなわち六ヵ条の教訓の文（「孝㆓順シ父母ニ㆒、恭㆓敬シ長上ニ㆒、和㆓睦シ郷里ヲ㆒、教㆓訓シ子孫ヲ㆒、各安ンジ㆓生理ニ㆒、無《なかレ》レ作《なス》㆓非為ヲ㆒」の六条）を平易に解説した書物であるが、その解説は明代の口語で記述されていたので、はじめに翻訳を命ぜられた幕府の儒官室鳩巣《むろきゆうそう》が十分には読めなかったのを、改めて徂徠に下命されたのである。徂徠の訓読は将軍吉宗を満足させ、幕府ではこれを人民教化のために役立つ文献として出版させることとした。『由緒書』によると、この際に徂徠は出版に反対する旨の意見を述べたようであるが、理由は明らかでなく、結局は序文の執筆までも命ぜられて、出版のはこびとなった。享保改革における教化政策の一環をなすものである。

これを契機として徂徠は吉宗に認められるようになり、翌年二月には登城して褒美を頂戴するとともに、引きつづいて「御隠密御用《おんみつ》」を命ぜられ、毎月三度ずつ有馬兵庫頭氏倫《うじとも》の邸宅へ出勤することとなった（『由緒書』）。「御隠密御用」とは、密偵の職の意味ではなく、ただ内密に政治上の諸問題につき有馬氏倫を介して将軍の諮問にあずかることをいうのであろう。氏倫は紀州から吉宗に従ってきた近臣で、当時は側衆《そばしゅう》の地位にあった。具体的には有名な「足高《たしだか》」の制が、この諮問に答えた徂徠の意見にもとづいたものであることを『由緒書』は記している。足高とは、低い禄高の家に生まれた旗本で有能な者を抜擢《ばってき》し、高い役職に任命する場合に、その在任中だけ役職相当の俸禄を支給するという制度で、人材登用のために大いに役立った。

同じころ室鳩巣もしばしば吉宗から政治に関する質問を受けていたことが、鳩巣の著『献可録』などによって知られ、享保改革を遂行するに際して吉宗が学者たちの意見を活用しようとしていたことがうかがわれる。

さきに『六諭衍義』の訓点を命ぜられたころ、徂徠は墨君徽（住江万之丞。熊本藩士）に送った書簡（『徂徠集』「住江君徽に与える書」）の中で、「老中の邸へ行くと腰をかがめてばかりいなければならないので、気息奄々《えんえん》としている」といい、「以前にも老中らの前で議論をしたことなどがあったが、それも文章の末事に関することばかりで、お上《かみ》から褒美を頂いたというのも形式的な儀礼にすぎなかったのに、それを伝え聞いた人は、私が国家の政治の大方針に関与して、将軍の覚えがめでたいかのように考えて、方々から祝賀の言葉を頂き、恥ずかしく思った。今回の小さな文筆の仕事などもべつに祝ってもらうほどのことではない」という趣旨のことを述べていた。「以前」すなわち綱吉の時代のように、将軍のお道楽としての学問文芸のお相手をつとめさせられることには、徂徠はもう飽き飽きしていたのであろう。今回も『六諭衍義』に加点する仕事を命ぜられた段階では、まだそれと大差がないように徂徠には思われたのであったが、やがて「御隠密御用」を命ぜられるに及んで、吉宗の学者に対する態度が綱吉の場合とは異なっていることがわかり、おそらく徂徠はようやく待望のチャンスが到来し、自己の抱く理想を政治の上に実現する道が開けたことを感じたに違いない。

幕府政治の現状とその改革案を述べた晩年の大著『政談』四巻がまとめられたのは、このようにして生まれた希望に支えられてのことであろう。『政談』の内容は幕府政治の機密に関係したことであるため、徂徠はこれを門人にも内密にし、老眼でありながら自分の筆で書いて、上覧に供する旨を巻四の末尾に記しており、直接に吉宗に提出した上書であることは確かであるが、それが著述され上呈された時期は明らかではない。辻達也氏は内容の記事にもとづいて享保十年七月以降と判断し、同十二年四月には徂徠が登城して初めて吉宗に拝謁を許されているので、上呈もその前後に行なわれたものであろうと推定している。同書は徂徠の現実政治に関する見識を知るために重要であるばかりではなく、そのすぐれた洞察力によって当時の社会や幕府政治の実情が正確に把握されており、江戸時代の社会や政治のあり方を知るための好資料となっている。

亀井南冥《なんめい》は徂徠の著書を批評して、「二弁（『弁道』『弁名』）は語徴（『論語徴』）に如《し》かず、語徴は文集（『徂徠集』）に如かず、文集は政談に如かず」と語ったと伝えられる（南冥の子昭陽の著わした『読弁道』に見える）が、南冥ははじめ徂徠の学風に心酔し、のちこれに批判的姿勢をとるようになった人であるから、右の批評にもいくぶんかの偏見が含まれており、『弁道』『弁名』に示された基礎理論を承認しなければ、『政談』の主張を正しく理解することもできないはずであるけれども、ともかく『政談』を単なる一時の政策論とみるのではなく、徂徠の著述の中でも重要なものとして高く評価している点は注目される。なお、『政談』と同様に吉宗に上呈された献策として『太平策』一巻が伝えられているが、本書は内容から判断して徂徠の著述とは考えられず、『政談』などを材料として後人の偽作したものと思われる（拙稿「『太平策』の著者について」『名古屋大学日本史論集』下巻所収、参照）ので、ここではふれない。

晩年の徂徠

吉宗からは享保九年に徂徠を幕臣に登用したい旨の内意が伝えられたが、この時は徂徠は辞退している。柳沢家への遠慮か、あるいは儒官となって文筆関係の公務に追われるのを嫌ったか、そのいずれかの理由によるのであろう。その後、享保十二年には正式に拝謁を許されるにいたり、この翌年、吉宗は徂徠を普通の儒官よりも高い身分に登用して、政治上にも活用するつもりであったと伝えられる（『蘐園雑話』）が、真偽いずれにせよ、徂徠は享保十三年の正月十九日に病死したので、実現をみることはなかった。

この日、江戸には大雪が降っており、徂徠が臨終に際して、「海内第一流《かいだい》の人たる物茂卿、将《まさ》に命を隕《うしな》わんとす。天も為《ため》に此の世界をして銀ならしむ」と語ったという話は、『先哲叢談』に載せられて広く知られているが、傲岸な自信家であった徂徠のおもかげを伝える話としては面白いけれども、事実かどうかはわからない。同じ『先哲叢談』では病中の語として、また『蘐園雑話』では右の豪語ではない臨終の語として伝えるものに、「自分が死んだ後、遺著は広く読まれるであろうが、日本の中で自分を理解してくれる者は、東涯《とうがい》ただ一人であろう」という嘆息の言葉がある。仁斎の長男である伊藤東涯（一六七〇〜一七三六）は、徂徠とほぼ同世代で、京都の古義堂にあって、仁斎の学問を発展させており、その学風にはげしい対抗意識を表明した徂徠も、仁斎以上と評せられる東涯の学識には、かねて尊敬の念を抱いていた。門人の数は多くとも、思想上の後継者に恵まれなかった徂徠としては、あるいは右の嘆息の言葉こそ、その最期にふさわしいものであったかもしれない。

徂徠の業績

なおこの間、享保七年以降に、徂徠は幕府から政治上の諮問以外に各種の漢籍の校訂や翻訳など、学問上の用務を命ぜられることも多かったが、その中でとくに重要なのは『大明律』の翻訳である。これは明朝で編纂された刑法の法典であって、法律に関心の深かった吉宗は、はじめ本書の翻訳を徂徠の弟の荻生北渓（観）に命じたが、その学力では及ばなかったので徂徠が代わり、『明律国字解』三十七巻として完成した。原題の『大明律』をただ「明律」と改めたのは、「大」が尊称であり、明に服属していない日本で、「大明」と尊称する理由はないからである、と同書の最初のところで述べている。このような中国の法律書の研究は、この前後に紀州藩の学者榊原篁洲《さかきばらこうしゅう》らも行なっており、吉宗の時代に幕府の最初の法典である『公事方御定書《くじかたおさだめがき》』（『御定書百箇条』）が編纂されたりしたことと関連があるが、その中でも徂徠の『明律国字解』は、現代でも中国法制史の研究のために役立つ文献として重んぜられており、その学識の卓越していたことを物語っている。

晩年の徂徠が心血を注いだ著述としては、なお『論語徴』十巻がある。これは『論語』の注釈であるが、経書の注釈という形式を通じて自己の思想を述べるのは、古代以来の中国における学問の伝統であって、徂徠も自己の主張を儒学の理論として提示する以上は、その理論が経書の解釈に適合することを証明しなければならなかった。そのため、ほかにも『大学解』一巻、『中庸解』一巻などを著わしているが、もっとも力作は『論語徴』であって、独創的な解釈に富むことが長所であるとともに、その反面、自己の主張にひきつけたやや無理な解釈の多い点もしばしば指摘されている。

徂徠の学問は範囲が広く、兵学の書である『鈐録《けんろく》』二十巻では、明《みん》の兪大猷《ゆたいゆう》・戚南塘《せきなんとう》らの軍法にもとづいて、日本古来の個人戦闘とは異なる、大軍の集団を組織的に運用する軍法を説いている。本書は幕末の安政二年（一八五五）に郡山藩で出版され、幕末・明治初年の兵制改革に影響を及ぼした。なお、その付録である『鈐録外書』二巻では、主として日本の軍法を批評しているが、その中で、徂徠の父や祖父が、医師を職業としながらも、「家の習《ならい》」として武芸を好み、徂徠も幼時から戦国のいくさ物語を聞かされて育ったので、兵学に関心をもつようになったことなどが記されていて、興味をひく。

そのほか、音楽に関して『楽律考』一巻、度量衡について『度量考』二巻、医学について『素問評』一巻など、各種の分野にわたる専門的研究書がある。古典・古語に関する考証や随想などを集録した『南留別志《なるべし》』五巻（和文）も、元文元年（一七三六）に出版されて、広く読まれた有名な本であり、その書名に「なるべし」とあるとおり、こうも考えられるという仮説を列挙したもので、徂徠が学問上の着想をいかに豊富にもった人であったかをよく示している。同様の随筆書として、漢文で書かれた『蘐園十筆』十巻も重要な文献である。

『徂徠集』三十巻（別に補遺一巻）は、漢文で書かれた詩や文章・書簡などを集録した詩文集で、服部南郭と三浦竹渓の二人が編修したといわれ、元文五年に刊行された。内容は徂徠が古文辞の主張にもとづいて詩文を制作した成果を示すとともに、とくにその中に収められた自著の序文（題言）や書簡の類には、思想上に重要な内容を含むものや、徂徠の経歴を知るために役立つものが多い。ただ何分にも文体が古文辞であるために、専門家でない者には読むことの困難な文章が多く、従来の徂徠研究においても十分には活用されていないうらみがあったが、最近にいたり吉川幸次郎氏の「徂徠学案」(『荻生徂徠』日本思想大系36解説)などが発表され、同書を利用して研究に新生面が開かれつつある。本巻(編集部注――本書原本『荻生徂徠』日本の名著16)では、詩は除き、徂徠の文章の中の主要なものを選んで、前野直彬氏の平明な現代語訳によりこれを収録することができたが、この点は本巻の大きな特色の一つをなすもので、これにより私たちの前に徂徠の文章に親しむための道が開かれたこととなるであろう。

『答問書』(または『徂徠先生答問書』)三巻は、出羽の庄内《しょうない》(鶴岡)藩酒井家の家老水野元朗(字は明卿)と同じく疋田進修(字は子業)との二人の質問に徂徠が答えた和文の書簡を集めたもので、編修して今の形にしたのは門人の根本武夷である。享保九年の服部南郭の序文と、同十年の本多忠統の序文とを巻首に付けて、同十二年に出版された。内容は和文であり、しかも専門の学者ではない人に宛てた手紙であるだけに、徂徠の思想やその学問論が、きわめてわかりやすく、しかも巧みな比喩などを交えて説かれており、徂徠学のもっとも便利な入門書となっている。

家庭と性行

徂徠が結婚したのは、柳沢家へ就職した直後、元禄九年の十一月で、柳沢家の儒官細井広沢の媒酌によった。妻となったのは、旗本の三宅孫兵衛（与泰《ともやす》。身分は御徒《おかち》。ただし当時は子の与従《ともよし》が家をつぎ、百五十俵高で近習番を勤めていた）の娘で、名を休といい、時に二十四歳であった。この休女は五人の子を生んだが、三人は早く失われ、休女自身も宝永二年に三十三歳で病死した。残されたのは二歳の女子と一歳の男子とで、この男の子もまもなく亡くなり、増《ます》という名の女の子一人が成長したが、この娘も十七歳で病死した。享保五年のことで、徂徠は五十五歳であり、掌中の珠を失った深い悲しみを七言絶句三首（『徂徠集』巻五。吉川幸次郎氏「徂徠学案」参照）にうたっている。

徂徠はこの間、正徳三年（四十八歳）に牛込へ転居したころ、佐々立慶という人の娘と再婚したが、この二度目の妻も翌々年に二十七歳で亡くなり、子供もなかったようである。佐々氏は、水戸藩の儒官として彰考館総裁を勤めた佐々宗淳の一族で、妻となった人は宗淳の姪に当たるという。

このように徂徠は家庭的には不遇で、子供もすべて失われたため、五十五歳のとき、藩主柳沢家の許可を得て、上総の本納村に住む兄春竹の子で十八歳になる三十郎を養子とし、これに家督を相続させることとした。のちに金谷《きんこく》と号した人であるが、学者としては平凡であった。

徂徠の性格や日常の生活態度については、世間の風評として伝えられたものと事実との間に、かなりの差があったようである。『蘐園随筆』の序文の中で安藤東野は、

「私は、先生のお宅を毎日のようにお訪ねしてお話を伺っているが、談話の主題は文章や花鳥風月に関することばかりで、とくに教えを請うのでなければ、仁とか義とか人の本性や天命などに説き及ぶことはなさらない。これは先生がふだん道徳家ぶることを好んでおられないためであろう。しかし私は以前に先生が主君のお側に仕えておられた際や、父上の葬儀の際の様子を見たことがあり、また来客と対談したり、友人と交際したりしておられる様子を拝見していても、いつも謹厳で、しかも男女の間のことについては、とくに厳格である。これらの点について他人はさまざまに誇張した話を伝えているが、先生は気にもかけておられない」

という趣旨のことを述べている。

徂徠が「道学先生」にだけはなりたくない、と記したのは、『学則』の結びの有名な言葉であるが、このように徂徠が道学者ふうの偽善を嫌ったことが学者の間では特異な存在と目され、多くの悪い風評を生む原因となったのであろう。これは個人道徳よりも政治の方を重視するという、後述のような徂徠の思想の特性にも由来しているが、しかし、政治家ないし政治的人間にありがちな身辺のルースさは、徂徠の場合には見られないようである。

また徂徠は門人の教育に際し、その個性を重んじて、自由に放任する方針をとったために、門人に対する悪評が徂徠の責任に帰せられる場合も多かった。「徠翁（徂徠）ハ極メテ才ヲ愛スル人ニテ、塾ニ居リタル人ノ、少年ノ客気ニテ娼家ニ遊デ出奔シタルヲモ、再《ふたたび》呼モドシテ諫戒セラレシコト、度々《たびたび》アリ。ソレ故《ゆえ》徠翁ヲ非《そし》レル人アレドモ、実ハ行儀《ぎょうぎ》ヲリツメタル人ナリ。行跡ノ方正ナルヲ、南郭・蘭亭・子允ナド、口ヲソロヘテ同コトニ語ラレシ。世ノ人ハ是ヲ知ラズ、放蕩シタル如《ごと》ニソシレル人有レドモ、其後、子迪（宇佐美灊水《しんすい》）ヨリモ物子《ぶつし》（徂徠）ノ行跡ノ方正ナル話ヲ度々聞ケリ」（『蘐園雑話』）という記録は、それを物語っている。日常生活も規律正しく、晩年は病身のためもあって、夜は四ツ時《どき》（十時ごろ）には必ず就寝した、という話などがいくつか伝えられている（同）。

要するに自己を律するには謹直方正であるが、他者に対しては寛容であり、ただ礼式や作法にとらわれず、率直に自己を表明したり、他者に対する批判を大胆に公言したりしたことが、ある場合には豪放磊落《らいらく》として好感をもってうけとられ、またある場合には傲岸不遜として反感を招く結果となったのであろう。

学問のほかに何を好むか、と人に問われて、「余には他の嗜玩なし、唯炒豆《ただいりまめ》を嚙《か》んで宇宙間の人物を詆毀《ていき》するのみ」（『先哲叢談』）、世界中の人間の悪口を言うのが趣味だ、と答えたという話は、後者の場合が誇張されて伝えられたものに違いない。読書するのに机を用いず、畳に腹ばいになって本を読んだ（『蘐園雑話』）という話や、柳沢家の家臣として公務に従事しなければならなかったころの生活を回顧して、「一日束帯すれば、三日牀《とこ》に僵《たお》る。興至れば数百千言も教教《ぼつぼつ》として口を衝《つ》いて出づるも、礼俗の書牘《しょとく》には指忽ち《たちま》腫《はるる》を為す」（『徂徠集』巻二一「県次公に与う」）、儀礼的な手紙を書く段になると、たちまち指がはれて動かなくなる、と述べたりしているのも、形式に束縛されることを何よりも苦痛とした、自由人としてのおもかげを示している。

この細心さと大胆さとが表裏一体をなした関係は、徂徠の学問の態度にもみられる。『蘐園雑話』には、「二弁・論語徴ハ、ソラニテ書《かか》レシ文ナレバ、時々覚違《おぼえちが》ヒ有《ある》ナリ」とし、そのため校訂を山井崑崙《こんろん》に依頼したが、崑崙も早く没したので、南郭と春台とが校訂に従事した、と記されている。徂徠の著書が執筆から出版までに長い時間を費やしているのは、この種の補訂の作業を必要としたためであろう。それにしても『弁道』『弁名』や『論語徴』の文章を、出典や参考文献を確かめることなく、記憶をもとにして一気呵成に書いたというのは、その超人的な記憶力もさることながら、徂徠が自己の思想の流れを大切にし、それを中断させないよう配慮していたのであろうことを思わせる。その反面、同じ『蘐園雑話』は、「徠翁、何々ト云フ字ノ出処ハ漢書《かんじょ》ニ有リト覚エタリトテ、漢書ヲ始ヨリ終マデクク（繰）ラレタリ。二字ノコトニテ大部ノ書ヲ地獄サガシセラレシコト、気情《きじょう》（丈）ノ人ナリ、ト南郭云ハレシ由」という話を伝えている。二字の熟語の出典を確かめるために『漢書』百二十巻を全部調べたというのは、やや特殊な事例としても、漢文を綿密正確に読むことは、処女作の『訳文筌蹄』以来、徂徠の得意としてきたところであった。このように大胆な構想を提起する思索力と、緻密に対象に即する実証性とを兼ね備えていたことによって、徂徠は日本の儒学史上ではまれにみる独創的な思想体系を樹立することに成功したのであろう。

3　徂徠の思想の特色

「道」とは何か

徂徠の独特な主張がもっとも体系的にまとめられているのは、やはり『弁道』であるから、これを中心として、徂徠の思想の特色を考えてゆくこととしたい。『弁道』の主題が、「道」とは何か、を考察するところにあったことは、すでに述べたとおりであって、それはまた、徂徠の思想の核心をなす問題でもあった。「道」という語は、本来は道路を意味したものであろうが、抽象化されて、人としてふみ行なうべき道、すなわち人が社会生活の中で、それに従って行動しなければならない規範・法則の意味となり、道徳という熟語と同じ意味に用いられるのが普通である。

しかし徂徠が説こうとする「道」は、単純な意味での道徳ではなかった。『弁道』の最初は、「道は知りがたく亦《ま》た言いがたし、その大なるが故なり」と書きおこされている。もし「道」が、人のふみ行なうべき道徳であるとすれば、それは「わかりにくい」ものであってはならないはずである。わかりにくく、また説明しにくいほど、大きな「道」とは、どのようなものであろうか。

先王の道

『弁道』（二）では、孔子の説いた「道」とは、「先王の道」であり、「先王の道」は、天下を安泰にする「道」である、と述べている。「先王」とは、古代の帝王の意味で、すなわち儒教の古典の中で理想の君主として描かれている、唐堯・虞舜の二帝と、それにつづく夏・殷・周の三代の王朝を創始した聖王たち、具体的には夏王朝の始祖である禹《う》王、殷王朝の始祖湯《とう》王、ならびに周王朝を建てた文王・武王と、その次の成王を輔佐して周王朝の諸制度を確立した周公との、合わせて七人を指すのである。孔子もこの周の政治を再現することを理想としていたが、実際には政治を指導する地位につくことができなかったので、「先王の道」を記載した「六経《りくけい》」、すなわち易・書・詩・礼・楽・春秋の六つの経書を整理編集して、「道」を後世に残そうとした。

したがって「孔子の道」も「先王の道」と同一のものであって、前者は道徳の「道」、後者は政治の「道」として区別するような考え方（伊藤仁斎の考えを指す）は誤りである。「先王の道」は、為政者たる者の「道」であるから、個人としての道徳の修養を不必要とするのではないが、それだけでは不十分であって、「天下を安泰にしようとする心がけ」、すなわち為政者としての政治的配慮がなくてはならない。この「心がけ」を「仁」と呼ぶのであるとして、徂徠は「仁」の語に独特の解釈を与える。

この「天下を安泰にしようとする心」にもとづいて、君主たる「先王」が作りあげ、天下の人々が後世にいたるまで、それに従って行動するようにしたものが「道」である（『弁道』四）。したがって「道」とは、「先王」の立場からすれば、天下を安泰にするという目標を実現するための方法、具体的には政治の方法であり、また天下万民の立場からみれば、その安泰なる天下の秩序を維持してゆくために従わなくてはならない生活のルールである。いずれにせよそれは天下を安泰にするという見地から必要とされるものであるから、「人間の道とは、一人についていうものではなく、必ず億万人の全体についていうものである」（『弁道』七）と説かれる。単なる個人の生き方ではなく、社会を構成する「億万人」全体の生き方にかかわるという意味で、それは「大きい」のである。そしてその大局的な見地から「先王」が作りあげた「道」は、常人には迂遠であるかのように見えて、全体としてどうしてそうなっているのかは理解しがたい（『弁名』「道」）。だから「わかりにくい」のであり、またそれは抽象的な言葉では表現できるものではないから、「説明しにくい」のである。

社会制度としての道

「道」といえば、私たちには何か高遠で奥深く、道徳的修養などとは縁のない凡人には、近よりがたいもののように思われる。「道」がわかりにくく、説明しにくいものである、などといわれれば、なおさらそうである。しかし徂徠は、そのような意味で「道」がわかりにくいといっているのではない。かえって「道」をそのように高遠で精妙なものと考えさせるようにしたのは、後世の儒者の誤った学説であるとして（『弁道』六）、これを批判し、実際の「先王の道」は、むしろ卑近で日常生活に即したものであり、全体の構成原理はともかく、部分だけであれば、誰でもが具体的に認識して、容易にそれに従うことのできるものである、と説いている。なぜならそれは、一つの社会制度だからである。

『弁道』（三）では、「道」とは、総合的な名称であって、先王の建てた「礼楽刑政」を全体として「道」と呼ぶのであり、「礼楽刑政」を離れて別に「道」というものがあるわけではない、と述べている。離れて別に、というのは、現実社会の中での人の生き方とは別に、高遠な「道」というものが、どこかにあるように考えることを、偏向として戒める趣旨であろう。

「礼楽刑政」は、これを区別していえば、「礼楽」と「刑政」とから成り、前者は礼法と音楽、後者は法律ならびに政治上の制度・施策などを指している。『弁道』（七）では、「政は暴を禁じ、兵・刑は人を殺す」ものであるから、それ自体は「仁」とはいえないけれども、それらも天下を安泰にするという目的のためには必要であるから、「先王の道」の中に含まれているのだ、と説かれている。また『弁名』の「礼」の項では、先王は「政刑」だけでは民を安泰にするのに十分でないことを知っていたので、「礼楽」を作って、民を感化したのである、と説明されている。これらをみれば、「刑政」が強制力をともなう政治的手段であるのに対し、「礼楽」はもっと自然に人民を感化するはたらきをもつもの、具体的にいえば風俗習慣となって生活の中にとけこんでいるようなものとして、一応は区別して考えられていることがわかる。しかし徂徠は、ふつうにはこの両者を区別せず、単に「礼楽」もしくは「礼」とだけいって、「礼楽刑政」と同じ意味に用いている場合が多い。要するに権力の直接の発動にもとづくものと、日常生活の中に習俗化したものとの両者を合わせ、社会制度のすべてを為政者の設定にかかるものとみなして、これを「礼楽」もしくは「礼楽刑政」の語で表現しているのである。

次の（四）では、「道」は「先王」が造ったものであって、天地自然のままに「道」があったのではない、と述べる。古代の帝王の中でも、堯・舜以前に天下を治めたと伝えられる伏羲《ふくぎ》・神農・黄帝の時代には、牧畜・漁猟や農業・医薬・暦法など、物質的な意味での生活の方法（「利用・厚生の道」）を考え出し、これを人民に教えるという段階にとどまっていて、まだ社会生活を営む方法としての「道」——「礼楽」——を創造するにはいたらなかった。「礼楽」を初めて立てたのは、堯・舜のときであり、さらに夏・殷・周の三代を経過する間に、数千年の時間と、数多くの聖人の努力とを費やして、ようやくそれが立派に完備したものとなった、という。つまり人間が原始的な無秩序な生活を営んでいた段階から進化して、社会や国家の組織がととのえられてきた過程を、「道」が形づくられてきた過程とみて、その完成された形態が、三代の最後に位置する周の初世における社会制度のあり方に示されている、と考えるのである。改めていうまでもなく、堯・舜の二帝と、禹・湯・文・武の諸王ならびに周公は、儒家の古典の中で理想の君主として描かれている人々であり、その治世には理想的な政治が実現されていたと伝えられている。徂徠もまた儒学者の一人として、その古きよき時代に自己の理想を托そうとしていたのであったが、ただ従来の伝統的な儒学の立場と異なるところは、堯・舜らが理想の君主とされる根拠を、その個人としての徳性に求めるのではなく、君主として実社会に残した政治上の業績に求め、とくにその統治下に実現されていた社会制度は、その統治の方法の具象化されたものであるとともに、その時代に生きた人々の行動の規範となっていたという意味で、徂徠はこれこそが「道」であった、と主張するのである。

道は作為されたもの

「道」が天地とともに自然に存在するものと説くような学説（朱子学を指す）を批判するに際し、徂徠は、物事を自然のままに任せず、「営為・運用」するはたらきのあるのが人間の本性である、と述べていた（『弁道』四）。「営為・運用」とは、ものを作ったり、それを操作したりすることの意味で、つまり技術をもつのが人間の人間たる特性であるとみることになる。これは徂徠の人間観の一つの特色をなす点であるが、しかしそれでは人間であれば誰でもが「道」を作ることができるのであるかといえば、徂徠はそのように考えてはいない。それどころか、「誰も彼もが先王の（礼楽を定める）権限を握ろうとするのは、僭越でなければ妄想」である(『弁道』三)として、徂徠はそのような考え方をきびしく排斥している。したがって「道」が作られたものであるとはいっても、それは凡人の及ぶべからざる「聡明・英知の徳」をそなえた「先王」でなくては、作ることのできないものである。「先王」は、この意味で「聖人」ともよばれる。「聖人」とは、通念のように単に徳の高い人を指すのではなく、徂徠は、「作者、之を聖と謂う」という『礼記』(楽記)の語にもとづいて、礼楽を制作した人を「聖人」と呼ぶ、と定義している(『弁名』「聖」)。

つまり「先王」だけが「聖人」であって、「人みな聖人たるべし」、すなわち人は誰でも道徳的修養を積めば、完成された人格としての「聖人」の境地に到達することができる、と説いた朱子学の平等主義的な主張は、「僭越でなければ妄想」であるとして、排撃されるのである。「道」を社会制度とみるにしても、それが多数の人々の合意や協力によってでき上がってきたと考えることも可能であるはずであるが、そのような考え方は徂徠においては最初から排除されている。それにもかかわらず徂徠が、「道」は作られたものである、と強調しなければならなかったのには、どういう理由があったのであろうか。

「術」としての道

「道」が作られたものであるといえば、その「道」の背後に、それを作った者の何らかの意図がはたらいていることを、聞く者に想像させる。そのことを言いたいがためにこそ、徂徠はことさらに「道」が作られたものであると主張したのであろう。聖人が「道」や「礼楽」を、「作為する」とか「制作する」とか、あるいは「建てる」とか「造る」とか、さまざまの表現を徂徠は用いているが、これらの語の意味する内容は、単に人為的というよりも強い、まさに作為的というのに当たるニュアンスをおびている。

「礼楽刑政」として具象化された「道」は、天下を安泰にするという目的のために、「先王」が「その心力を尽くし、その知巧を極めて」(『弁道』四)作りあげたものであるから、一見してはわからないようであっても、その背後には計画的な意図があり、目的に適合した手段の体系として全体がたくみに構成されているのである。それが一見しただけでわかりにくいのは、直接に目前の効果を求めようとするのではなく、はるかに遠大な計画にもとづいて作られるからである。「聖人の『道』には、すべて実施の方策というものがあって、目前の完備を求めめず、将来に完成を期待する。それが何日という単位で不足ならば、一年を単位にすると余裕が出ることもあるし、何年という単位で不足ならば、一世(三十年)を単位にすると余裕が出ることもある。……かくて聖人の『道』は、天地と交流し、人間や万物とともに生々発展し、広大にして無窮の極致に達しうるのである」(『弁道』二〇)とは、その点を指したもので、天地が長い時間をかけて万物を生成発展させるのと同じような、雄大なスケールで計画が立てられているのであるとする。「道」はその意味においても「大きい」のである。

この意味での「道」は、人々を一定の方向に誘導するという点で、いわば「仕掛け」であり、「術」である。「俗人の思いかけぬ所より仕かけを致し候て、覚えず知らず自然と」正しい行動をするようにさせるのが、聖人の「道」であるから、それは「大道術」ともよばれるのである、と徂徠はいう（『答問書』中）。人は「活物」、すなわち生きものであるから、型にはめるようなことをするのではなく、右のような「術」によって導いてゆかなければならない。「術」といえば、術策とか詐術というように、悪い意味にしか解釈されないのが普通であるけれども、徂徠は、「先王の道」は古代には「道術」とよばれていた（『弁道』二〇）とし、「先王の道は、すべて術なのである」（『弁名』「道」）とまで言いきっている。「だいたい先王・孔子の『道』には、運用・営為する点がある」（『弁道』七）というのも、同じ意味で、「運用・営為」は、さきに人の本性についていわれた「営為・運用」とひとしく、技術的に操作するはたらきを指している。「聖人」以外の人間に関する限りでは、人が「道」を操作するのではなく、「道」が人を操作するはたらきをもつのである。

「道」と人の本性

では「聖人」は、「術」としての「道」によって、人々をどこへ導こうとするのであろうか。「先王・孔子の道」がもつ「運用・営為するはたらき」の要点は、「養いて以て成す」ところにある、と述べられている（同）。つまり人々の天性を養い育てて、これを完成させるのが、聖人の「道」の主眼である。

人間の本性は、『弁道』のこの章のはじめでは、「相互に親愛し、相互に生み育て、相互に助力し養い、相互に是正し誤りからぬけ出させる」ものとして描かれている。これは、人間が「社会的動物《ソシアル・アニマル》」であるといわれる意味での、人間の社会的本能とでもいうべきものを指しているのであろう。「人はもろすぎなるもの」（『答問書』上）とか、「世界の人は相持《あいもち》なる物」（同、中）といっているのも、同じ趣意で、「もろすぎ」は諸過ぎ、すなわち共同して生活を送るもの、の意味であろう。

天下のどこにも、群《むれ》に入らず、孤立して生活ができる者はいない。盗賊でさえも、必ず同類や仲間をつくるのは、そうしなければ生存してゆけないからである。このように何らかの社会集団をつくり、その中の一員として協同生活を営むのが、人間の本性であるとすれば、その本性を十分に発揮させて、社会生活を円滑に営むことができるようにするのが、「道」の重要なはたらきでなくてはならない。「億万人を統合して、その親愛し、生み育てる本性を十分に発揮させるようにできるのが、『先王の道』である」（『弁道』七）とは、その趣旨である。

それとともに徂徠は、「人の性質にもいろいろの種類がある」（同）といい、個性の多様性という側面から、人間の本性をとらえていた。社会的な協同生活を必要とし、また技術的な能力をそなえているという限りでは、人の本性は共通しているけれども、それ以外の点では、個人個人が異なった「気質」、すなわち生まれながらの素質をそなえており、能力の性質も異なっていて、それは変化させることのできないものである。「米はいつまでも米、豆はいつまでたっても豆」であって、米を豆にしたり、豆を米にしたりすることはできないけれども、米は米として役に立ち、豆は豆として役に立つのであるから、そのままでよい。ただ、米であれば、「粃《しいな》」にならず、よく実が入るように、養い育ててやることが必要である（『答問書』中）。この比喩のとおり、人それぞれの素質に応じて、その個性を伸ばしてゆきさえすれば、社会に有用な人材となることができるのであるから、万人に一律な道徳的修養などを課する必要はなく、あたかも、和風・甘雨が植物を生長させ、竹は竹、木は木、草は草として、それぞれの特性を発揮させるのと同じようにしてやればよいのである（『弁名』「性情」）。この和風・甘雨に相当する役割を果たすのが、「聖人の道」であった（『学則』五）。

個人と社会

私たちはここに、徂徠の心に描かれていた理想社会のイメージを、おぼろげながらつかむことができる。それはいわば、適材適所の原則が貫徹された分業体系としての社会の姿である。いかなる物にせよ、それが正しく育成されず、適当な位置におかれなければ、そのことが「悪」であり、育成されて適当な位置を占めるならば、そのことが「善」である（『学則』六)。つまり個々の物について、それが善であるとか悪であるとかが、絶対的に定まっているわけではない。虎や狼が人間と同居していれば、それは人間にとって「悪」いものに違いない。しかし自然界を全体として考えてみれば、虎や狼が存在していて悪いという理由はないのである。それと同じように、人間の社会にも、生まれつき悪い人間とか善い人間とかがいるはずはないのであって、社会の全体のために有害であれば、聖人でもその人を追放したり殺したりしなければならない場合があるけれども、本来ならば「見捨てられた才能も、見捨てられた物もない」(同)というのが、聖人の世の有様であったと考えられる。

社会の全体としての利益という視角から考えた場合にも、多様な個性をそなえた人々がいて、それぞれに才能を発揮してくれることが望ましい。「先王」といえども、天下を安泰にするのは、一人でできることではなく、かなづち・のみ・小刀・のこぎりがそろって、はじめて大工の仕事ができるように、大勢の力を集めなければ成功しないからである(『弁道』一四)。その場合に、錐《きり》は先端が尖っていればいるほどよく、反対にかなづちは先端が平らでなければならない。中途半端では役に立たないのである。もとより個人の素質をただ自由に伸ばしてゆけばよいというのではなく、社会生活に順応させ、社会に有用な才能となる方向に育ててゆかなくてはならない。それが「養う」ことであり、その養うはたらきをするのが「礼楽」であった。

個人が自己の能力を十分に発揮させ、それを社会のために役立てたいとする希望と、全体社会の秩序が安泰に維持されなければならないとする政治的要請とは、右に描かれたような徂徠の理想社会においては、何らの矛盾もなく相互に調和を保っている。その調和を実現させるための方法が、為政者たる「先王」によって設定された「術」としての「道」であった。それは「術」であるから、相手により、また状況に応じて、自由に変化しうるだけの柔軟性をそなえたものでなくてはならない。「礼楽刑政」の総称が「道」である、などと聞くと、私たちはともすれば、法律や制度によって人々の生活を規制してゆこうとするのが、徂徠の構想した「道」の主眼であった、と考えたくなる。しかし法規だけを頼りにして、「あまりにも公正に割り切りすぎ」るのは、「先王の道」が見失われた後世の郡県制社会における政治のあり方として、徂徠の排撃するところであった（『弁道』一〇）。画一的に法規を適用し、形式上の整備ばかりを求めようとすれば、人と人との間の「恩愛」の情といったものは通じなくなってしまう。徂徠の考えた社会制度としての「道」は、そのようなものではなかった。世の中から悪事を一掃しようとするのではなく、ただ善を養って、悪が自然に消えてしまうのを待ち（『弁道』九）、また、こまごましたことにまで綿密な配慮をめぐらすのではなく、大要を確立して、こまかい点は自然にそなわってくるのを待つ（『弁道』一二）。これが「術」というものである。社会の基本的な骨組みだけを確立しておいて、それ以外にはあまり規制を加えることなく、「活物」である人間が自由に活動できるようにしておいてやれば、その人間と人間との間に生ずるさまざまの交渉や影響関係を通じて、社会は一定の方向に、つまり徂徠の考えている理想社会を実現する方向に導かれることとなるであろう。

「道」と「徳」

人それぞれが自己の素質を養い育てて、社会に有用な人材にまで成長することを、徂徠は「道」の「一端」すなわち一部分を会得することであるとし（『弁道』七）、このようにして個人が得たものを、「徳」は「得《とく》」であるという意味から、「徳」と呼ぶのである、と定義している（『弁名』「徳」）。「道」は大きいものであるから、聖人でない限り、個人が自分のものとすることはできないけれども、生まれつきの性質に近い方面で、どれかの「徳」を身につけることは可能である。つまり「道」が社会の全体としてのあり方にかかわっているのに対し、「徳」は、その社会の中での個人の生き方にかかわる概念であった。

「道」と「徳」との関係が、全体と部分との関係をなしているのは、社会に対する個人のありかたが、やはり全体に対する部分の関係をなすものとして、徂徠において考えられていたことを意味する。「徳」についての徂徠の説明には、かならずしも論旨の明確でない点があり、とくに「材」（才能）との区別がはっきりしない。たとえば、孔子が門人の特性を批評して、「賜《し》（子貢）は達識、由《ゆう》（子路）は果断、求（冉求《ぜんきゅう》）は才芸」と述べた言葉（『論語』雍也）は、『弁道』（七）では、それぞれの「材」（才能）のことを言ったものとされているが、『弁名』の「徳」の項では、これを「徳」の成就したさまを表現したものとして引用しているようなのは、その顕著な例である。

文章の表現の上では、「徳」と「材」とを区別して説いているように見えても、おそらく徂徠は、実質上においてこの両者を厳密に区別する必要は認めていなかったのであろう。「徳」といい、「材」といっても、社会のために有用な能力という点では、同じことであり、生まれつきの素質に応じて多様であるとされている点でも両者は共通していたからである。いずれにせよ何らかの「徳」なり「材」なりを身につけて、社会という大きな機構の中での一つの部品としての役割を果たすことが、個人に期待された生き方であった。

天命への随順

徂徠がしばしば、「天命を敬《つつ》しむ」、すなわち慎んで天命に順うべきであると説いているのも、右の点と関連がある。天子となり、あるいは諸侯となって、臣民に対する政治的責任を負うのも、また士となって一族や妻子に対する扶養の義務を負うのも、すべて天命であって、その天命を自覚し、それをつつしんで守ることが、天下を安泰にする「道」の根本である（『弁道』七）。つまり社会的な地位に応じ、それぞれに定められた職分が、運命的に与えられたものとしての「天命」であって、それに随順することが、人間の生き方の根本とされているのである。社会的な地位ばかりではなく、さまざまな素質をそなえて生まれてくるということも、やはり個人にとっては「天命」であるから、その素質を変化させて分不相応なものになろうなどと無理なことを望んではならない（『学則』七）。さらに聖人の治世ならぬ現代では、素質や才能があるからといって、それに相応した社会的地位が与えられるわけではない。学問が好きであっても、家が貧乏で本が買えなかったり、公務が多忙で余暇がなかったりする。それも天命であり、天命というのは、どうしようもないものであるから、それに随順するほかはない（同）。

このように運命を諦観して、それに随順しようとする生活態度の背景には、人間社会の非合理性とでもいうべきものについての認識があった。天地も「活物《いきもの》」であり、人も「活物」であるから、天地と人との関係、人と人との関係の上には、限りなく多様な変動が生じてくるが、それをあらかじめ予測することはできるものではない。

予測してしたことが偶然うまくゆけば、愚かな人間は自分の知力で成功したと思っているけれども、実際はそうではない。人知や人力のとどかない領域のことについては、君子は天命を知って心を動かさず、ただ自分のなすべきことを努力してするばかりである（『答問書』下）。

君子たる者は、このように運命に随順することを知っているが、一般の人民にまでそれを期待することはできない。徂徠の定義によれば、「君子」とは、上《かみ》にある者、すなわち為政者であるか、もしくは為政者たるにふさわしい徳を備えた人のことであり、それに対する「小人」とは、被支配者たる人民のことであった（『弁名』「君子小人」）。聖人の「道」は、君子ばかりを対象とするのではなく、この「小人」をも含めた天下の全体を安泰にすることを使命としているのであるから、やはり非合理な要素と無関係であることはできない。非合理な対象を操作するための「道」は、非合理な権威によって支えられるのでなくては、天下を安泰にするという機能を発揮しえないのである。「先王の道は、すべてが天を敬い鬼神を敬うことにもとづいている」（『弁道』二二）というのは、この意味であって、『弁名』の「天命帝鬼神」の項の中でも、「先王の道は、天に根拠をおき、天道を奉じてこれを実行し、先王の祖先を祀《まつ》って、これを天と一体のものとする。天こそが道の源泉だからである」と説かれている。たとえば「占《うらない》」によって未来のことを鬼神に問うというのは、荒唐無稽なことのようであるけれども、人民を指導して何か新規な事業を始めさせようとする際には、「占」によって明るい展望のあることを示してやらなければ、心を合わせ力を合わせて努力する者はいない。多くの人々が心を一つにして努力すれば、何事でも成功するものであるから、「占」は必要である（『答問書』下）、と徂徠はいう。さらに戦場での駆引きともなれば、「活物」である人間を大勢動かして、しかも素早く決断を下してゆかなくてはならない。だから兵法では、雲の様子や風の方角をみて占うようなことが重んぜられるのであるが、これも「愚かな民衆の心を一つにまとめて、その全力を傾注させる方法」であることは、古今を通じて変りがない（『答問書』下）。このように大衆を心理的に操縦する手段としての祭祀や占筮などの儀礼も、「礼楽」の一部をなすものであって、暗黙のうちに運命に随順する生き方を人々に教えるという役割を果たしているのである。

「物」と言葉

「礼楽は言《ものいわ》ず」、「礼楽」は、おしゃべりをしないけれども、人の徳性を涵養《かんよう》することができ、人の考え方を変えさせることができる（『弁道』二二）。知性のある者は考えることによってそれを理解し、愚かな者はわからないなりにそれに従う（同）。ものを言わない「礼楽」が、なぜ言葉によって人に教えるよりもまさっているのであるかといえば、「感化」するはたらきがあるからである（『弁名』「礼」）。また言葉によってわからせた場合には、人（この場合には君子）はその意味がそれだけのことだと思って、それ以上には考えようとしない（同）。つまり積極的に考えてみようとする自発性を人々から引き出すことができない。これに対し「礼楽」はものを言わないので、考えなければわからない。それに言葉でわからせたことは、いくら詳しく説明したとしても、物事の一面だけにすぎない。これに反し「礼」は具体的な「物」である。その中にはたくさんの意味が内包され充満していて、言葉で汲み尽くすことのできるものではない（同）。

言葉よりも「物」を重視しようとするのは、徂徠のものの考え方のいわば基本をなす特色であった。そもそも「道」が、抽象的な概念によってではなく、「礼楽刑政」という「物」の形であらわされ、またその「道」は、言葉では説明しにくいものとされていた。「言葉でもって人を教えさとそうとするのは、大抵は不可能なことだ」（『答問書』中）とする人間観にもとづき、説得や話し合いによってではなく、具体的な政策や制度という「物」を通じて、徂徠は人を動かそうとするのである。

教育論としての「物」

聖人の建てた「道」は、「国を治むるの術」すなわち政治の技術であるとともに、「人を教うるの法」すなわち教育の方法でもあった（『弁名』「学」）。「養いて以て成す」という点で、政治と教育とには共通の性格があると考えられるからである。そして「物」を重視する徂徠の考え方は、この教育論の側面において、とくに精彩を発揮している。

「物」による教育が、被教育者に「考えさせる」効果をもつ点ですぐれていることは、すでにふれた。考えることによって、学ぶ者は深くさとるのである（『弁道』一五）。また、「物」によって教えるというのは、その物ごとを実際に体験させることであり、体験を通じてこそ、ほんとうに理解できるのであって（同、一六）、これは「先王の道」を学ぶ場合ばかりではなく、各種の技芸についても同じことである。

「先王の道」を学ぶための方法として設けられているのが、「四つの術」すなわち詩・書・礼・楽の四種の経書である（『弁道』一二）。四種の経書には、それぞれ独特の教育上のはたらきがあるが、これらの経書そのものが、『学則』（三）の中で「夫《そ》れ六経《りくけい》は物なり」と記されているとおり、「物」である。六経といっても、実際に伝わっているのは、いわゆる五経（易・詩・書・礼・春秋）だけであるが、これらはいずれも、後世の儒者がするように理路整然と「道」を説き明かそうとしたものではなく、『書経』であれば古代の歴史的事実を、『詩経』であれば古代人の文学作品を、そのまま記載しているばかりである。しかしそのように具体的な事物をもってするのが、聖人の教育方法のすぐれている点であり、したがってわれわれの学問の方法としても、六経について、ただ具体的な「物」だけを求めようとする、すなわち古代の言語や事実をまず正確に認識しようとするのである（『学則』三）。

道の普遍性

いったい「先王の道」を学ぶというのは、何を学ぶことであろうか。「詩書礼楽」を通じて「先王」の世の「礼楽刑政」のあり方を知ったとしても、古代中国に実在した社会制度が、後世の社会に生きる者にとって、何の意味をもつのであろうか。しかも一口に「先王の道」といっても、それ自体が時代とともに変化するものであって、夏には夏の先王の道、殷には殷の先王の道、また周には周の先王の道があるが、べつに前の時代の道が不完全であったから改定されたというわけではなく、また改定されないで万世不易なのが最善の道だというわけでもない（『弁名』「道」）、と徂徠はいう。要するに各時代に固有の制度であって、その時代の君臣はそれに従って実践したというまでのことである。それにもかかわらず徂徠は、「教に古今なく、道にも古今なく候。聖人の道にて今日の国天下も治り候事《こと》に候」（『答問書』下）と述べ、聖人の道には古今に通ずる普遍性があると主張していた。

この点は一見すれば矛盾であるかのようにみえる。そしてその点に徂徠自身が必ずしも十分な説明を加えていないために、さまざまな誤解を生む原因となっているように思われる。亀井昭陽は『読弁道』の中で、『弁道』（三）を批判して、「礼楽刑政」を離れて道が存在しないとすれば、夏・殷・周の三代から以後は、礼楽は崩れ、刑政は変化してしまったのに、道はどこへ行ってしまったことになるのだろうか、と述べている。また丸山真男氏はさきに挙げた論文の中で、徂徠の説いた道は、その道を創造した絶対的人格としての先王ないし聖人を「信ずる」ことによってのみ、その普遍妥当性が保証されるものであった、との趣旨を述べ（『日本政治思想史研究』）、徂徠における「聖人」を、キリスト教における創造主としての神にひとしい存在とみなしている。

徂徠が「愚老は釈迦をば信仰不《つかまつらず》レ仕候、聖人を信仰仕《つかまつり》候」（『答問書』中）といい、また「学問の道は、聖人を信ずるを以て先となす」（『弁名』「学」）などと説いている場合があるのは、事実であり、聖人の道がどうして普遍性をもちうるかについて、ことさらに説明を加えようとしなかったのも、この聖人への信頼にもとづくものであろう。しかし「信仰」といったのは、釈迦と並べたための比喩的表現にすぎず、実際に徂徠が聖人を宗教的な意味で信仰の対象としていたとは考えられない。「天」はたしかに信仰の対象であったが、もし先王や聖人が「天」と同格におかれていたとすれば、「天道」と同様に、「聖人の道」も徂徠においては学問の対象となりえなかったはずだからである。聖人は人間を超越した「彼岸的《イエンザイテイヒ》」な存在ではなく、人としてすぐれた事蹟を残したからこそ尊敬の対象とされているのである。徂徠が聖人を「信ずる」といったのは、その為政者としての業績の完璧さを信ずることであり、つまり聖人の作った道の真理性を信ずる意味であったと考えられる。その際に、「道」を信ずるといわずに、「聖人」を信ずるといったのは、「道」が聖人によって作られたものとされていたからであろう。聖人の道を信ずるのは、儒学者として当然のことであるが、ことさらに徂徠が「信ずる」ことを強調していたのは、その「道」が「物」の形を通じてのみ後世に伝えられているからであり、歴史的事実としての「礼楽刑政」、もしくは実在の文献としての「詩書礼楽」にあらわれた「道」を、客観的に認識するためには、まず何よりも対象に没入する謙虚な心構えが必要とされるからであった。

実証的認識

自分は聖人を「信」じていると徂徠が明言したのは、主観的な「推量」や「臆見」により、「聖人の道」を浅薄に判断することを、戒めようとした際のことであった。学問をしようとする者が、聖人の道は当然こういうものであるべきはずだなどと、いい加減な臆測を立てて対象にのぞむならば、自分の考えに合致する部分だけを取り出して、これが聖人の道だと考え、聖人の道の本来の姿を見失う結果となるばかりである。そういう風な誤った学問の態度に対置して、自分はただ深く聖人を信じているばかりだ、と徂徠は述べていたのである（『答問書』下）。また「学問の道は、聖人を信ずるを以て先となす」と説いていたのも、「私智浅見」をふりまわす「後儒」の轍を、これから学問をしようとする者にふませないためであった（『弁名』「学」）。

「活物」である人間の織りなす社会の現実という複雑で大きなものを相手とし、それを安泰にするために作られた「道」は、個人の主観的な臆測や推理でとらえきれるものではない。古代の中国でも「儒者の道は、広いが要点に乏しい」（『史記』太史公自序）と批評されていた（『弁道』一七）ほどに、迂遠なもののように見えるが、「道」がそういうものであればこそ、先入主にとらわれることなく、その「道」を伝える「物」としての「詩書礼楽」の中に沈潜し、その教えに習熟する努力が、学ぶ者に要請される。それが「信ずる」ということの意味であるとすれば、それは宗教的な精神態度ではなく、むしろ対象に内在する論理を忠実にフォローしようとする点で、経験科学的な認識の態度に近いものであったといえよう。実際にも「詩書礼楽」を「物」とみた徂徠の学問は、中国の古典に関する実証的・科学的研究への道を開く役割を果たしているのである。

歴史的認識の方法

徂徠における「聖人の道」は、天下を安泰にするための「術」であったが、変動してやまない人間社会が対象であってみれば、その「術」も一定不変であることはできず、社会の実情に応じて変化するのが当然であり、むしろ状況に適切に対応することこそが、政治という「術」の要諦であるともいえよう。そのような「術」は、具体的な特定の状況のもとで、具体的にいかなる方法がとられたか、という事実を通じてのみ、語ったり学んだりすることのできるものであって、一般論として抽象化し、概念（言葉）で表現することのできるようなものではない。夏の道、殷の道、周の道は、互いに異なっていたが、変化したからよくなったわけではなく、変化したからといって悪いというわけでもない、と述べた前掲の徂徠の言葉は、つまりそのことを、状況に応じて変化するのが「術」としての「道」の本質であることを、言おうとしていたのであろう。聖人の立てた道といえども、数百年の間、世の勢いを維持し、急には衰運に向かわせないようにすることができれば、それで目的は達せられたことになるのであって、永久不変なものではない。現実を観察して、その数百年後までを予見し、適切な「礼楽刑政」を作ることのできた為政者が、すなわち聖人なのである。

したがって聖人の道を学ぶというのは、やはり究極においては、その道がどのように作られているかを学ぶことであったと考えられる。礼楽の作られる原理というようなことを徂徠が説かないのは、それがあくまで具体的な「物」に即してのみ学ばれることの可能なものだからであった。しかし「物」としての経書の学習を通じ、その原理に相当するものがいわば体得されたときに、はじめて「道」は古今に通用する普遍性をそなえたものとなるのである。古代から現代にいたるまでの間の各時代の歴史的変遷を知ることにより、ますます六経の内容が明らかになって、聖人の道に古今がなくなり、そうなってこそ天下を治めることができる、と『学則』（四）で説かれているのも、その点と関連する。聖人は古代にしか出なかったから、学問は必ず古代のことを対象としなければならないが、現代がなければ古代もなく、現代を知るためにこそ古代のことを学ぶのである。そもそも古代と現代とは、どこが違っているかといえば、ただ「物」が時代によって変化しているだけである。秦・漢より以後は、もはや聖人は出なくなったが、それぞれの時代ごとに樹立された制度としての「物」はあり、ただそれを樹立した為政者の知恵が「物」の中に行きわたっていなかったために、聖人の建てた制度（礼楽）に比べれば不完全であった。そのように不完全なものでしかない「物」（制度）の歴史的変遷をたどることが、どうして六経をますます明らかにすることに役立つのであるかといえば、それらと、聖人の建てた「礼楽刑政」とを比較対照することによって、聖人の出た古代という時代が歴史的に相対化され、六経の内容をなす聖人の道が、どのような歴史的条件に対応し、どのように周到な配慮によって作られたものであったかが明らかに会得されるからであろう。

聖人の道を、それを生んだ古代という時代とともに、相対化して眺めることが、かえってその聖人の道に普遍性を獲得させるというのは、逆説のように聞こえるが、それが人間社会の真実というものであろう。普遍的なものは、ただ人間の観念の中に存在するだけであって、現実に具体的に存在するのは、特殊なる個物ばかりである。それぞれの名前と個性をもった人間はいても、人間そのものというのは、どこにも存在しない。「道」もそれと同様であって、特殊な歴史的諸条件に規定されつつ、天下を安泰にすることに成功した「先王の道」以外に、「道」一般というものがどこかに存在するわけではない。このような歴史的なものの見方を通じて、人間社会の真実と、それに対処するための方法を語ろうとしたのが、徂徠の思想であったと考えられる。学問とは、おしつめてゆけば、歴史に帰着するのである(『答問書』上)、という徂徠の言葉は、そのような歴史的なものの見方の重要性を説いたものと解せられるのであり、そこには近代的な社会科学の方法にも通ずるものがある。そしてそのようにして会得された「聖人の道」を、同様に即物的な態度で観察された現実社会のあり方に対し、いかに適用すべきかを示したものが、『政談』であった。

4　歴史上における徂徠の位置

儒教の日本化

外来宗教であった仏教が、日本人一般の精神生活の中にとけ込んできたのは、やはりいわゆる鎌倉仏教の成立以後のことであろう。それ以前にも、聖徳太子や最澄・空海など、仏教思想に深い理解を示し、これを日本の土壌に根づかせようと努力した人々は多く現われていたが、その影響力の及ぶ範囲は、なお主に知識層や教団の中に限られていたとみられる。法然・親鸞・道元・日蓮らが出て、それぞれ独自の解釈を仏教の経典に加え、新しい仏教教理の体系を樹立したことによって、この限界がはじめて打ち破られ、日本人の精神生活を豊かにする上に仏教が大きく貢献することになったのである。

仏教の歴史におけるこの鎌倉仏教に相当するものを、儒教が日本で受容されてきた歴史の上に求めるとすれば、やはり素行・仁斎・徂徠ら、いわゆる古学派の思想がそれであったと考えられる。素行ら三者は、それぞれ学風を異にしながら、ただ朱子学のような後世の注釈に依存することをやめ、直接に自分の目で儒教の古典である経書《けいしょ》を読んで、その中に示されている聖人の教えを自分なりにとらえようとした点では共通していた。

この「直接に」という点が問題である。儒家の古典とされる五経や『論語』『孟子』などは、その大部分が春秋戦国時代以前、すなわち紀元前三世紀のころより以前という古い時代に成立したものであるから、その原文を直接に読んだだけでは、中国人でもその意味を正確にとらえることはむずかしい。そこで漢代以来、多数の学者によってこれに注釈や解説が加えられてきたわけであった。

中国の学界でも、清《しん》朝に入ると、朱子学批判の気運がおこり、いわゆる考証学の発達をみることとなったが、その際に経書の本来の意味をさぐるための依りどころとされたのは、主に漢代に作られた古い注釈書であった。

中国の学者でさえも、古注に頼ることなしには厳密な意味を確定するのが困難であるとすれば、その経書の原文を外国人である日本の学者が注釈なしに読んだ場合に、どういう結果が生ずるであろうか。古代人の意識の復元という点では、ややおぼつかない代りに、自由な解釈を加える余地が大きいから、独創的な思考を発展させるのにはかえって好都合であったに違いない。そこに儒学の日本的解釈とでもいうべきものが成立する。それは意図してもたらされた結果ではなかったであろう。素行や仁斎にしても、また徂徠にしても、かれらが求めたもの、また求め得たと信じたものは、まさに古代中国の聖人の教えであって、自己流の自由な解釈などではなかった。しかし客観的にみれば、かれらの描いた聖人の姿には、やはり日本人のおもかげが刻み込まれている。聖人の教えとしてかれらが説く道徳論や政治論には、江戸時代の日本社会に生活した人々の意識と結びつけてみなければ、十分には解釈のつかない点が多いのである。おそらく鎌倉仏教の祖師たちが、仏教の経典を読んだ場合の読み方も、これと大差のないものであったのであろう。

徂徠学の影響力

古学派の思想、とくにその大成者の位置を占める徂徠の思想が、同時代ならびに後世に及ぼした影響力の大きかったことも、その思想が日本社会の現実に適合していたことと無関係ではあるまい。徂徠の唱えた新しい学説が、同時代の学界に喜んで迎えられたことは、那波《なわ》魯堂《ろどう》の著『学問源流』に、「徂徠ノ説、享保ノ中年以後ハ、信《まこと》ニ一世ヲ風靡スト云《いう》ベシ、……世ノ人、其説ヲ喜ンデ習フコト、信ニ狂スル如シ」などと記されているのによってうかがうことができる。『徂徠学則弁』（上月専庵《こうづきせんあん》）、『非徂徠学』（蟹養斎《かにようさい》）をはじめ、朱子学などの立場から徂徠の説を批判した著書も多数出版されたが、その事実も反響の大きかったことを物語っているといえよう。寛政二年（一七九〇）に幕府が下した異学の禁令は、徂徠学を主たる禁圧の対象としていたとみられるほどである。

江戸時代の後半期に、支配体制の危機を克服するために唱えられた各種の政治論や経済政策論、すなわちいわゆる経世論の多くに、『政談』などに示された徂徠の制度改革論の影響が認められることは、改めていうまでもない。その代表的な論客の一人として、さきに挙げた海保青陵は、宇佐美灊水《しんすい》について学んだ人で、徂徠学派の系統に属していた。

さらに重要なのは、国学ならびに水戸学に及ぼした影響である。賀茂真淵・本居宣長らによって完成された国学の思想は、「儒の道」や「からごころ」を排斥し、日本固有の伝統思想の中にこそ真の「道」が見出だされる、と主張した限りでは、徂徠ら儒学者の思想と正面から対立せざるをえなかったが、実際にはその真淵や宣長自身が、若い時代に徂徠学のつよい影響をうけていたことが知られているばかりではなく、かれらの唱えた「道」という観念の性格が、徂徠のそれとよく似ており、徂徠学の影響下に形成されたものと考えざるをえないことは、村岡典嗣《つねつぐ》氏や津田左右吉氏らによって早くから指摘され、現在ではほぼ定説となっている。同様の密接な関連性が、徂徠学と水戸学との間にもあることについては、従来はあまり注意されず、一般には水戸学は朱子学の系列に属するものと考えられてきている。筆者は、江戸時代前期の水戸藩の学問と後期の水戸学とを区別し、十八世紀末葉以後に成立した後期の水戸学は、徂徠学の影響と切り離しては理解できないことを「水戸学の特質」(『水戸学』日本思想大系53解説)で論証し、その後、橋川文三氏によっても同様の見解が「水戸学の源流と成立」(『藤田東湖』日本の名著29解説)の中で述べられている。

国学と水戸学とは、幕末期ならびに近代日本における国家主義思想の主要な源流をなしたものであり、それらの思想が徂徠学の影響のもとに成立したとみられることは、近代日本の国家体制ならびに国家意識の形成に際し、徂徠の思想が重要な役割を果したことを意味しているのである。

日本的特質

この点からふり返ってみると、私たちは徂徠の思想の中に、まさに日本の社会に適合したものの考え方を多く見出だすことができるのに気がつく。その第一は、社会と個人との関係である。徂徠はつねに、社会全体の安泰ということを基準にして「道」を考えようとし、その反対に個人を基本とみて、個々人が道徳的修養を積みさえすれば、天下の安泰はおのずからにして実現できると説いていた朱子学の思想を、きびしく批判していた。朱子学では、社会が個人の集まりとして考えられていたのに対し、徂徠学では、個人は最初から社会の内部に包摂された存在にすぎない。徂徠が人間の本性を「相い親《あ》しみ相い愛し、相い生み相い成し、相い輔《たす》け相い養い、相い匡《ただ》し相い救う」ものとして描いていた（『弁道』七）のは、一見すると人間の本性を肯定的にみている点で、孟子から朱子学へと継承された性善説と似ているようであるが、実はそうではなく、徂徠は『弁道』の最初のところでも、孟子の性善説を後世の儒学者らの偏向を生む原因をなしたものとして批判していた。といって徂徠は性悪説の立場をとるのでもない。性善説では道徳の根拠を個人の心の本性におくのに対し、性悪説ではその道徳的本性の内在を認めず、外的な「礼」の規範によって個人を道徳的人格にまで陶冶してゆこうとするのであるが、いずれの立場においても個人の道徳的完成が目標とされ、それゆえに個人の「性」が中心的な問題とされていたのである。これに反して徂徠は、社会の全体から切り離して個人の生き方を考えようとすることを、最初から無意味としていた。

そこには、個人よりも組織を優先させ、もっぱら組織の中での役割に即して個人の生き方を考えようとする、日本人のものの考え方が反映されていたとみられる。徂徠の思想における個人は、全体としての社会の中で、一つの機能を分担する部分としての存在にすぎなかった。社会の中で自己に与えられた役割を自覚し、個性や特技を発揮して、社会のために役立つことができれば、そこに個人の存在の意味、現代の流行語でいえば「生きがい」が見出だされるとするのは、たしかに人生の真実についての洞察をふくんだ主張である。またそこには、性善説や性悪説の場合にみられたような、個人の道徳的完成を求めるきびしさはなく、むしろ個人は、その職分を果たし、社会の全体としての安寧を妨げるようなことさえしなければ、自己の私的な生活を自由に享受することが許される。個人が社会の内部に包摂された存在である限りにおいて、その自主性や自由も十分に尊重されているようにみえる。しかしそこには何かが欠けているのではあるまいか。それはあえて言えば、社会の中での、ではなくて、社会に対する個人の自主性であろう。

公と私

個人の自主的判断と、社会の全体としての利害とが、相互に矛盾するような場合、徂徠はつねに前者を「私」と呼び、後者を「公」とみなして、「私」よりも「公」を優先すべきことを主張している。密告を臆病な行為とするような社会的通念は、「私ノ義理」すなわち私的な道義の観念にとらわれた考え方であるとし、由井正雪の一味である丸橋忠弥を密告した者などは、「公」のために「忠節」を尽くしたことになるのであるから、軽蔑するのではなく、むしろ優遇してやるべきである、と説いている（『政談』巻四、二二八～二二九ページ）のは、その一例であって、密告や裏切りを卑怯な行為とする武士的な道徳意識も、「国ノ治メ」という目的の前には無視さるべきものと考えられている。とくにここで「総ジテ私ノ義理ト、公ノ義理・忠節トハ食違者也《くいちがうものなり》」と記されているのが注目をひく。両者が一致しえないことを承知したうえで、徂徠は後者を優先させようとするのである。『答問書』の中で、武士道のあり方を論じて、「公戦には勇に、私闘には臆なるように」（下）指導すべきである、と説いているのも、同じ考え方にもとづくものである。

個人道徳と政治的秩序との矛盾を露呈させたという意味では、元禄十五年におこった赤穂浪士の吉良邸討入り事件は、もっとも顕著な実例であった。大石ら四十六人は、亡き主君の怨みを晴らしたという点では、主従道徳の亀鑑とされたが、実際に主君浅野長矩を殺したのは、吉良義央ではなく、幕府による処罰であった。したがってかれらの行動は幕府の処罰を批判するという意味を含むこととなり、またそれであればこそ、綱吉の専制的な政治に対して漠然たる反感を抱いていた満天下の士民の同情を集めることともなったのであろう。幕府当局がこの事件の処理に苦慮したのも当然であった。

この際に、幕府の諮問に答えて上呈されたと伝えられる「徂徠擬律書」と題された意見書があるが、それによれば徂徠は、四十六士が主君のために敵を討ったのは、要するに「私の論」にすぎないが、その行動は「公」の法に違反しているのであるから、「私論」をもって「公論」を歪めるべきではないとし、断乎として処刑すべきであるが、ただその忠義の心を重んずるために、「侍の礼」により切腹を命ずるべきである、と述べている。幕府の処罰がほぼこの意見のとおりに行なわれたことは周知のとおりであるが、この場合にも徂徠は、個人道徳を儀礼的には尊重する形をとりながら、実質上においては公権力の法の権威を守ることを第一義としていたのであり、それはまた幕府当局の方針とも合致していたことがうかがわれるのである。

祭政一致の思想

政治権力の背後には、「天」や「鬼神」という非合理な権威の存在していることが必要である、と主張した徂徠は、その「天」を「理」と同一視し、天の理法を合理的なものとして把握しようとする朱子学の「窮理」の思想を批判して、「理を窮めることの弊害は、天も鬼神もいずれも畏《おそ》れるに足らぬものとし、自分が傲然として天地の間にただ一人立つと思うところにある」（『弁道』二一）と述べている。独立不羈《ふき》の個人が合理的世界観を主張することは、「先王の道」を破壊するものとしてしか、徂徠の目には映らなかったのである。

この考え方にもとづき、徂徠は、日本の神道家によって唱えられてきた祭政一致の思想に、共感の意を表明している。親交のあった黒田直邦（豊前守。上野国沼田藩主）の著『旧《く》事本紀解《じほんぎ》』のために書いた序文の中では、日本の神道を「先王の道」と一致するものとみて、「日本の国の有様を見ると、皇室の祖先は天に由来し、政は祭であり、祭は政であって、神物と官物との区別がない。皇祖は神であるのか人であるのか、人民は今に至るまで半ばは疑い、半ばは信じている。このことによってその子孫である天皇の国王としての地位は不変なのである」との趣旨を述べている（『徂徠集』巻八「『旧事本紀解』序」）。また『論語徴』の中では、「子、九夷に居らんと欲す」、孔子が東方の九夷のところに往こうとした、という『論語』子罕篇の文章について、仁斎がこの「九夷」を、東方の君子国たる日本を指すと解釈した（『伊藤仁斎』日本の名著13、二一四ページ参照）のに反対して、そのようにこじつけた解釈をしなくても、日本の国に美点のあることはいくらでも主張できるといい、「皇室の祖先を天とともに祀《まつ》り、神道をもって教えを設け、刑・政・爵・賞を、祖先を祀る宗廟から天命を奉じて降《くだ》すということは、夏・殷・周三代もみな同じである。これがわが邦《くに》の道であり、すなわち夏・殷の古道である。今の儒者が伝えている道の学問は、周の道にばかり詳細であって、その周の道と異なる点があれば、中華の聖人の道ではないなどとして排斥するが、これは浅薄な考えにすぎない」と述べている。ここでは、三代の中でもとくに夏・殷の古い「道」と一致するとし、正統的な儒学の思想の主たる内容をなしている周の「道」とは、異なる点のあることを徂徠自身が認めている。そのことからしても、政治における非合理的要素の役割を重視しようとする徂徠の考え方が、周公・孔子を思想上の出発点とする儒家の正統思想の合理主義的立場からは、明らかに逸脱したものであったことがうかがわれるのである。

国家主義の源流

徂徠は、孔子の肖像への賛として書いた文章に、「日本国夷人物茂卿」と署名したことから、民族の誇りを忘れた中国崇拝の徒として、江戸時代以来批難を浴びせられてきている。また、天子にのみ用いるべき敬語を将軍綱吉の死に際して用いたりしていたことは、皇室の存在を無視した幕府本位の考え方であるとして、名分論や国体論の立場からきびしく批難されてきたことも、すでにふれたとおりである。

しかし徂徠の中国崇拝は、中国の文化、とくにその古典文化に対する崇拝であって、民族と民族、あるいは国家と国家という関係からすれば、徂徠が日本と中国とを対等と考えていたことは、『大明律』の注解を作るに際し、「大」の字を削って、『明律国字解』とした点などからも明らかであり、また中国文化に対する崇拝の反面では、日本の風土や民族的伝統に対する誇りの意識を詩文の中に表明している場合の多いことも、吉川幸次郎氏の「民族主義者としての徂徠」(『世界』昭和四十九年一月号)の中で明らかにされている。名分論や国体論の立場からする批難も、実は徂徠の言辞の表面だけにとらわれたものであって、祭政一致の政治的伝統を「先王の道」に合致したものとみる右の主張などは、むしろ逆に、この後における国家主義思想の発展に大きく貢献したものと考えられる。

「政《まつりごと》」と「祭り事《ごと》」とが同訓であることにもとづいて、祭政の一致を説く考え方は、早くは北畠親房の『神皇正統記』に見え、江戸時代前期の神道家や儒学者の著述の中にも、しばしば現われていた。徂徠の主張もそれらにもとづくものであろう。しかし例えば親房の場合には、祭祀をつかさどる中臣氏の家系から藤原氏が出て政治の実権を掌握した、という事実を説明するために、祭政一致が説かれていたのにすぎず、それ以上に深く、日本における政治的伝統の本質がそこにあると考えられていたわけではなかった。

江戸時代の学者によって祭政の一致が説かれた場合にも、かれらが朱子学の理論に依拠していた限り、なお祭祀と政治との関係についての明確な認識には達しえなかった。徂徠が「道」についての新しい考え方を導入したことにより、はじめて祭祀という行為が、政治上に重要な意味をになうものとして位置づけられるに至ったのである。そしてこの新しい祭政一致の理念が、江戸後期の水戸学などにうけつがれていったことを思うならば、かえって徂徠の思想こそが、近代日本の天皇制国家を支えたイデオロギーの大きな源泉をなしたものとして、評価されなくてはならないこととなろう。

近代化の二つの側面

分業と協業とによって生産ならびに生活の能率化をはかることが、「近代」化、すなわち社会の資本主義化の一つの指標であるとすれば、全体社会の分業体系の中に各個人を正しく位置づけることが、為政者たる者の使命であるとし、またその与えられた職分に応じ、天命に安んじて、それぞれの職能を発揮することが個人の生き方の基本であるとした徂徠の考え方は、たしかに近代化の方向を指向していたとみることができそうである。このような分業体系の中においては、政治という人間の活動も、独立した分野をなす専門的な職能の一種とみなされ、その分野に固有の法則性が探求される。その法則性が、徂徠のいうところの「道」であり、それは近代社会における人間管理の技術に通ずる性格をおびていたといえよう。

しかし「近代」という観念から私たちが思い浮かべるものには、もう一つの側面があるようである。それは個人主義・自由主義ないしは民主主義といった理念によって代表される側面であるが、これらの理念、あるいはその基礎をなしている基本的人権の観念といったものを、私たちははたして徂徠の思想から導き出すことができるであろうか。この種の理念が、日本の社会では容易に根をおろすことができず、ともすれば形骸化して現実から遊離しやすいことは、私たちが現代の社会の中で痛切に体験しつつあるところであるが、徂徠が朱子学に対して投げかけている批難の言葉の中にも、同様に形骸化された合理主義的思考の姿を、私たちは読みとることができるように思われる。近代的な個人主義や民主主義の理念が、ヨーロッパやアメリカから伝来したものであるのと同様に、本来は外来思想である朱子学に含まれた個人本位の合理主義的な思考も、日本の社会には必ずしもなじみやすいものではなかった。いわばそのような合理主義的思考が、形骸化せざるをえないという現実を見きわめるところから出発して、徂徠は自己の思想を築き上げていたのであろう。その意味では徂徠は、比類のない現実主義者であった。

白石と徂徠と、そのそれぞれを日本における「近代」思想の起点とみようとする、二つの考え方が対立していることについては、序章（「1　白石と徂徠」）の中で述べたが、この二つの立場は、「近代」化という歴史事象の中にふくまれた二つの側面の、どちらを重視するかによって分かれてきたものと考えられる。この二つの側面が、西欧における近代化の場合のように両立するのではなく、徂徠のきびしい朱子学批判にみられるとおり、対立せざるをえなかったところに、日本における近代化の特質が見出だされるともいえよう。そのように考えてみれば、徂徠を読むことは、日本社会における近代の性格を考えることと密接につながっているのである。

年譜

注
1　年齢は数えどしである。
2　岩橋遵成氏『徂徠研究』、辻達也氏「荻生徂徠年譜」（日本思想大系36所収）、平石直昭氏『荻生徂徠年譜考』を参照した。

一六六六年　寛文六年　一歳
二月十六日、父方庵の二男として江戸二番町に生まれる。本姓は物部氏。名は雙松《なべまつ》。字《あざな》は茂卿。通称、惣右衛門。方庵は館林藩主徳川綱吉の侍医。この年、伊藤仁斎は四十歳、新井白石は十歳。
一六七九年　延宝七年　十四歳
八月、父方庵の流罪に従って上総国長柄郡二宮庄本納村に移る。
一六八〇年　延宝八年　十五歳
七月十八日、綱吉が将軍となる。
一六八八年　元禄元年　二十三歳
十一月、柳沢保明（吉保）が綱吉の側用人となる。
一六九〇年　元禄三年　二十五歳
上総より江戸に帰る。その後、芝増上寺付近に住み、塾を開き、儒者としての活動を始める（江戸帰還と儒者としての活動開始を一六九二年〈元禄五年〉とする説もある）。

一六九二年　元禄五年　二十七歳
　六月二日、父方庵が赦免される。
一六九三年　元禄六年　二十八歳
　十二月、新井白石が甲府藩主徳川綱豊に仕える。
一六九六年　元禄九年　三十一歳
　五月、方庵が幕臣に登用される。八月二十二日、徂徠は柳沢保明に仕える。待遇は十五人扶持。保明はこの時、川越七万二千石の藩主。側用人として老中の格式を与えられていた。九月、柳沢邸で将軍綱吉に拝謁し、以後は柳沢邸や江戸城中でたびたび綱吉に拝謁する。十一月、旗本三宅孫兵衛の娘、休と結婚。
一六九七年　元禄十年　三十二歳
　九月、十人扶持を加増される。柳沢家は九万石に加増。
一七〇〇年　元禄十三年　三十五歳
　一月、新知二百石を受ける。このころ、柳沢保明は老中の上座（大老格）に列せられていた。
一七〇一年　元禄十四年　三十六歳
　十一月、柳沢保明は松平姓を許され、綱吉の一字を賜わって吉保と改名する。
一七〇二年　元禄十五年　三十七歳
　三月、柳沢家は十一万石に加増。
　十二月、百石を加増される。この年、新井白石は『藩翰譜』を徳川綱豊に進呈する。また赤穂浪士が本所の吉良邸に討ち入る。
一七〇四年　宝永元年　三十九歳

このころ、伊藤仁斎に手紙を送って、疑問の箇所について問うたが、返事は来ず、以後おもしろからぬ感情を持つにいたる。十二月、将軍綱吉は甥の甲府藩主徳川綱豊を養嗣子とし、綱豊は家宣と改名、江戸城西ノ丸に入る。家宣の家臣、新井白石も幕臣となる。柳沢吉保は綱豊の跡の甲府城に移り、十五万石が与えられる。父方庵が隠居し、弟の観（北渓）が相続する。

一七〇五年　宝永二年　四十歳

三月、五十石を加増される。十月五日、妻を失う。三月十二日、伊藤仁斎没。

一七〇六年　宝永三年　四十一歳

四月、『勅序護法常応録』を編修し、五十石を加増される。九月、主命により同僚の田中省吾と甲斐の国を訪ねる。この時の紀行文が「風流使者記」（のちに「峡中紀行」となる）である。十一月九日、父方庵が八十一歳で没する。

一七〇九年　宝永六年　四十四歳

この年、柳沢藩邸を出て、日本橋茅場町に私宅を構え「蘐園」と名づける。一月十日、将軍綱吉没。五月、家宣、将軍宣下。新井白石は家宣の政治顧問となる。六月、柳沢吉保は隠居。

一七一一年　正徳元年　四十六歳

十月、岡島冠山らと訳社を結成する。

一七一二年　正徳二年　四十七歳

九月、伊藤仁斎の著『論語古義』刊行される。

十月十四日、将軍家宣没。翌年四月、家継、将軍宣下。

一七一三年　正徳三年　四十八歳

佐々立慶の娘と再婚。このころ、牛込に移る。
一七一四年　正徳四年　四十九歳
十月、『常憲院殿贈大相国公御実記』を完成して百石を加増され、五百石となる。この年、『蘐園随筆』刊行。十一月、柳沢吉保没。
一七一五年　正徳五年　五十歳
正月、『訳文筌蹄』初編刊行。
九月二十五日、再婚の妻を失う。
一七一六年　享保元年　五十一歳
四月三十日、将軍家継没。五月、紀州家の徳川吉宗が将軍家を継ぎ、前将軍の側近、間部詮房や新井白石らは退職する。
一七一七年　享保二年　五十二歳
『学則』『弁道』『弁名』の草稿が成ったのはこの年といわれる。
一七二〇年　享保五年　五十五歳
神楽坂の赤城町へ転居。娘（増）を失って、兄の子三十郎（金谷）を養嗣子とする。
一七二一年　享保六年　五十六歳
九月、幕府より『六諭衍義』の訓点と序文執筆を命じられる。
一七二二年　享保七年　五十七歳
二月、『六諭衍義』の訓点と序文完成の功により時服を拝領する。御隠密御用として内密に政治上の諮問に答えるため、毎月三度、有馬兵庫頭氏倫の邸に出向するよう命ぜられる。

一七二四年　享保九年　五十九歳
五月、将軍吉宗に『芥子園画伝』を献上する。
六月、七月の交、市ヶ谷大住町に移転する。前年に居宅が類焼したため。
一七二六年　享保十一年　六十一歳
このころ『政談』が成立した。
一七二七年　享保十二年　六十二歳
四月、将軍吉宗に拝謁する。六月、幕府より『三五中略』の校正を命じられる。『学則』『答問書』刊行。
一七二八年　享保十三年　六十三歳
一月十九日に没する。芝三田の長松寺に葬られる。

あとがき

本書に収めた「政談」は、岩波書店より刊行された『日本思想大系36　荻生徂徠』所収の原文を現代語訳したものである。『日本思想大系』収録の「政談」は、安政六年（一八五九）の刊本を底本とし、宝暦九年（一七五九）の写本などを参考にして、辻達也氏が校訂されたものである。

私の執筆した解説については、「国家主義の祖型」という思い切った表題を掲げたのが、適切であったかどうか、今でもやや不安であるが、その後に特にその点についての批判や反論に接することはなかったように思う。ただ、その表題の意味についての説明は不十分であったことを反省しなければならない。

「国家主義」は、ナショナリズムの訳語としても多義的であって、誤解されやすい用語である。徂徠の場合、特に「国家」について論じているわけではなく、ただその思想が本居宣長や水戸学に影響を与えたとみられる点から「祖型」と表現したまでであったが、では「祖型」たり得た理由は、徂徠の思想のどの点に求められるのであろうか。

社会的職分の体系の中で、個人はそれぞれの能力に応じ、与えられた役割を遂行して生きることが正しい生き方であるとするのが徂徠の人間観であったが、そのような意味での職分の体系を統一するものとしては、やはり国家が考えられなくてはならないであろう。国家の一員としての自覚をもつことにより、人々の社会的活動は、私的な関心とともに、公共性への配慮に支えられたものとなる。しかし徂徠は、そのような意味での国家の存在理由の問題については関心を示さず、「日本国」を「天下」とも表現して、その主権をもつ江戸幕府の立場から、統治の方法を説いたのが「政談」の内容であった。

その「治ノ根本」（政治の根本）として巻一で徂徠が説いているのは、武士を土着させるとともに、戸籍と路引《ろいん》（旅行証明書）とにより人々の移動を規制すれば「世界ノ万民悉《ことごと》ク上《かみ》ノ御手ニ入テ、上ノ御心儘《まま》ニナル（世の中の万民がことごとく上様《うえさま》（将軍）の手に入って、上様のお考えのままになる）」（訳は本書三三頁）というもので、すなわち万民を掌握することが国政の基本だと、徂徠は述べているのであるが、このように管理体制の整備された国家は、現代の私たちにとっては恐怖の対象でしかないし、実際にも江戸幕府において、このような徂徠の意見を採用することはなかった。

徂徠は現実主義者と評されることが多いが、現実の江戸時代の社会構造について、どこまで正しく理解していたのであろうか。徂徠はしばしば「民は愚か」なものと言うが、兵農分離以後の農村は、村ごとに自治的な共同体を形づくっていて、支配者の側からの指示や強制がなくても、年貢を納め、道路や橋などの修理を協同して行う組織になっていた。この自主性とそれに伴う自由があったからこそ、農業技術や商品経済の発展もみられたのであり、そのことが一面では徂徠の指摘するような各種の弊害を社会に生み出しながらも、二百六十年の泰平が保たれる基本的な理由となっていたのではなかったか。

このような疑問を抱きながら徂徠を読み直してみることは、興味ある課題となるのではないかと思う。

二〇一二年一二月

尾藤正英

解説 「役の体系」の可能性

高山大毅

一 「幻の作品」

「幻の未公開作品」――今や随分陳腐な売り文句となってしまったが、心底から好きな作家のものであれば、なおもって抗しがたい魅力を放っていよう。未完成であろうが、失敗作であろうが構わない。だまされるのも酔狂。ましてや、それが畢生の大作となれば、なおさらである。何としてでも入手したい。偽の情報をつかまされたのではないかと疑いつつ、人脈をたぐり、大金を払い、ようやく実見の機会を得る……。

十八世紀日本の読書人にとって『政談』は、この種の「幻の作品」に近かった。『政談』は、享保十一年（一七二六）頃、将軍吉宗の極秘の下問を受け、荻生徂徠が献上した政策提言書である。江戸時代を通じて、荻生徂徠ほど、毀誉褒貶の振れ幅の大きな儒者はいない。愛憎どちらにせよ、徂徠に対する評価は熱を帯びている。

徂徠は「開闢《かいびゃく》」以来の最高の学者であるとしばしば称された。徂徠の出現によって、はじめて日本の漢詩文は中国に劣らぬ水準に到達したというのは、彼に対する定型化した賛辞である。

一方、徂徠に対する憎悪も激しかった。批判者たちは、執念深く、徂徠の議論の自家撞着を指摘した。とりわけ、徂徠学者から反徂徠の陣営に転じた者は、かつての自己への苛立ちをにじませながら、徂徠の非を徹底的にあげつらった。

賛否いずれの立場をとるにせよ、江戸中期の学芸の世界では、徂徠の存在を無視することは出来なかった。実際、その影響は多岐に及んでいる。和学における賀茂真淵・本居宣長のいにしえまなび（古学）、医学における山脇東洋の古方《こほう》、書道における澤田東江の古法書学、俳諧における祇徳の古文辞《こぶんじ》。いずれも、後代の枠組を捨て、古の典範を直接体得する徂徠の手法に学んだものである。徂徠学に触発された「復古」は、一大流行の観を呈していた。かの「徂徠先生」が政府に提出した機密文書が存在するとなれば、是が非でも読みたい者が現れるのも当然のなりゆきであった。

『政談』はもともとは、その存在が徂徠の弟子たちの間で密かに語られている程度で、入手は極めて困難であった。しかし、宝暦年間（一七五一〜一七六四）以降、徐々にその写本が流通し始める（高額で取引もされた）。本来、政府の「秘書」であった『政談』が、なぜ流出したのかについては、当時から諸説があり、正確なことは分からない。

ともかくも、『政談』はかなりの読者を獲得し、経世論の重要著作となっていった。そして、天保年間（一八三〇～一八四四）に至り、中西忠蔵の手で「拙修齋叢書」中の一書として木活字版が刊行され、その後も江戸末期にかけて数度にわたり出版されている。政治的動乱の予兆は、『政談』の需要を一層高めたのであろう。

皮肉というべきか、江戸期の状況とは対照的に、この二十年ほど、徂徠の著作の中で最も簡単に入手できたのは、この『政談』であった。しかし、今日の読者にとって、『政談』の原文は決して読みやすいものではない。語彙や表現が難解なだけでなく、具体的な政策の背後にある徂徠の理論体系をつかむのは容易ではない。一度、『政談』を手に取ってみたものの、途中で投げ出してしまった読者は、少なくなかったのではなかろうか。

近年、平石直昭氏によって、『政談』の諸写本中でも屈指の善本と考えられる服部本が翻刻された（平石直昭校注『政談――服部本』、平凡社・東洋文庫、二〇一一年）。だが、尾藤正英氏の本抄訳は、はじめて『政談』に触れる読者には、今なお有益であろう。平明な訳文は、煩瑣とも見える『政談』の議論が、現代にまで及ぶ射程を有することを示してくれる。ただし、先ずは、尾藤氏の解説論文「国家主義の祖型としての徂徠」（二五五～三三九頁）で、徂徠の思想の全体像を把握することをお薦めしたい。この論考は、『政談』抄訳を含む『日本の名著16　荻生徂徠』に氏が寄せた解説であり、徂徠学の明暗両面を鮮やかな筆致で描いた、徂徠研究の古典である。

二　尾藤正英氏の「役の体系」論

尾藤正英氏は、歴史学の見地から、江戸思想史研究を牽引した第一人者である。氏は、政治史・社会史といった隣接領域は勿論のこと、先史から現代に至る長い歴史的時間を視野に入れて、江戸期の思想・文化を分析してきた。その業績の全体について、解説の限られた紙数の中で論じることは到底出来ない。そこで、ここでは、氏の研究の重要な主題の一つである「社会と個人」の問題を取り上げることにしたい。

氏は、徂徠の思想には、「日本人」の「社会と個人の関係」に対する考えが反映していると見る。

朱子学は、個人の道徳的覚醒が天下に波及するといったように、個人を起点にして、社会を捉える。これとは反対に、徂徠学は、社会全体の安泰を基準に据え、個人をその実現のための一部品と見なす。そして、各個人は持ち前の能力を発揮して、与えられた役割を果たすのが理想であるとされる。このような徂徠学の議論に、氏は「個人よりも組織を優先させ、もっぱら組織の中での役割に即して個人の生き方を考えようとする、日本人のものの考え方」の影響を認める（三三一頁）。

このような氏の説は、西洋の「個人主義」に日本の「集団主義」を対置させる型の、一昔前までよく見かけた「日本人」論を連想させるかもしれない。しかし、この種の「日本人」論が、日本社会の「ムラ社会」（？）的な同質性志向や同調圧力の強さを力説するのに対し、氏の「日本人」論は、「役割」という語を繰り返し用いているように、分業体系を前提とした思考に注目する。もし「役割に即して」生きるのが是とされるならば、各人はそれぞれの役割に特化すべきで、同質化はむしろ分業の妨げになるはずである。役割重視と同質性志向とは、どちらも「組織」優先の点では共通しているかもしれないが、このような相容れぬ面がある。

社会的「役割」に着目した氏の研究は、後年、江戸期の社会構造と思想とに関する著名な議論に結実する。「役の体系」論である（尾藤正英『江戸時代とはなにか』、岩波書店、一九九二年）。

氏が出発点とするのは「役」という観念である。「役」の字はもともとは、労働の義務を意味する。古代日本でも、律令の「賦役令」に示されているように、「役」は原義通りに用いられていた。しかし、時代が下るとともに意味に変化が生じ、江戸期においては、特定の集団の一員としての自覚に基づき、その責任を主体的に担おうとする際の任務といった意味を持つようになる。これは、国制上の「役」の負担と関係している。武士は軍役、町人は国役や公役、百姓には夫役といったように、それぞれの身分に応じて労働の義務である「役」が課され、この「役」の負担を引き受けることで、その身分は保障される（「役の体系」）。

たとえば、武士身分であれば、石高に応じた武器と兵員とを維持し、戦時には従軍しなくてはならない。よって、「役」という語には、その負担に耐え得る力を持つことへの誇らしさが伴った（もともと「役人」という語にはかかる語感があった）。

大抵の場合、人々は「家業」に励むことで、その「役」を果たす。民俗学や社会学の研究が明らかにしているように、「家」は、奉公人や異姓養子といった非血縁者を包含する一種の社会的機構である。近世日本の「家」は上下の身分秩序で編成されているが、その一方で、身分を職能の差異に過ぎないと見なす意識もあった。多くの人々は、それぞれの「家業」や「職分」を大切にし、それに励むことに生きがいを見出していた。

このような氏の「役の体系」論は、役割ごとの価値観や生き方の相違に対する江戸期の人々の意識を浮かび上がらせる。武士は武士らしく、百姓は百姓らしく生きることを理想とする社会では、役割ごとに人々の考え方や感性が異なるのは、格別不思議なことではなかった。氏は、伊藤仁齋の学問には、「他人の心の喜びや悲しみは、その人の負っている役割にもとづいて判断しなければならないから、自己の心を基準として推測するだけでは不充分」という思考が見られるという（前掲書）。つまり、身分制下の分業体系ゆえに、人々は自他の差異に鋭敏だったのである。

これは、含蓄に富む指摘である。確かに江戸期においても、同じ組織の同じ役割の者には、同質化の圧力は強かったであろう。だが、自己の価値観が他の役割に通用しないという限界性の認識も同時に存在した。江戸期のある教訓書（河田正矩『家業道徳論』）は、「あらゆる家がその職を異にしているので、その理は異なっている」と述べた上で、「武門の義は農民に通用せず、出家の理は町人と同じではない」と説く。「天地の間に理は一つではなく」、職業ごとに異なっているというのである。

おそらく、「役の体系」の腐朽と、やがて訪れた瓦解——すなわち明治の「御一新」——によって、かかる思惟も次第に後退していったのであろう。このような変化を看過したまま、日本社会の特徴（とされるもの）を〈江戸〉に投影して語るのは危険である。

三　徂徠の制度観

「役の体系」に基づく思惟は、徂徠の学問の随所に見られる。その一つは、『政談』巻三にも見える人材論であろう。徂徠は個人の資質や能力の違いを肯定的に評価し、それを生かした人材登用を主張する。これは、尾藤氏が既に的確に指摘しているように、分業体系的な発想に由来しよう（前掲書）。

さらに徂徠は、「役」や「職分」をめぐる思考を次のように推し進める。各人がそれぞれ役割を引き受けて生きるというのは、見方を変えれば、ある〈目的〉のためにそれぞれが一定の機能を担っているということである。徂徠は、「天下国家の平治」という〈目的〉の理解が、臣下にとっても、その「職分」を遂行するために不可欠であることを、子供の教育の比喩を用いて説明する。

子供を説教する際に、厳しく叱る人とそれをとりなす人は、役割を分担している。叱る役の人（「せっかんの役人」）も、心から子供を憎んでいるわけではなく、教育の主意を失っていない。とりなしに入る人は、子供の味方のように見えるが、そうではなく、実は叱る側の人を助ける役なのである。このような分担を理解しているので、その説教はまるで呼吸のあった芝居のようになる（『徂来先生答問書』）。

この〈目的〉実現のための機能分化という発想は、人だけでなく、制度に対しても当てはめられる。

徂徠は「道」を、古代中国の王朝創始者（「聖人」）が作った諸制度の総称と考える。「道」には、「仁」・「智」といった徳目の「名」や「礼楽」（儀礼と音楽）、法令などが含まれる。「道」とは、これらを貫く〈本質〉ではない。たとえば、車の部品――車輪、車軸、車台など――に「車」の〈本質〉が具《そな》わっているわけではなく、「車」は、それら部品の構成物の名称に過ぎないのと同じである（『弁名』道、『学則』）。

「道」の部品である諸制度は、「紛雑」としている。しかし、「聖人」は、諸制度を民の安寧のために作ったのであり、それらは最終的には、民の安寧という〈目的〉に帰結する。後世の儒者が、この機能分化を無視し、「理」といった抽象的な〈本質〉に諸制度を還元するのは、老荘思想や仏教の影響を受けたための誤りである（『論語徴』乙）。

「道」を学ぶというのは、第一にこれらの制度を運用実践する訓練を積むことである。その上で、第二の段階として諸制度の設計意図の理解が目指される（『弁名』礼）。ただし、「道」の各部分は精妙に作られており、予期せぬところから人々に働きかけ、当人が無自覚のうちに、その行動を特定の方向に導くようになっている。そのため、それらが如何なる機能を期待されているかを把握するのは決して容易ではない。

「道」の代表とされる「礼」とその設計意図（「礼の義」）の具体例を一つ挙げよう。

古代中国の「礼」では、宮中で臣下は、ひじを張り拱手して拝礼を行い、腰には玉を佩《お》びる。この背後にある設計意図を徂徠は以下のように説明する。君臣の関係はもともと隔絶しがちである。そのため臣下は君主の権威に圧倒され、宮中では度を越して腰が低く、落ち着きがなくなる傾向がある。そこで「聖人」は、拝礼や玉を佩びる作法を定めた。ひじを張る姿勢によって、臣下が卑屈に平伏することは防がれ、宮中で演奏される音楽に合わせ、玉を鳴らしながら歩くことで、歩調はゆったりとなる。このような「礼」を制定することで、「聖人」は臣下が君主の前で畏縮せずに意見を言えるようにしたのである（『論語徴』乙）。

このような細部にまで至る「道」の設計意図を全て知り尽くすのは、「聖人」に匹敵する才智を持たない限り、不可能である。まして、古代の制度が崩壊して一千年以上の歳月が流れた徂徠の時代では、なおさらである。その困難を知りつつも、儒学の経典を主たる材料に、「道」の各部分の機能の体系を限界まで考究するのが、徂徠の学問的な企図であった。『政談』に示される徂徠の統治構想は、このような徂徠の制度観に基づいたものである。よって、一見瑣末な議論の背後にも、古代中国の「聖人」同様の深謀遠慮がめぐらされていることが多い。『政談』を読む一つの楽しみは、人の意表に出る制度設計の解読にあろう。

四　「徳」の培養装置

最後に、『政談』巻一の「土着」と「譜代の奉公人」の制度に関して、『徂来先生答問書』を参照しながら、『政談』だけでは見えにくい設計意図の一つを探ってみることにしたい。

「土着」

徂徠の「土着」論の概略は次の通りである。

戸籍の作成及び通行証（「路引」）の発給と管理とによって、民の移動を制限する。これによって、人々は郷里が定まり、その中で生活するようになる。さらに、武士も城下町を離れ、所領に居住するようにさせる。

「土着」の制度に関して徂徠は、治安の向上や奢侈化の防止、武備の充実など複数の機能を挙げている。注目したいのは、徂徠が土地そのものには余り関心を払っていないことである。A・トクヴィルの土地相続と貴族制の議論（『アメリカのデモクラシー』第一巻）に見られるような、土地こそが一族の栄誉や力、徳を永久に留めるといった発想は見られない。「先祖以来の家風」の保存に貢献するのは、その家に仕える世襲の奉公人（「譜代の奉公人」）である。

また、徂徠は、「井田法」の核心は「土着」にあると考える。これは、井田制解釈史において奇説に属する。井田制は、古代中国の理想時代に行われたとされる土地分配と課税の手法であり、一般的には、「兼併」（富裕者の土地集積）の規制と結び付けて議論される。しかし、徂徠は「兼併」の問題に触れず、逆に百姓の田地売買を許可せよと説く。彼は富農を非難することもあるが、それは富農が小作人に仕事を任せて、「家業」の農作業に自らは励まないからである。大土地保有自体を責めてはいない。江戸後期に比べれば、農村内の階層分離が激しくなかった時期とはいえ、徂徠が「兼併」に言及しないのは特徴的である。

結局のところ、徂徠の「土着」論は、奉公人をめぐる議論と接続していることからも分かるように、人間関係の固定に重点を置いている。

徂徠の描く人間関係の固定化は、抑圧的な面を持つのは確かであろう。従来の研究でも指摘されているように、「土着」は、相互監視による治安維持を一つの狙いとする。ただし、徂徠は人間関係の固定化に、悪の排除以上の積極的な意義を認めているように見える。彼は、「土着」を実施して、領主が適切に介入すれば、人々は「孝悌」になり、「風俗」は良くなるという。「土着」論のもう一つの側面を考える上で、「孝悌」は、一つの手がかりとなろう。

徂徠学においても、「孝悌」の第一義は、「孝」は父母に、「悌」は兄や年長者によくつかえることである。ただし、「仁」との関係において、「孝悌」は目上の者への恭順以上の意味が付与されている。「仁」とは、人の上に立ち、民を導く者の「徳」である。「孝悌忠信」は、この「仁」の「土台」に当たると徂徠はいう。「仁」は国・天下の民を安んじるのに対し、「孝」は父母を養い安んじ、「悌」は年長者を養い安んじる。つまり、「仁者」の統治が国・天下規模で他者の面倒を見る営為ならば、「孝悌」はその範囲を縮小した営為（「仁の小《こ》わり」）といえる（『徂来先生答問書』中）。徂徠は「孝悌」を、上長への服従ではなく、むしろ、彼らを能動的に支え、もり立てる意味合いで捉えるのである。

徂徠は「苦にする」――面倒を見る――という語を好んで用いる。『徂来先生答問書』は、今の統治者は民を「苦にする」心がないという議論から始まる。そこには、統治者と対比し、見習うべきものとして、「民家の旦那」が寒暑を厭わずに働き、「家内」の人々を「苦にする」様子が生き生きと描かれている。徂徠が、「旦那」の養う「眷族」として挙げるのは、次のような人々である。意地悪な老婆、着飾ってばかりで働かない女房、ぼんやりとした長男、いたずら者の三男、ものなれていない嫁。譜代の奉公人には、年老いて仕事の出来ない者もいれば、恩に甘えて言いつけを聞かない若者もいる。このような厄介な人々を、愚かと思われても見放さず、面倒を見る姿に、彼は統治者の「徳」——すなわち「仁」——の原基を見出す。

無論、徂徠は民に統治者の「徳」を求めてはいない。しかし、民の安寧のために諸制度を建てた「聖人」は、狭い範囲であれ、人々が他者の安寧に貢献するのを好ましいと考えたと徂徠は見る。人間関係が流動的ならば、厄介な人々を無視し、回避出来るが、固定的ならば退路はない。「土着」は、親兄弟だけでなく、近隣の面倒な年長者までも、どうにか支え、もり立てる態度を民に身に付けさせるのである（人間関係にゆがみが生じた場合には、名主や領主が親身に対応するのであろう）。

一方、都市に典型的に見られる流動的な人間関係は、人々を相互に無関心にする。都市の気軽な生活にあこがれ、江戸に流入した農民には、病気や高齢が原因で職を失うと、誰からも援助を受けられず、見捨てられ、死んでいく者が少なくなかった。人間関係を固定化し、「孝悌」の「風俗」を醸成することは、人々の生存の維持とも直結していた。

「譜代の奉公人」

武家の「奉公人」をめぐる徂徠の議論も、「土着」論と同様の文脈で理解できる。徂徠は、雇用契約による奉公人（「出替り奉公人」）を廃し、世襲でその家に仕える奉公人（「譜代の奉公人」）を復活させることを主張する。

「譜代の奉公人」は、兵乱の際に逃亡しない利点があるものの、平時には「面倒」なものである。生まれた時から家内で養育するので費用がかかり、主人と長い付合いであるがゆえに、なれなれしく扱いにくい。老後の世話も主人が引き受ける。悪事を犯し、やむを得ぬ場合には、最終手段として手討ちにしなくてはならない。しかし、このような「面倒」な奉公人と日々関わり、彼らを治め、養う中で、武士は、個人の利益や充足感の追求に止まらない、他者に対する責任意識を持つようになると徂徠は考える。

しかし、徂徠の生きた時代には、「譜代の奉公人」は減少し、「出替り奉公人」が増加していた。「出替り奉公人」は、世なれた利口な者が多い。また、主人の側も気に入らなければすぐに解雇出来る。彼らとの摩擦の少ない関係によって、武士たちは、「面倒」な人々の統治経験の機会を失った。

さらに、朱子学のような心の修養を重んじる儒学の一派が、この傾向に拍車をかけた。徂徠によれば、「聖人」の建てた制度（＝「道」）は、民の安寧という〈目的〉実現のために、緻密に構築されていた。だが、やがて〈目的〉は忘却され、それらは自己修養の手段に変化してしまった（『中庸解』）。本来、敵の制圧・殺害を〈目的〉とした武術が、健康体操になってしまったようなものであろう。人を治める前に、先ず自分の心を磨くといった朱子学の説は、被治者との具体的な関係から統治者の目を背けさせ、あるいは、他人の道徳的欠点に厳しい狭量な人物を生み出すと徂徠は批判する（『徂来先生答問書』上、下）。

つまり、「譜代の奉公人」再興の重要な狙いは、このような状況に抗し、選択不可能な人間関係の負荷をかけることで、武士を「仁の徳」を有した統治者に鋳直すことにあった。日頃から選べない「面倒」な他者との関係に慣れ、彼らに愛着すら抱く、度量の大きな統治者なら、どのような被治者も軽々しく切り捨てず、最後まで面倒を見るだろうというわけである。統治者に心構えを説きさとすのではなく、「譜代の奉公人」という制度の立て直しで問題の解決を図るのが、徂徠らしいといえよう。

翻って現代に目を向ければ、先進国の社会制度はおおむね、直接的な扶養と配慮の義務づけの範囲を狭める方向へ移行した。家や共同体の負の側面を考えれば、これはよみすべきことである。また、流動的な社会が自由と活力を生み出すというのも、一つの見解であろう。だが一方で、人々を「苦にする」統治者の「徳」は全く不要になったのであろうか。必ずしもそうとはいえまい。確かに、「徳」の修得は負担が大きく、万人向きではない。ならば、統治の「役」に当たる人々とその予備軍に限って、彼ら／彼女らを特定の人間関係のまとまりに繋留し、他者への強い責任意識と鷹揚さとを注入する制度――「譜代の奉公人」の機能的代替物――を確立した方が、多くの人々にとって幸福かもしれない（人民の自己統治の理念とは相性が悪いだろうが）。「徳」なくして万事がうまくいく制度が実現する日まで、「徳」の培養装置は、現在でもなお切実な問題であり続けるのではなかろうか。

（日本学術振興会特別研究員）

KODANSHA

本書の原本は、一九七四年に『日本の名著 16 荻生徂徠』として中央公論社より刊行されました。文庫化にあたっては、中公バックス版の同名書（一九八三年刊）を底本としました。

尾藤正英（びとう　まさひで）

1923年、大阪市生まれ。1949年、東京大学文学部国史学科卒業。名古屋大学講師、東京大学助教授、教授、千葉大学教授、川村学園女子大学教授を歴任。東京大学名誉教授。日本学士院会員。文学博士（名古屋大学）。専攻は日本近世史。『日本封建思想史研究』『日本思想大系45　安藤昌益』『日本の歴史19　元禄時代』『江戸時代とはなにか』『日本文化の歴史』など著書多数。

講談社学術文庫

定価はカバーに表示してあります。

荻生徂徠《おぎゅうそらい》「政談《せいだん》」　現代語訳

尾藤正英《びとうまさひで》　抄訳

2013年1月10日　第1刷発行
2024年3月4日　第5刷発行

発行者　森田浩章
発行所　株式会社講談社
　　　　東京都文京区音羽2-12-21 〒112-8001
　　　　電話　編集（03）5395-3512
　　　　　　　販売（03）5395-5817
　　　　　　　業務（03）5395-3615
装　幀　蟹江征治
印　刷　株式会社広済堂ネクスト
製　本　株式会社国宝社
本文データ制作　講談社デジタル製作

ISBN978-4-06-292149-7

「講談社学術文庫」の刊行に当たって

これは、学術をポケットに入れることをモットーとして生まれた文庫である。学術は少年の心を養い、成年の心を満たす。その学術がポケットにはいる形で、万人のものになることは、生涯教育をうたう現代の理想である。

こうした考え方は、学術を巨大な城のように見る世間の常識に反するかもしれない。また、一部の人たちからは、学術の権威をおとすものと非難されるかもしれない。しかし、それはいずれも学術の新しい在り方を解しないものといわざるをえない。

学術は、まず魔術への挑戦から始まった。やがて、いわゆる常識をつぎつぎに改めていった。学術の権威は、幾百年、幾千年にわたる、苦しい戦いの成果である。こうしてきずきあげられた城が、一見して近づきがたいものにうつるのは、そのためである。しかし、学術の権威を、その形の上だけで判断してはならない。その生成のあとをかえりみれば、その根は常に人々の生活の中にあった。学術が大きな力たりうるのはそのためであって、生活をはなれた学術は、どこにもない。

開かれた社会といわれる現代にとって、これはまったく自明である。生活と学術との間に、もし距離があるとすれば、何をおいてもこれを埋めねばならない。もしこの距離が形の上の迷信からきているとすれば、その迷信をうち破らねばならぬ。

学術文庫は、内外の迷信を打破し、学術のために新しい天地をひらく意図をもって生まれた。文庫という小さい形と、学術という壮大な城とが、完全に両立するためには、なおいくらかの時を必要とするであろう。しかし、学術をポケットにした社会が、人間の生活にとってより豊かな社会であることは、たしかである。そうした社会の実現のために、文庫の世界に新しいジャンルを加えることができれば幸いである。

一九七六年六月

野間省一

哲学・思想・心理

1394
内山俊彦著
荀子
戦国時代最後の儒家・荀子の思想とその系譜。秦帝国出現前夜の激動の時代を生きた荀子。性悪説で名高い人間観をはじめ自然観、国家観、歴史観等、異彩を放つその思想の全容と、思想史上の位置を明らかにする。

電P

1424
木田　元著（解説・保坂和志）
反哲学史
新たな視点から問いなおす哲学の歴史と意味。哲学を西洋の特殊な知の様式と捉え、古代ギリシアから近代への歴史を批判的にたどる。講義録をもとに平明に綴った刺激的哲学史。学術文庫『現代の哲学』の姉妹篇。

電P

1477
柄谷行人著（解説・鎌田哲哉）
〈戦前〉の思考
国民国家を超克する「希望の原理」とは？「終わり」が頻繁に語られる時、我々は何かの「事前」に立っていることを直観している。戦前を反復させぬために〈戦前〉の視点から思考を展開する著者による試論集。

1481
中島義道著
哲学の教科書
平易なことばで本質を抉る、哲学・非-入門書。哲学とは何でないか、という視点に立ち、哲学の何たるかを探る。物事を徹底的に疑うことが出発点になる、哲学センス・予備知識ゼロからの自由な心のトレーニング。

電P

1515
坂部　恵著
カント
哲学史二千年を根源から変革した巨人の全貌。すべての哲学はカントに流れ入り、カントから再び流れ出す。認識の構造を解明した『純粋理性批判』などカントの独創的作品群を、その生涯とともに見渡す待望の書。

電P

1544
小坂国継著
西田幾多郎の思想
自己探究の求道者西田の哲学の本質に迫る。強靱な思索力で意識を深く掘り下げた西田幾多郎。西洋思想と厳しく対決して、独自の体系を構築。西田哲学とはどのようなものか。その性格と魅力を明らかにする。

電P

日本の古典

2084～2086
倉本一宏訳
藤原行成「権記」(上)(中)(下) 全現代語訳

一条天皇や東三条院、藤原道長の信任を得、能吏として順調に累進し公務に精励する日々を綴った日記。宮廷の政治・儀式・秘事が細かく記され、平安中期の貴族の多忙な日常が見える第一級史料、初の現代語訳。 電P

2096
山本健吉著（解説・尾形　仂）
芭蕉全発句

俳諧を文学の高みへと昇華させた「俳聖」松尾芭蕉。その全発句九七三句に詳細な評釈を施し、巻末に三句索引と季語索引を付す。研究と実作の双方を見すえ、学者と表現者の感受性が結晶した珠玉の芭蕉全句集。 電P

2113
慈円著／大隅和雄訳
愚管抄 全現代語訳

天皇の歴代、宮廷の動静、源平の盛衰……。摂関家に生まれ、仏教界の中心にあって、政治の世界を対象化する眼を持った慈円だからこそ書きえた稀有な歴史書を、読みやすい訳文と、文中の丁寧な訳注で読む！ 電P

2140
横井　清訳（解説・藤田　覚）
新井白石「読史余論」 現代語訳

「正徳の治」で名高い大儒学者による歴史研究の代表作。古代天皇制から、武家の発展を経て江戸幕府成立にいたる過程を実証的に描き、徳川政権の正当性を主張。先駆的な独自の歴史観を読みやすい訳文で。 電P

2149
尾藤正英抄訳（解説・高山大毅）
荻生徂徠「政談」

近世日本最大の思想家、徂徠。将軍吉宗の下問に応えて彼が献上した極秘の政策提言書は悪魔的な統治術に満ちていた。反「近代」の構想か。むしろ近代的思惟の萌芽か。今も論争を呼ぶ経世の書を現代語で読む。 電P

2202
奈良本辰也著・訳
吉田松陰著作選 留魂録・幽囚録・回顧録

至誠にして動かざる者は未だ之れ有らざるなり――。幕末動乱の時代を至誠に生き、久坂玄瑞、高杉晋作、伊藤博文らの人材を世に送り出した、明治維新の精神的支柱と称される変革者の思想を、代表的著述に読む。 電P

《講談社学術文庫　既刊より》